¿POST-ANALÓGICO?

Entre mitos, pixeles y emulsiones

¿POST-ANALÓGICO?
Entre mitos, pixeles y emulsiones

¿POST-ANALÓGICO?
Entre mitos, pixeles y emulsiones

Susana Sel, Sergio Armand y Silvia Pérez Fernández
(editores)

Pablo Messuti y Pablo Gasloli
(colaboradores)

¿POST-ANALÓGICO?

Entre mitos, pixeles y emulsiones

prometeo
libros

Índice

Introducción 9

Cine, ciencia y tecnología
Contextos de producción de cine científico en el país
Susana Sel 17

El fotógrafo en la era digital
Silvia Pérez Fernández 41

Artilugios
Entre los estímulos visuales, las dimensiones ofrecidas
y la imagen no capturada
Sergio Armand 63

Cultura digital y cultura escolar en las prácticas de enseñanza
de la comunicación. Una aproximación al estudio de los *edublogs*
Mariana Landau 101

Nuevos modelos productivos en la industria cinematográfica
argentina (1994-2011). El tránsito hacia las tecnologías digitales
Pablo Messuti 123

De miles a millones: la TDA y la exhibición de la producción
del cine nacional
Gustavo Bulla y Glenn Postolski 141

Transformación de las relaciones sociales y la política en la era digital.
Experiencias venezolanas en redes
Oliver Reina 159

Encuentros 181

Desde una carroza digital a los procesos de producción.
Entrevistas y testimonios
Hugo Alfredo Lescano 183

Entrevista a Diana Frey 191

Entrevista a Hugo Colace 213

Entrevista a Juan Bautista Stagnaro 233

Entrevista a Hernán Gaffet 245

Un debate pendiente. Trabajo creativo vs. trabajo poiético,
producción de contenidos digitales y prácticas de subjetivación
y resistencia laboral. Implicaciones para el desarrollo:
Argentina (2010-2013)
Martha Roldán 271

Comité evaluador 311

Introducción

Este libro intenta presentar un abanico de preguntas, respuestas y dilemas en torno de la tecnología digital y su incidencia en las prácticas del cine, la fotografía y el audiovisual. En los equipos de trabajo conformados desde 2004 y dirigidos por Susana Sel[1], hemos confluido investigadores y estudiantes de posgrado, algunos de los cuales, a su vez, se desempeñan como realizadores en ámbitos del cine y la fotografía. Esta peculiar conjunción entre práctica profesional y de investigación nos permitió, desde el inicio del trabajo conjunto, un acercamiento hacia los campos y sus actores que transita fluidamente por la historia, la técnica y la tecnología, por el hacer y la reflexión, por las materialidades del formato analógico y del digital. Las continuidades, transformaciones, recurrencias y novedades observadas en términos de períodos largos y de actualidad no hacen sino reforzar algunas hipótesis de partida e interrogarnos: ¿a qué llamamos pos analógico? La división tajante de los términos analógico y digital suele ubicar en márgenes opuestos a procesos y prácticas que muchas veces comparten soportes y despliegan procesos mucho más complejos que la mera pertenencia a un formato.

Los artículos y entrevistas que componen este volumen procuran mostrar distintas aproximaciones al actual momento de afianzamiento del patrón tecnológico, interpretaciones que –creemos– contribuyen a bosquejar la complejidad del presente período de transición. Asumiendo que la extensión de la tecnología digital es un hecho social irreversible, la recuperación de formas de producción del pasado y la variedad de matices en procesos y

---

[1] Los proyectos *Prácticas cine-fotográficas y comunicación audiovisual en la etapa de las tecnologías digitales*; *Transformaciones en las prácticas cine-fotográficas desde los '80. Tecnologías y comunicación visual en un enfoque transdisciplinario* y *Estudios sobre cine y fotografía desde los '80. Hacia la construcción de un enfoque transdisciplinario en ciencias sociales*, correpondientes a las programaciones 2011-2014, 2008-2010 y 2004-2007, respectivamente, de la Secretaría de Ciencia y Técnica de la Universidad de Buenos Aires.

Susana Sel, Sergio Armand y Silvia Pérez Fernández

productos que ofrece la coexistencia de imaginarios y prácticas analógicas y digitales, vuelven necesario retornar a preguntas clásicas relativas a la imbricación de tecnología, ideología y capitalismo. Se trata de desafíos teóricos que asimismo se nutren a la luz de procesos sociales y políticos que vienen teniendo lugar en nuestro país y en la región. Las tradicionales tensiones entre los componentes de la determinación estructural y las formas de la dominación ideológica atraviesan, así, todos los trabajos que componen el presente volumen. El conjunto de los artículos proporcionan elementos que tienden a desnaturalizar conceptos simplificadores y totalizadores —como el de "era digital"— que solapan la riqueza y complejidad de procesos que afectan igualmente dimensiones de distinto orden: económico, estético, comunicativo, entre otros. Las formas particulares y transformaciones que viene asumiendo el vínculo entre los sujetos, mediados por la tecnología, desde hace al menos cuatro décadas, mantienen y transforman las relaciones sociales del capitalismo industrial. La tecnología digital como medio de maximización de la ganancia o como vehículo de proyectos emancipatorios pone en el centro de la discusión el carácter ideológico y las derivaciones políticas de las prácticas sociales atravesadas o construidas por aquella, e invoca la necesidad de regulación estatal para posibilitar que la apropiación colectiva acompañe el consumo individual.

Se trata de temas mayores que abarcan la totalidad del mundo social, pero que tienen su expresión en procesos de trabajo concreto, manipulación de materiales, representaciones que se complementan o tensionan, y un continuo y vertiginoso recambio de herramientas que realizadores y trabajadores del campo audiovisual, específicamente, eligen o les son impuestas. En tal sentido, ¿es posible afirmar que los antiguos modos de organización de la producción audiovisual han sido modificados radicalmente por la extensión de la nueva tecnología? El cese progresivo en la fabricación de los tradicionales materiales fotoquímicos y su reemplazo por soportes digitales, ¿qué escenario abre para las políticas de divulgación y conservación? La digitalización de producciones visuales y audiovisuales "analógicas", ¿qué debates éticos y estéticos desencadena? Entrar y salir de la autonomía y de la convergencia de medios y soportes, tanto en términos tecnológicos como políticos, habilita la posibilidad de detectar en las innovaciones y las recuperaciones rasgos de la construcción de la subjetividad en el presente. La reducción figurativa y material de sonidos, imágenes y palabras a la uniformidad de ceros y unos constituye la raíz del cambio. El análisis de cómo el mismo afecta los procesos de producción (incluyendo la pre y la posproducción) y distribución es el común denominador de gran parte de los trabajos aquí expuestos.

En este sentido, las propuestas de Lorenzo Vilches sobre la puesta en análisis del concepto de imagen en cuanto a un carácter verdaderamente analógico respecto del objeto representado, como la de Lev Manovich en su ratificación de la tajante división entre analógico y digital desde la deconstrucción de la materialidad en una transferencia al lenguaje binario, permiten entender que el abordaje de la problemática suele descansar en el soporte material/inmaterial como explicación inicial y final del fenómeno, siendo que en todo caso se impone despegarse del efímero estímulo de soportes específicos para construir un concepto de tecnología posible, con todos los aspectos socioculturales y políticos que ello implica. La pregunta acerca de cuál es el nivel real de democratización existente hoy en la llamada "etapa digital" reabre tópicos adheridos al cine y la fotografía desde sus primeros tiempos, a repensarlos en tanto herramientas de divulgación social y científica, comunicación pedagógica, registro, denuncia y posibilidad de otorgar voz e imagen a quienes socialmente se encuentran relegados, todo lo cual remite la discusión, nuevamente, al terreno político.

Esos motivos refuerzan la necesidad de situar el problema desde una perspectiva con fuerte impronta histórica, recuperando en el presente los conflictos, búsquedas y coyunturas precedentes desde la tercera y desde la última década del siglo XIX (para la fotografía y el cine, respectivamente) y a lo largo del siglo XX, las formas actuales. En este sentido, **Susana Sel** expone en su artículo las sucesivas acciones y esfuerzos por llevar adelante tanto un cine científico como un cine etnográfico y de relevamiento, particularmente ligados a ámbitos académicos de la Argentina, y cuyas características permite ubicar aquellos logros en una suerte de espejo frente a las tecnologías de imagen reinantes hoy, dejando en clara evidencia que los tiempos actuales, en los que aparentemente las herramientas facilitan un mayor acercamiento a estos abordajes, aún queda mucho por recorrer. Estos procesos históricos que se repiten cíclicamente y se refuerzan –aunque son vistos por muchos como fenómenos emergentes– en la llamada "etapa digital" atañen también a la imagen fotográfica, que más allá de su soporte de registro, encuentra en los modos de producción, distribución y usos una disparidad de roles y modificación de tiempos de reproducción que no son exclusivos de los flujos informáticos actuales. Para

Susana Sel, Sergio Armand y Silvia Pérez Fernández

dar cuenta de estos fenómenos, el trabajo de **Silvia Pérez Fernández** propone pensar la persistencia de formas y *habitus* analógicos en la producción fotográfica digital, a partir de la noción marxista de alienación, surgida contemporáneamente a la fotografía, para sostener que los primeros elementos que interpelaron el "ser genérico" de fotógrafo no surgieron con la tecnología digital, sino previamente, desplegándose en un mapa histórico que sorprende por sus similitudes en ciertos cruces y conflictos.

Los mercados definen, en muchos casos, las estéticas imperantes, y en ese sentido, el menú de opciones se reduce sensiblemente, en franca relación inversa a las posibilidades de desarrollo audiovisual y plástico propiciados por las características de los dispositivos de captura e intervención posterior en las etapas de producción. Así, el desarrollo de las primeras décadas del siglo en el que nos situamos para observar las huellas de los dos anteriores, integran la imagen no capturada con la modificación de aquellas que sí se originan en un objeto o persona real: la animación como constitutiva del cine de acción viva, la resucitación de artilugios y recursos visuales del siglo XIX y XX sumados a un regreso a las pantallas amplias son parte de un movimiento que parece dejar de lado otros cines de experimentación. Parte de estas tensiones y su reflejo en otras épocas de la historia son abordadas en el trabajo de **Sergio Armand**, completando desde los aspectos de tecnologías, estéticas y narrativas del entretenimiento cinematográfico los abordajes señalados más arriba.

Como sugerimos antes, en muchos casos surge del paradigma digital la construcción de sistemas de comunicación y lenguajes, cuando bien podría surgir de un orden contrario. En este imaginario, la esfera de la educación se encuentra en la necesidad de incorporar estas herramientas y construir, desde este sistema, una red de identidades que se desprenden formalmente en los *edublogs* de las escuelas. Entre la imagen simbólica, lo que se muestra y lo que se explica verbalmente, el artículo de **Mariana Landau** bucea no sólo en los modos en que las instituciones educativas generan su avatar institucional en la red, sino en las formas en que se construye esta cultura digital y escolar, en tanto prácticas de producción y reproducción cultural de los contenidos curriculares. Tomando en cuenta aspectos de la enseñanza de la comunicación, propone una perspectiva superadora del punto de vista generalizado acerca de que lo digital y lo escolar constituyen espacios contrapuestos en el marco de una diversidad de formas posibles.

Introducción

La denominada convergencia digital es un proceso complejo que incluye no sólo el reordenamiento de sectores de la economía sino también la intervención estatal en función del diseño de políticas públicas. El trabajo de **Pablo Messuti** rastrea momentos en la historia del cine en que empalmaron viejas y nuevas tecnologías, para luego analizar el caso argentino: las limitaciones estructurales, en una industria definida por el acceso desigual no sólo a los bienes de capital sino también a los conocimientos y las tecnologías requeridas, lo que ha derivado en una tendencia a la conformación de conglomerados mediáticos integrados vertical y horizontalmente, en un proceso de concentración multimedial. Este hecho asimismo involucra la diversificación de pantallas de exhibición y dispositivos en los que se difunden los contenidos, enmarcado en una definición de industria cultural del cine que implica, en la actualidad, llegar hasta los eslabones de franquicias multimillonarias. **Gustavo Bulla** y **Glenn Postolski** abordan las políticas que desde el Estado argentino se han impulsado en los últimos años y que derivaron en la extensión creciente de la infraestructura de Televisión Digital Abierta. La dimensión técnica de los debates en torno de la tecnología digital aplicada a la televisión es enmarcada en políticas nacionales y regionales que parten del supuesto de la genuina democratización de la comunicación como política de Estado, y en tal sentido enmarcan la difusión del cine nacional a través de la TDA y las nuevas pantallas en tanto acceso masivo a producciones que anteriormente contaban con un acotado número de espectadores. La complejidad de la profunda transformación en el paradigma comunicacional venezolano es examinado por **Oliver Reina**. El cambio radical que supone el uso de los medios de comunicación en el marco de la Revolución Bolivariana tiene como centro la construcción de una nueva subjetividad, en la que los proyectos de NTIC y redes se asocian a plataformas comunicacionales comunitarias de carácter alternativo que redefinen el uso de las tecnologías en procesos de transformación política y social.

Las reacciones ante el progresivo acomodamiento de la industria cinematográfica al proceso digital tuvo en la Argentina idéntico sesgo al del resto del mundo en cuanto a preferencias estéticas, valoración del fílmico y sus texturas, así como la manera de registrar que la película fotosensible presenta frente a la captura digital. No obstante, en un contexto en el que lo económico define la posibilidad de producción en un acercamiento al concepto de industria, la adopción del digital en la Argentina también comenzó con procesos de

Susana Sel, Sergio Armand y Silvia Pérez Fernández

posproducción previos a su pasaje a fílmico, para progresivamente adoptar la captura digital. En una etapa en que aún se definen los modos, políticas y financiamientos para la digitalización de las salas en la Argentina –esto es, proyectar las producciones digitales en ese formato sin necesidad de transcripción a fílmico– las posturas y modos de adopción de esta tecnología son variados, y sobre esta mutiplicidad de miradas **Hugo Lescano** coordina una serie de entrevistas que indagan sobre la restauración de clásicos argentinos y la herencia generacional al redescubrir obras audiovisuales, los recursos audiovisuales disponibles, la falta de protección sobre aquellos que conforman el archivo cultural y de la memoria, las políticas de conservación con abordajes críticos acerca de la eficacia de las tecnologías digitales frente al fílmico, así como el acceso masivo que sí permiten las nuevas tecnologías a ciertos archivos, los obstáculos y posibilidades que se abren para los investigadores y realizadores documentales, los roles en la industria cinematográfica y nuevos actores a partir de la adopción progresiva de la tecnología digital en rodaje, posproducción y exhibición así como la modificación de profesiones definitorias, aspectos técnicos de estas modificaciones y mitos creados a partir de ellas, los paisajes que se mantienen inalterables, y ciertas desmitificaciones acerca de aspectos que no parecen sensiblemente modificados –en el proceso de producción– por la adopción del registro digital. Todo esto ligado a un fenómeno que permite una intervención de más actores de la producción cinematográfica en el control de la imagen y las tensiones que esto provoca en pos de la preservación de responsabilidades y toma de decisiones, se explora en la serie de conversaciones con la productora **Diana Frey**, el director de fotografía **Hugo Colace**, el productor y realizador **Juan Bautista Stagnaro** y el investigador y realizador **Hernán Gaffet**.

En el concierto mundial, las tecnologías digitales fueron el catalizador de dramáticas modificaciones en las estructuras de producción y alteración de los tiempos, pero el nivel de influencia y la reconstitución de modelos industriales vinculados con el trabajo creativo inserto en la llamada Industria Cultural Ampliada, traen al debate el concepto de creatividad y los niveles de libertad, autonomía de decisión, atomización o centralización de los procesos. En el marco de nuestro libro, se impone examinar la paradoja constituida por el hecho de que la producción audiovisual, que supone (aún en el esquema comercial de la industria) el acercamiento de trabajos artísticos al público, comunicación emocional tanto en ficción como en documental, y

Introducción

por ende, la conformación de un mercado de lo creativo –como la pintura clásica lo tuvo a otros niveles– pueda ver anulada la libertad creativa en función de esquemas acotados por los aparatos de distribución y exhibición que a fin de cuentas determinan el menú de contenidos; situación que no es privativa de la etapa digital en cuanto a los ciclos en que estas tensiones han aflorado en la historia de la industria cinematográfica, pero que se ven potenciados por la velocidad de la producción y distribución actual, en un breve tiempo de existencia en las carteleras. Cuánto dentro de este esquema puede ampliarse o quebrarse, en qué medida afecta o mutila la ubicación de producciones independientes o de mediana escala industrial/comercial, y la transformación del panorama que otorga herramientas para posibilitar y acrecentar en un aspecto cuantitativo la producción de obras audiovisuales pero las aprisiona en un camino sin permitirles ver la luz, son preocupaciones concretas que apuntan tanto a un análisis de la situación como a acciones propositivas. A modo de profundo estudio del panorama laboral actual definido por los valores emergentes de las tecnologías digitales, **Martha Roldán** examina, entonces, la manera en que las industrias ligadas a la informática, redes y por supuesto la producción audiovisual –en sus múltiples canales de dispersión y regeneración– llevan esta poiesis de un estado inmanente al ser humano a un esquema de producción que transforma a la misma en un valor y determina esquemas creativos posteriores que, en definitiva, podrían equivaler a una anulación de esta actividad poiética original. Es así como la defensa de esta posibilidad creativa se convierte en la batalla por un derecho que debería ser constitutivo de todo esquema de trabajo. La exploración sobre el conocimiento en tanto recurso social mientras la industria lo valora como fuerza productiva, permiten trazar una propuesta social gracias a este estudio crítico.

Pretendemos, entonces, aportar con estos abordajes individuales, críticos, analíticos e históricos provenientes de la investigación y del trabajo en campo –en muchos casos con una declarada intención de modificarlo desde enfoques propositivos– una reflexión con el fin de desmitificar conceptos que se tornan deterministas en un campo en el cual todo está por desarrollarse, y al mismo tiempo encontrar que, más allá del paradigma tecnológico, subyacen prácticas, costumbres, búsquedas y temores que siguen resonando en los tiempos que corren, y nos revelan conductas que se proyectan desde el siglo XIX y no se distancian demasiado de las actuales. En la pregunta "¿pos analógico?" pretendemos no cerrar un capítulo, sino mantener esa pregunta abierta, habida cuenta de que aún es asignatura pendiente el modo, sistema, soporte y políticas que llevarán adelante la conservación de la huella audiovisual de nuestra vida y cultura. Las cajas de plástico que aprisionarán nuestros recuerdos en el futuro en una clásica y provocativa sentencia de una campaña publicitaria de un reconocido producto tecnológico a fines de los ochenta, se mantiene como una incógnita inquietante –y para muchos preocupante– que nos obliga también a tomar posición, y buscar formas genuinas de mantener vivas esas memorias.

Susana Sel, Sergio Armand y Silvia Pérez Fernández

Cine, ciencia y tecnología. Contextos de producción de cine científico en el país

Susana Sel[1]

I. Introducción

Una de las primeras películas en el país, que inauguraría el cine científico, se produjo en la Universidad de Buenos Aires, entre 1898 y 1899, y es notable la escasa atención de los estudios de ciencia y tecnología locales a estas tempranas producciones como herramientas de la actividad científica[2]. En nuestro medio se han desarrollado estudios históricos sobre las publicaciones en la divulgación científica gráfica[3], así como profundos análisis sobre historia de la ciencia y la tecnología[4], pero no existen estudios sistematizados sobre la historia del cine científico.

---

[1] Doctora en Ciencias Antropológicas, orientación cine, de la Universidad de Buenos Aires. Docente de Ciencias de la Comunicación en el área de cine y directora de Proyectos de Investigación en el Instituto de Investigaciones Gino Germani, ambos de la Facultad de Ciencias Sociales en la misma Universidad. Profesora titular de Comunicación y Medios en el Instituto Universitario Nacional del Arte. Integra proyectos y redes internacionales sobre cine documental. Publicó artículos en libros y revistas especializadas internacionales. Compiló 9 libros de la especialidad y realizó 12 documentales sobre problemáticas sociales. Directora del proyecto UBACYT que origina este libro.
[2] Si bien las operaciones del Dr. Posadas en la UBA se produjeron entre 1898-99, la primera película filmada y registrada en el país se llamó *La bandera argentina*. Los 17 metros de esta "vista" documental, fueron registrados por el fotógrafo francés Eugenio Py, de la Casa Lepage, en 1897, con una cámara Gaumont, que obligó a Lepage a montar un laboratorio para su procesamiento.
[3] Cazaux, Diana (2010): *Historia de la divulgación científica en la Argentina*. Teseo Ed. y Asociación Argentina de Periodismo Científico-AAPC, Buenos Aires.
[4] Oteiza, Enrique (1992): *La política de investigación en Ciencia y Tecnología. Historia y perspectivas*. Centro Editor de América Latina, Buenos Aires.

Este escasamente reconocido campo está sujeto a diversas categorizaciones. Así, según su origen el cine científico puede ser definido como aquel producido por científicos o producido en el ámbito académico[5]. Sin embargo, y desde el punto de vista de su objetivo, es contradictorio como se utiliza tanto para definir la labor pedagógica en el ámbito científico, con lo cual se lo asocia a cine educativo, o visibilizado como elemento de divulgación general de la ciencia.

Desde sus respectivos descubrimientos en la primera y segunda mitad del siglo XIX la fotografía y el cine han sido utilizados para ilustrar u observar distintos fenómenos de carácter biológico o social y con finalidades pedagógicas. Esto ha estado en permanente vinculación con la formación y el desarrollo de las comunidades científicas, así como con los procesos de institucionalización de la ciencia y su divulgación. Por lo tanto, su enfoque no se limita a las películas sino sobre todo a cómo estos desarrollos permiten dar cuenta de la conformación de comunidades científicas y tradiciones de investigación que, en un contexto general dependiente, expresaron modalidades de subordinación de la investigación a centros de producción científica en el exterior.

En la historiografía clásica del cine y la fotografía se ha analizado el desarrollo tecnológico en el contexto de la modernización de las universidades europeas, sus comunidades científicas y del impulso del pensamiento positivista a fines del siglo XIX. Del mismo modo, se ha focalizado cómo en el contexto cultural de las décadas de 1920 y 1930 se conformó un campo de cineastas y fotógrafos documentalistas preocupados por registrar la realidad social y urbana de las nuevas metrópolis en países como Francia, Alemania o Estados Unidos, pero no se conocen estudios que analicen el desarrollo de la documentación científica en América Latina.

En la Argentina, incluso, pese a que la producción abarcó desde prácticamente los inicios del cine (Posadas, 1898-99), incluyendo varios hitos como la creación de los Institutos de Cine en la Universidad de Tucumán (1946) y en la Universidad Nacional del Litoral (Santa Fe, 1956). En el caso de la Universidad de Buenos Aires, pese a la inexistencia de un Instituto de Cinematografía, se verifica la producción dirigida por Víctor Iturralde para las tareas

---

[5] Tosi, Virgilio (1981): *Cinematografía científica y medios audiovisuales para la investigación, la información y la enseñanza de las ciencias*. Filmoteca 2-3. UNAM, México.

de Extensión entre fines de los años '50 y los '60. De allí que interesa el cine científico y su contexto de producción en la universidad argentina, a fin de establecer las relaciones entre cine, ciencia y tecnología, en el contexto científico y en su articulación política de cada época.

Como hipótesis, es posible formular que, pese a su temprana y discontinuada producción, la ausencia de desarrollos sobre el cine científico se debería a que éste, asociado al espectáculo cinematográfico, quedó en medio de los debates entre enfoques profesionalistas o científicos.

II. Ciencia moderna y cine en un contexto universitario excluyente (1895-1918)

> *La rebeldía estalla ahora en Córdoba y es violenta porque aquí los tiranos se habían ensoberbecido y era necesario borrar para siempre el recuerdo de los Contrarrevolucionarios de Mayo. Las universidades han sido hasta aquí el refugio secular de los mediocres, la renta de todos los ignorantes, la hospitalización segura de los inválidos y –lo que es peor aún– el lugar donde todas las formas de tiranizar y de insensibilizar hallaron la cátedra que las dictara. (Manifiesto Liminar. 1918.)*

Los usos científicos del cine y de la fotografía constituyen un capítulo ineludible en la historia de ambos medios de expresión visual, no sólo porque se trata de fuentes documentales privilegiadas para la historiografía de la ciencia y la cultura, sino porque generaron importantes mutaciones en la percepción del mundo en el último siglo y medio. Más de 100 años separan las primeras producciones en cine aplicado a la ciencia hasta las actuales, desde los inicios con el Revólver Fotográfico de Jansen en 1875, al Fusil Fotográfico de Marey en 1882, a la cronofotografía en 1888 y de allí a los primeros films Lumière en 1895. El surgimiento de la ciencia moderna asociada a la expansión y consolidación del proyecto imperialista inglés se produjo en consonancia con el paradigma observacional del positivismo. Con la introducción del cine entre fines del siglo XIX y comienzos del XX, diversos científicos como Albert Londe o médicos como Louis Doyenne y Marinescu utilizaron las imágenes en movimiento para registrar movimientos físicos derivados de patologías psiquiátricas o intervenciones quirúrgicas, registrándose así evidencias para las investigaciones, que luego fueron publicadas en sus tesis doctorales[6]. El cine se popularizó vertiginosamente y a principios de nuestro siglo, junto al espectáculo, se multiplicaron sus aplicaciones en todos los campos de la ciencia: biología, botánica, etnografía, antropología. En medicina comenzó el auge del cine quirúrgico. El primer cirujano que filma sus intervenciones es Eugène Louis Doyen (1859-1916). Dada la escasa sensibilidad de las películas tiene que operar con luz solar y ha de hacerlo muy rápido porque las mejores cámaras de su época sólo aceptan película para pocos minutos. La película circula por los Congresos Internacionales de Cirugía.

En línea con estas iniciativas, el Dr. Alejandro Posadas, creador de un procedimiento de avanzada en cirugía torácica, funda el cine científico muy tempranamente, en 1898, filmando varias de sus operaciones desde el Hospital de Clínicas de la Universidad de Buenos Aires. En la primera película, realizada por Eugenio Py, los registros muestran al Dr. Posadas en la extirpación de un quiste hidático de pulmón. Es también la primera anestesia filmada en el mundo. Según el doctor Venturini, es probable que se empleara el cloroformo, fármaco que en las últimas décadas del siglo XIX, en nuestro país y en el resto del mundo, había desplazado al éter[7].

Posadas, su ayudante quirúrgico y el anestesista visten largos guardapolvos blancos con las mangas remangadas hasta el antebrazo, sin gorro, ni barbijo, ni guantes, conforme a las normas de asepsia de la época.

La segunda película de Posadas muestra una intervención de hernia inguinal donde el cirujano aplicaba su técnica de sutura reabsorbible.

Ambas intervenciones, según el doctor José Arce[8], discípulo de Posadas, se filmaron al aire libre, en el patio del Hospital de Clínicas y en ambos casos al mediodía, de allí el tipo de luz que se verifica.

---

[6] Sel, Susana (2012): "Cine científico producido en las Universidades". *Coloquio Internacional Cine Científico en España, Argentina y Uruguay*. Instituto Investigaciones Gino Germani, Facultad de Ciencias Sociales, UBA.
[7] Venturini, Adolfo (2011): "La primera anestesia filmada en el mundo se hizo en Buenos Aires". Revista *Anestesia*, Vol. 69 . N° 1, julio-septiembre. Buenos Aires.
[8] Arce, José (1933): *Historia de la cirugía argentina*. Ed. Amorrortu, Buenos Aires.

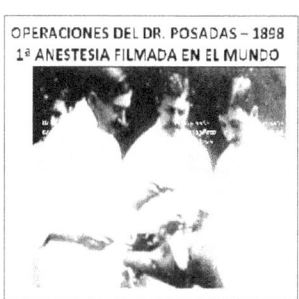

En la imagen pueden verse al Dr. Posadas (a la izquierda), junto a dos practicantes.

Los dos cortos recuperados, realizados en una copia de nitrato de 35mm con perforaciones pequeñas, características de aquella época del cine, presentaban algunos tramos rotos, por lo cual debieron ser restauradas y copiadas.

Los testimonios aseveran la intención de exhibirlos en ateneos y conferencias de la especialidad dado que el Dr. Posadas viajaba con frecuencia a EE.UU. y Europa, pero falleció muy tempranamente en París en 1902, a los 32 años de edad. Posadas, al igual que Doyen, estaba convencido de la importancia que tendría el cine para la comunicación profesional y la docencia de la cirugía.

En 1952, por el Dr. Ricardo Finochietto y familiares del Dr. Posadas, se supo que aquél habría depositado copias de sus films en el año 1900 en una Facultad de Medicina norteamericana, que aceptó cederlos para usarlos en un proyecto de película biográfica. Los cortos científicos llegaron a Buenos Aires a comienzos de noviembre y se decidió cederlos para tres exhibiciones públicas: un homenaje a Posadas en LR3 Radio Belgrano TV, en la Escuela Quirúrgica Municipal para graduados del Policlínico Rawson y en el Hospital de Clínicas, en el cual se trasladó el busto de Posadas a un lugar más destacado, y se exhibieron los cortos en el anfiteatro de cirugía. Luego, los films quedaron depositados en el Museo de Historia de la Cirugía, pese a que el film biográfico no se concretó, pero las películas no fueron demandadas. En

Sel Susana

1971 y en 1987 se recuperaron los cortos, que volvieron a ver la luz después de décadas desde su última exhibición pública[9].

En este contexto, el 9 de noviembre de 1914, el médico e investigador Luis Agote filma el método de conservación de sangre para transfusión por adición de citrato de sodio. Es la primera transfusión de sangre en el mundo y fue filmada en el Hospital Rawson, aunque hasta la fecha la película no fue recuperada.

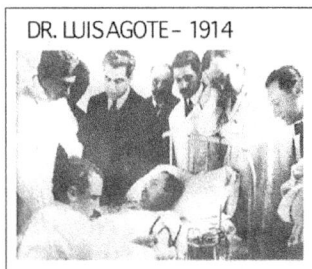

Registro del Método de conservación de sangre para transfusiones por la adición citrato de sodio, por el Dr. Luis Agote en 1914.

Existen también referencias bibliográficas de varios films que aún no se recuperan, como el de 1919 que muestra la inauguración del Instituto de Clínica Quirúrgica, cuyo primer director fue José Arce y otro que registra la visita de médicos brasileños a este establecimiento, que tuvo lugar entre 1920 y 1922.

A pesar de la temprana utilización de la cinematografía al servicio de la ciencia, estas experimentaciones se vieron significativamente mejoradas con el desarrollo tecnológico de la cinemicrografía y cinemacrografía. La macrofotografía permitió el desarrollo de la fotografía científica con independencia

---

[9] Caneto, O. y/o (1996): *Historia de los primeros años del cine en Argentina*. Fundación Cinemateca Argentina, Buenos Aires.

de los microscopios de laboratorio. La aparición del cine incidió entonces de manera significativa en las posibilidades de registro de la naturaleza y la regulación de la frecuencia del movimiento en el procedimiento cinematográfico permitió observar de forma enlentecida o acelerada procesos de cambio biológico, sin que hubiese modificaciones en materia de contexto y velocidad de los procedimientos observados. En este proceso estuvieron íntimamente ligadas las aspiraciones de progreso tecnológico y de desarrollo científico, que tuvieron como resultado las posibilidades de fijar en un soporte estas experiencias.

En ese sentido, se verifican asesorías científicas de investigadores en la producción de cine de divulgación en consonancia con estas nuevas tecnologías de cinemicrografía aplicadas a las políticas públicas de prevención en salud, como sucedió con el film *La mosca y sus peligros* de 1920. Estos desarrollos están en sintonía como los que circulaban en Francia, con Jan Comandon, que perfeccionó y aplicó la cinefotomicrografía al estudio de microbios, parásitos y procesos fisiológicos en numerosos campos de la medicina.

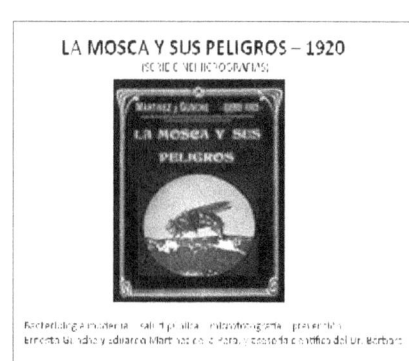

Placa de difusión del film científico La Mosca y sus peligros *de Ernesto Gunche y Eduardo Martínez de la Pera y la asesoría científica del Dr. Bárbara.*

Se trata de desarrollos de ciencia moderna, en consonancia con tecnologías creadas y aplicadas especialmente, y un cine que garantizaba prestigio profesional a estas prácticas exhibidas en los eventos científicos internacionales. Desarrollos científicos que tenían lugar en el contexto excluyente y elitista de la Universidad, que entre 1880 y 1905 la caracterizaba como reducto aristocrático, con una población escolar formada por la gran burguesía con mínima representación de sectores medios. "La universidad era más bien una aspiración, un trampolín para dar el salto a la clase superior"[10].

Este signo de la época se expresó también en el rechazo desde la Facultad de Derecho de la Universidad de Buenos Aires, a la tesis doctoral del Dr. Alfredo Palacios, que en 1904 y convertido en el primer diputado socialista de Buenos Aires, escribe *La miseria, situación de la clase trabajadora*.

La resistencia de grupos estudiantiles, profesionales y docentes a esta situación, y la demanda de democratización para la sustitución de las academias vitalicias por consejos electivos participativos, que se expresó fuertemente a partir de 1905, se proyectó con las fuerzas populares que protagonizaban resistencias a nivel político. Se crearon centros de estudiantes en la UBA de Medicina (1900), Ingeniería (1903) y Derecho (1905), logrando la modificación de estatutos universitarios en 1906, y abriendo caminos a la Reforma Universitaria que tendría lugar en Córdoba en 1918.

No sólo se pretendía abrir los grupos académicos, sino que se planteaba romper con la orientación profesional impuesta, promoviendo un modelo científico cultural, asociado a una cultura de renovación y apertura científica. "La Universidad es una fábrica de abogados, médicos e ingenieros, se dice, pero carece de estudios universitarios en el verdadero sentido de la palabra"[11]. Para desarrollar la investigación, se crearon varios institutos en la Universidad de Buenos Aires, entre otros el Museo Etnográfico y el Instituto de Investigaciones Históricas, ambos de la Facultad de Filosofía y Letras, así como el Instituto de Fisiología de la Facultad de Medicina, reinaugurado por Bernardo Houssay en 1919.

En este contexto, la utilización del cine en la investigación y experimentación académica respondió, tal como se desarrollara anteriormente, a escasas iniciativas individuales más que a planificadas políticas públicas. Una

---

[10] González, Julio V. (1945): *La Universidad. Teoría y acción de la Reforma*, Claridad, Bs.As.
[11] Camacho, Horacio (1971): *Las Ciencias Naturales en la Universidad de Buenos Aires*. Eudeba, Bs. As.

academia que aceptaba con reticencia los registros y las proyecciones de cine en la enseñanza, ya que los asociaban a la diversión, adjudicándoles escasa seriedad. Algo que, pese a la apertura científica propuesta, se mantendría a lo largo del tiempo.

III. Políticas públicas en ciencia y creación de los primeros Institutos de Cine universitarios ('30-'50)

Producto de estos procesos institucionales, y hacia los años '30 la comunidad académica se plantea visibilidad social e influencia política para su actividad. En 1933 se crea la Asociación Argentina para el Progreso de las Ciencias- AAPC, bajo la presidencia del fisiólogo Bernardo Houssay, y siguiendo el modelo de las mismas asociaciones europeas, proponían un estatus profesional que las alejara del amateurismo y les otorgara reconocimiento social. La AAPC, compuesta por mayoría de médicos, transmitía a la comunidad local los valores inspirados en prácticas científicas internacionales, y requería el financiamiento estatal y de fondos privados para subvencionar investigaciones y becas al exterior, que sin embargo no menoscabaran su autonomía. Promovieron instituciones privadas como el Instituto de Biología y Medicina Experimental en 1944 y el Instituto de Investigaciones Bioquímicas Fundación Campomar en 1947, bajo la dirección del Dr. Luis F. Leloir, entre otras, a fin de seguir desarrollando la ciencia básica como objetivo principal. Estas instituciones contarán con fondos provenientes de sectores privados acaudalados y aportes de la Fundación Rockefeller para equipamiento.

Aún en el contexto del régimen militar del Gral. Uriburu (1930-32), y en medio de la fuerte crisis internacional, da comienzo un proceso de industrialización en el país, que incidirá también en las actividades de investigación y desarrollo. A partir de los años '40 se producirá una incipiente política pública científica, con protagonismo de militares como el Gral. Manuel Savio, que planteaban una ideología industrialista nacional articulada con el desarrollo tecnológico. En 1941 el Gral. Savio dirigirá la Dirección General de Fabricaciones Militares, creada a partir de fábricas militares pymes existentes y que pocos años más tarde devendrán en 14 empresas estatales. El objetivo era planificar la provisión de insumos básicos y armamentos durante la guerra a través de la instalación de nuevas industrias. Desde la dirección de Fabricaciones

Militares, impulsará planes para las industrias química, mecánica, siderúrgica, y recursos mineros nacionales, en un proyecto industrializador que creará, entre otras, las empresas estatales Altos Hornos Zapla (1945) y Somisa (1947), como parte del plan Movilización Industrial Argentina, elaborado en 1933 por el mismo Gral. Savio.

Durante los gobiernos del Gral. Perón (1945-55), el Estado impulsará las actividades de investigación y desarrollo en la Argentina, a través de las universidades y establecimientos públicos, promoviendo la planificación económica y la ciencia y la técnica integradas al desarrollo productivo. Su objetivo será el desarrollo de una ciencia aplicada, es decir la ciencia y la tecnología al servicio del desarrollo social y político. Así se crean la Comisión Nacional de Energía Atómica (CNEA) y la Dirección Nacional de Investigación en Ciencia y Técnica, como antecedente del Conicet, ambas en 1950, y en 1951 se creará el Consejo Nacional de Investigaciones Técnicas y Científicas (CONICYT), presidido por el propio Presidente de la Nación, así como el Instituto Antártico Argentino en 1951[12]. Se trató de un proyecto de institucionalización de la ciencia que confrontará con el modelo de la AAPC, confrontación cuya vigencia es notable.

Será en este período que el cine, en particular a través de los films documentales y noticieros fílmicos, juega un papel decisivo en el proceso de masificación, entendido como la transformación populista de las masas en pueblo y el pueblo en nación. Una identificación nacional que, para Hobswaum[13], adquirió nuevas formas de expresarse en las sociedades modernas fundamentalmente a través de la tecnología expresada en los medios de comunicación de masas como la prensa, el cine y la radio, que permitieron homogeneizar y transformar las ideologías populares.

Los noticieros fílmicos, en particular *Sucesos Argentinos* desde 1938, y sobre todo en la década del '40, registrarán los acontecimientos de la vida universitaria, en general relacionados con acciones de gobierno, o resaltando adelantos tecnológicos o visitas de personalidades[14]. En 1939 se crea el Archivo Gráfico de la Nación a fin de preservar las películas en tanto documentos significativos de una historia institucional.

---

[12] Hurtado, Diego. 2010. *La ciencia argentina. Un proyecto inconcluso 1930-2000*. Edhasa, Bs. As.
[13] Hobswaum, Eric (1992): *Naciones y nacionalismo desde 1780*. Crítica, Barcelona,
[14] Sel, Susana (2006): "Noticieros cinematográficos: información, cultura y política en las prácticas del siglo". *Cuadernos del Instituto Nacional de Cinematografía y Artes Audiovisuales*, INCAA, Bs. As.

En 1946 se crea el Instituto Cine-fotográfico de la Universidad Nacional de Tucumán (ICUNT), directamente por decreto presidencial, el cual constituye la primera experiencia institucional entre las universidades argentinas, para emprender el estudio y la práctica de la comunicación cinematográfica.

El organizador y jefe del Gabinete de Fotografía y Dibujo de la UNT (1937, antecedente del Instituto) Héctor Peirano, será su primer director, bajo la premisa de que el Instituto favorecería la divulgación de lo argentino contribuyendo a la enseñanza y aportando al desarrollo del arte y el cine nacional con producciones cinematográficas, informativos científicos y didácticos.

La primera producción del ICUNT, *Una institución en marcha*, es un material histórico documental, realizado en dos rollos (600 mts), estrenado en enero de 1947.

Su contenido es la Universidad desde su fundación, en su evolución funcional, en la cual se exhiben tanto actividades académicas como filmación de las industrias locales, fábricas, yacimientos minerales y altos hornos de la zona norte del país. *Una institución en marcha* adquirió relieve no sólo porque se trató de la primera película documental producida por el instituto, sino también porque se convirtió en una muestra de los cambios producidos en la Universidad a fin de ser proyectados en los ámbitos educativos, tanto de Tucumán como en el resto del país. El periodismo de la época destacó el tipo de descripción precisa y vivaz, diferenciada de los documentales tradicionales y noticieros. Una película ágil, de excelente fotografía, que cumplía plenamente con el objetivo de información y documentación artística.

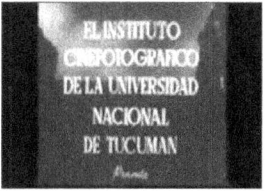

Placa de inicio de las producciones de ICUNT.

Otro hito en la producción del ICUNT fue la realización integral de *Mansedumbre*, único largometraje de ficción social, producida íntegramente en Tucumán, y dirigida por Pedro R. Bravo entre 1951/52, por un convenio suscripto con la compañía ALPA SRL. *Mansedumbre* fue filmada con técnicos y actores locales, y usando como escenario principal los cañaverales de la provincia. Estrenada en 1952, desde mediados de 1951 se encontraba en el laboratorio del ICUNT. La película, enfocada sobre las injusticias sociales, contó con actores locales y también marcó el debut en cine de Beatriz Bonnet como coprotagonista de Mario Vanadía. El film fué reestrenado en octubre de 2012, a posteriori de un corto producido por la misma Universidad sobre el trabajo de investigación y rescate fílmico de la película

La extensa producción del Instituto registra más de 110 títulos en 16 mm, entre las que se encuentran 20 películas en 16 mm del cineasta Jorge Prelorán, producidas por la UNT y el Fondo Nacional de las Artes, que están digitalizadas y pertenecen al Archivo de la Universidad.

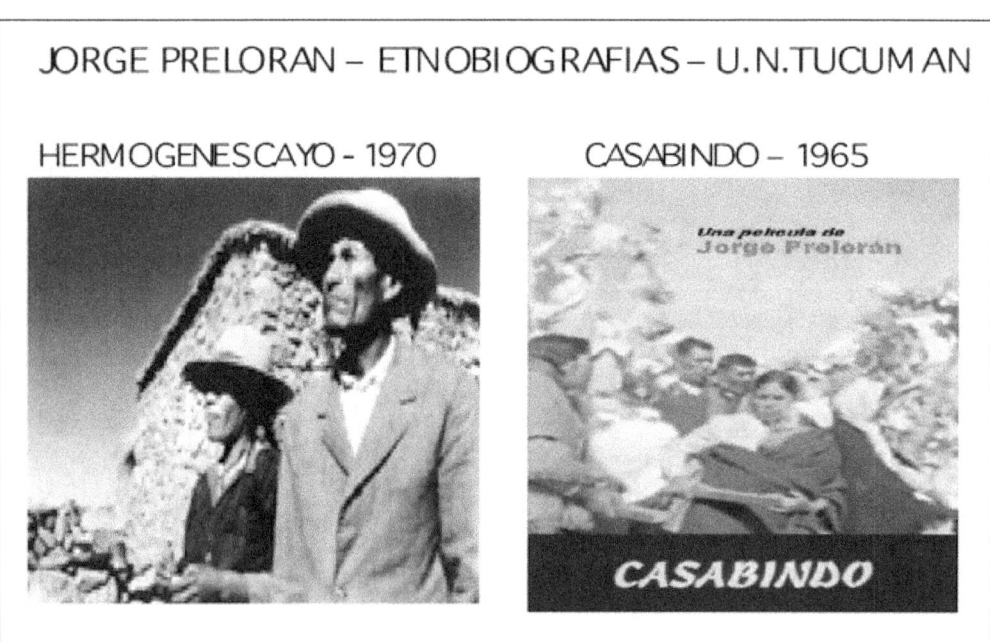

Fotograma de Hermógenes Cayo (1970) y afiche de Casabindo (1965), ambos films de Jorge Prelorán.

En 1956 se crea el Instituto de Cinematografía de la Universidad Nacional del Litoral. A su regreso de Roma, Fernando Birri funda y dirige el Instituto de Cinematografía de la Universidad Nacional del Litoral, buscando una nueva forma de articulación entre Universidad y sociedad alejada de regionalismos y pintoresquismos, con el objetivo de que estudiantes formados científica y técnicamente concretaran realizaciones de excelente nivel. Interesaba que el Instituto de Cinematografía pudiera ofrecer a la industria cinematográfica técnicos científicamente preparados para desempeñarse en las distintas etapas de la filmación y "entonces, habrá dejado de pertenecer al Instituto Social cuya finalidad no es hacer profesionales; pero si cada uno de esos futuros cineastas lleva fundido a su saber de oficio el necesario saber ético que le impida aplicar el primero a realizaciones que no estén al servicio de los valores particulares del pueblo argentino y generales del hombre, nuestra Universidad habrá dado un paso más en el cumplimiento de lo que entiende como su misión"[15].

Es en este contexto del Instituto que Fernando Birri dirigirá en la Universidad el documental *Tiredié*, primera encuesta social filmada en América Latina, que da cuenta de aquellos que no son visibilizados, de quienes viven en los márgenes de Santa Fe, a través de las imágenes de los niños que van pidiendo monedas al paso del tren.

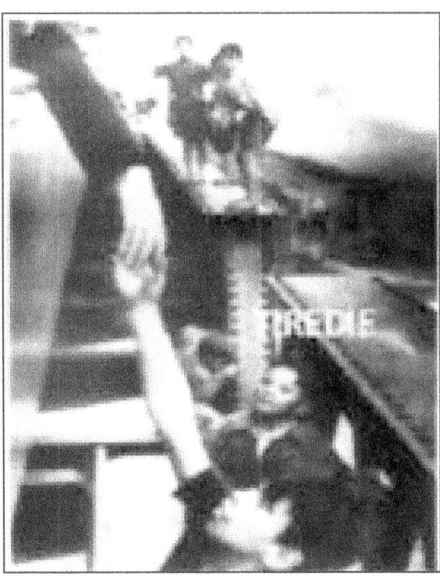

Difundida imagen del film Tiredié *de Fernando Birri (1956).*

---

[15] Romera Vera, Ángela (1956): *Fotodocumentales*. Universidad Nacional del Litoral. Santa Fe.

Tiredié comienza a filmarse en 1956 y se termina en 1958. La película se construye entre los resquicios del Instituto de Sociología que tiene esa Universidad. Porque para la Universidad en ese momento, y a pesar de que eran universidades bastantes progresistas, el cine no era algo aceptado, aparecía como escasamente "científico" y solo a través del Instituto de Sociología se consigue producir, muy limitadamente.

La película se propone documentar la realidad social, promoviendo una toma de conciencia sobre ella. Por eso todo el proceso tiene que ver con este objetivo. Desde la metodología de los fotodocumentales con la que iniciaron la investigación, hasta la dirección de la película, lo definen como "film escuela"[16], hecho por estudiantes que nunca habían realizado cine, que aprendieron con este documental, y a la vez un hecho fílmico colectivo, resultado de un trabajo en equipo. Y también replantea los espacios de circulación y exhibición, universitarios, vecinales, en medio de las restricciones impuestas por el régimen militar (1955-58) que derrocó al peronismo.

Desde el punto de vista técnico, filmaron con una cámara Bolex prestada, de cuerda, de 16 mm y con latas de películas regaladas pero vencidas, que acentuó el dramatismo del blanco y negro. Las dificultades de la toma de sonido directo con un grabador Geloso no-profesional obligaron a quitar casi la mitad de la hora filmada en un nuevo montaje. El problema de sonido se resolvió con la superposición de la voz de actores profesionales como María Rosa Gallo y Francisco Petrone sobre las voces originales que quedaron como textura sonora. Los públicos de barrios, con los que el equipo se reunía en las canchas de fútbol, parroquias, escuelas, plazas, eran encuestados también sobre las distintas versiones editadas, y llevaron la película a una duración final de 33 minutos.

Tiredié marcó un hito en el documental social latinoamericano, creando la primera Escuela Documental de la región, y planteando ideológica y estéticamente una toma de posición frente a la universidad, a la sociedad, y al cine como herramienta.

En palabras de Fernando Birri: *El proceso para llegar al film terminado fue largo y complejo. Obligó a poner en acto los puntos de vista teóricos que el Instituto*

---

[16] Ponce, Sergio Trabucco (2007): Entrevista a Fernando Birri. *Cine Latinoamericano. A 44 años del V Festival de Cine de Viña del Mar.* Blog. Cine de Memoria, Santiago de Chile.

venía sustentando: a desarrollarlos, a modificarlos, inclusive a cambiarlos cada vez que la realidad los contradecía. El documento registrado con mayor autenticidad posible (si se prefiere, con la menor alineación posible) y el equipo como autor colectivo del trabajo, fueron dos constantes puestas a prueba cotidianamente. Al foto documental inicial siguieron otros tantos foto documentales: tantos como alumnos –88–, tomaron parte en la experiencia. Con esta materia prima, reunidos dentro de aquel galpón humoso que fue nuestro primer instituto, discutíamos apasionadamente hasta altas horas de la madrugada, para definir nuestro tema colectivo: El problema de los pibes que piden monedas en el puente, como efecto de causas sociales, con el alerta que, de no eliminar estas causas, nuevos pibes caerán en esa necesidad[17].

Y redefine la función del documento social como afirmación de los valores positivos del pueblo para crear conocimiento, y toma de conciencia de la realidad, para problematizar las condiciones de dominación presentes en el subdesarrollo, sentenciando: "El cine que se haga cómplice de ese subdesarrollo, es subcine".

A esta película seguirá en 1961 *Los inundados*, también dirigida por Fernando Birri en el Instituto, contando nuevamente con la participación de los estudiantes. Mezcla de ficción y docudrama, y basada en el cuento de Mateo Booz publicado en 1934 en el libro *Santa Fe, mi país*, la película reconstruye la historia de una familia de trabajadores que vive en un rancho ubicado sobre el valle fluvial del río Salado, en el extremo sur de la ciudad de Santa Fe. Ante la creciente del río se inunda el barrio y la familia y sus vecinos deben ser trasladados a los vagones ferroviarios en un predio cercano al centro de la ciudad, y la película desarrolla las vicisitudes por las que atravesarán estos sectores populares. Narrada con humor e ironía, la dramatización de la experiencia vivida, habilitó formas neorrealistas para dar cuenta de una problemática social, pero en una configuración formal que, según Bravi, le dio coherencia estilística regional[18].

---

[17] Birri, Fernando (1964): *La Escuela Documental de Santa Fe*. Editorial Documentos del Instituto de Cinematografía de la Universidad del Litoral, Santa Fe.
[18] Bravi, Carolina (2010): "Cine, política y clases populares en *Los inundados* de Fernando Birri". Revista *Imagofagia* Nº 2. ASAECA, Buenos Aires.

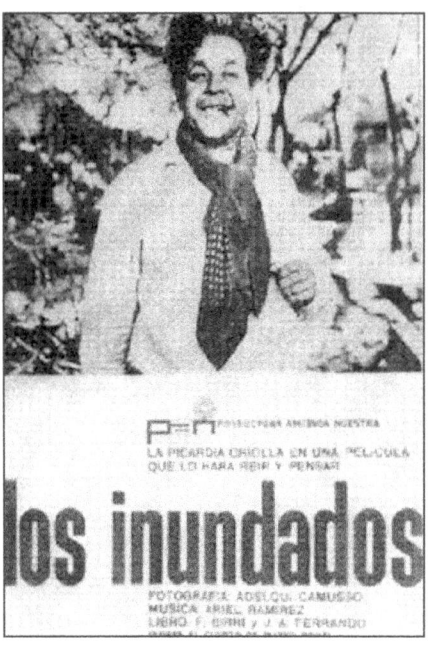

Afiche de Los inundados (1962) de Fernando Birri.

La producción del Instituto de Cinematografía tuvo lugar en medio de las vicisitudes políticas a que los distintos golpes militares lo sometieron, hasta su cierre en la última dictadura de 1976.

El carácter de estos institutos, aun con sus diferencias, es un indicador de las tendencias de la época en la propia universidad, marcadas por el proceso de descolonización africano, por el triunfo de la Revolución Cubana en 1959 y el nacimiento del Movimiento de países no-alineados que se crean luego de la Conferencia de Bandung en 1955, y que trasciende el carácter nacional de los movimientos de liberación. Y es en este contexto que surge la categoría de los nuevos cines europeos y el movimiento del Nuevo Cine Latinoamericano. Un movimiento que intenta generar una reflexión social según los principios heredados del neorrealismo italiano[19], y bajo los cuales se formaran gran parte de los cineastas latinoamericanos, entre ellos Fernando Birri.

---

[19] Corriente artística que, entre 1945 y 1965 impone, en una Italia devastada por la guerra, una nueva forma de hacer cine. En un contexto de miseria, hambre, desocupación, los realizadores abandonan los esquemas tradicionales y filman lejos de los estudios, en barrios populares, buscando sus actores entre los propios habitantes, e identificándose con sus problemas. En: Sel, Susana (2009): "Images documentaires dans le récit décolonisateur. Le cinéma politique latino-américain des années 60 et 70". *Cahiers de Narratologie,* N° 16. Université de Nice, France.

Y que incidirá, sobre todo, en un movimiento universitario ideológicamente identificado con estos contextos.

IV. La Extensión Universitaria en los '60/'70. Función social y cine

La función social de la universidad pública ya estaba presente en el programa que el movimiento reformista presentó desde el mismo Manifiesto Liminar de 1918[20].

Las reivindicaciones reformistas bregaban por la renovación de las estructuras y objetivos de las universidades, la implementación de nuevas metodologías de estudio y enseñanza, el razonamiento científico frente al dogmatismo, la libre expresión del pensamiento, el compromiso con la realidad social y la participación del claustro estudiantil en el gobierno universitario. Dichas reivindicaciones, devenidas bases programáticas, se transformaron en cogobierno estudiantil, autonomía universitaria, docencia libre, libertad de cátedra, concursos de jurados con participación estudiantil, investigación como función de la universidad, extensión universitaria y compromiso con la sociedad. Esta última exigía al estudiante no sólo la familiarización con los problemas de su medio, el entrar en contacto con su pueblo, sino también devolver en servicios parte del beneficio que significaba pertenecer a una minoría privilegiada que tenía acceso a una educación superior pagada en última instancia con el esfuerzo de toda la comunidad[21].

Al momento de la Reforma de 1918, la universidad era de acceso a una minoría muy restringida, sólo unos 12.000 universitarios, extendida a unos 43.000 a principios de la década del '40 y triplicada por las políticas adoptadas durante el peronismo que ampliarán una matrícula universitaria de 143.000 estudiantes hacia 1955. Estas políticas, que se concretaron en el decreto 29.337/49 de eliminación de los aranceles universitarios, inaugurarán

---

[20] AAVV. (1918): *La juventud argentina de Córdoba a los hombres libres de Sud América. Manifiesto de la Federación Universitaria de Córdoba.* http://www.unc.edu.ar/institucional/historia/reforma/manifiesto

[21] Castro J. (2011): "La función de la comunicación en las actividades de extensión", en *ExtendER-* Revista de extensión universitaria, Año 1, Nº 1. Universidad Autónoma de Entre Ríos.

el acceso gratuito a la universidad pública y el decreto 8014/52 de reglamentación de la Universidad Obrera Nacional, orientada a ampliar el acceso de la clase obrera a la formación universitaria y elevando al 10,6% de la población de 19 a 22 años insertada en la enseñanza superior, convirtiendo a la Argentina en líder regional en la materia[22]. Pese a que la Universidad Obrera Nacional funcionó durante escasos 3 años, ya que a partir del golpe militar de 1955 pasaría a conformar la actual Universidad Tecnológica Nacional, se destaca como política pública cuyo objetivo fue la incorporación de la clase trabajadora industrial a la educación universitaria, facilitada, entre otros, por el acceso a horarios vespertinos de cursada, y al desarrollo de facultades regionales para una mayor localización territorial.

Será el golpe militar de 1955 que dará los primeros pasos hacia la reversión de estas políticas con la creación de universidades privadas y concretado en 1958 durante el gobierno de Arturo Frondizi. La inclusión de universidades católicas entre las privadas[23] generó controversias ideológicas sobre los principios de laicidad. Risieri Frondizi (hermano del presidente) como rector de la Universidad de Buenos Aires se opondría a estas políticas, sumándose a las manifestaciones estudiantiles y obreras que agitarían la Plaza de los dos Congresos en septiembre de 1958.

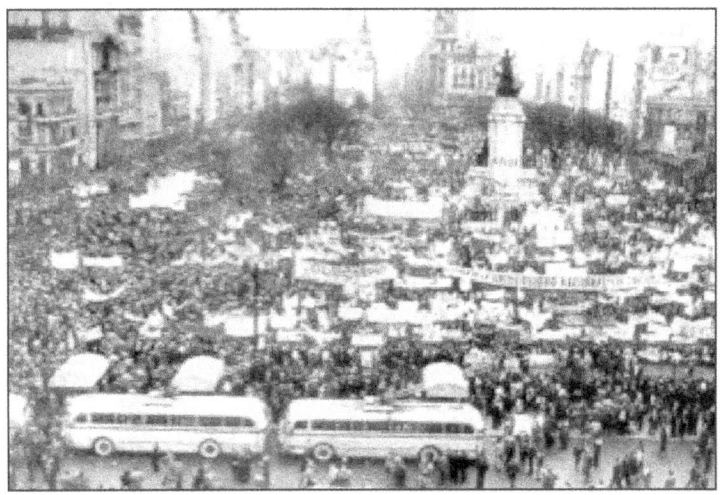

Manifestaciones estudiantiles y obreras en Plaza de Mayo en 1958.

---

[22] Califa J.F. (2010): "La militancia estudiantil en la Universidad de Buenos Aires entre golpe y golpe, 1943-1955", en Buchbinder (2010): *Apuntes sobre la formación del movimiento estudiantil argentino (1943-1973)*. Editorial Final Abierto. Bs. As.
[23] En 1958 se crea la Universidad Católica Argentina (UCA).

Para los jóvenes de hoy parece normal que junto a las universidades estatales existan otras privadas. Muchos creen que siempre fue así; otros sostienen que es una consecuencia natural de la ley de la oferta y la demanda. Sin embargo, hace cincuenta años muchos argentinos salieron a la calle y quedaron afónicos en medio de las manifestaciones, cuando no existían las universidades privadas y el tema de la enseñanza se debatía con vehemencia[24].

En un contexto de profunda inestabilidad institucional y represión política, confluirían las iniciativas institucionales en extensión universitaria, que cuestionan la visión asistencialista y paternalista, junto a una creciente radicalización política que la reorientará hacia las propuestas y autores de la educación popular. "La Extensión Universitaria existe porque existe la injusticia y las reparaciones no hay que hacerlas en general; hay que hacerlas en sistemas concretos (...) Entonces, la Extensión sería una expresión política, una saludable respuesta moral"[25].

Estas nuevas propuestas se plasmarán en la creación del Departamento de Extensión Universitaria dependiente del rectorado de la Universidad de Buenos Aires. Según Diamand, "El Departamento se convirtió en uno de los núcleos ideológicos del período 1955-1966 del que participaron personas y grupos a los que genéricamente se denominó contestatarios, críticos o denuncialistas y en torno a los que se constituyó una nueva izquierda intelectual"[26].

Equipos interdisciplinarios e integrados interclaustros, se dedicaron al estudio de problemas y elaboración de proyectos en distintos barrios obreros, sindicatos, bibliotecas y otras organizaciones de base, con la participación de la población.

En la Isla Maciel del partido de Avellaneda se estableció un Centro de desarrollo comunitario a partir de 1956 que tuvo como objetivo aplicar en forma coordinada la tarea de investigación y de enseñanza de los distintos institutos

---

[24] Díaz de Guijarro, Eduardo (2009): "Laica o libre? Estatal o privada?", en *La Ménsula*, año 3, N° 7. Programa de Historia de la Facultad de Ciencias Exactas y Naturales, Universidad de Buenos Aires.
[25] De Vedia y Mitre en Brusilovsky, Silvia (2000): *Extensión Universitaria y educación popular. Experiencias realizadas. Debates pendientes.* EUDEBA, Buenos Aires.
[26] Diamand Ana (2008): "La reposición de una experiencia fundante: orientación vocacional en la UBA en los años '50-'60. Un espacio para la carrera de psicología", *Anuario de Investigaciones,* V.XV, Facultad de Pscología, UBA, en Pastore y o/: *La extensión universitaria vinculada a organizaciones cooperativas y de economía social y solidaria. Algunas reflexiones para el debate.* Universidad Nacional de Quilmes.

y cátedras que componían las diversas facultades al desarrollo integral de esa comunidad con la participación activa de los vecinos. Actividades educativas, recreativas, de asistencia y prevención sanitarias, de hábitat, tuvieron lugar durante 10 años de trabajo e incluso algunos proyectos sobrevivieron al propio equipo[27].

En agosto de 1966 el equipo del Departamento de Extensión Universitaria renunció debido a la violencia desatada sobre la Universidad que concluyó con su intervención por parte del gobierno militar que derogó la ley universitaria.

En una publicación entregada a los vecinos de Isla y Villa Maciel a modo de explicación y despedida se expresaba lo siguiente: "El personal del Departamento de Extensión Universitaria sintió que la Universidad que se quiere implantar a golpes no merece la pena llamarse Universidad. Decidimos renunciar a nuestros puestos de trabajo, porque no queremos sentirnos comprometidos con una Universidad cerrada, ciega y muda. No queremos ser cómplices de una Universidad donde hablar de los problemas del pueblo se convierta en un delito de opinión"[28].

El equipo contó también con el aporte inestimable de Víctor Iturralde, realizador, docente, escritor, investigador, historiador, creador de cineclubes para niños y gran difusor de documentales, films de animación independiente, cine mudo primitivo y obras de todo tipo que replanteaban lo que se conocía como cine. Iturralde privilegiaba aquellos films en los que la creación artística no dependía de limitaciones industriales y comerciales, un estilo de cine accesible a todos en su realización, y que resaltara la imaginación, la curiosidad, los valores humanistas, la comunicación. Valores coincidentes con los principios de la Extensión Universitaria de la época, a la cual se incorpora, teniendo a su cargo los registros de la experiencia, de los cuales se conserva el documental *Crónica en Maciel* (1958) que dura 25 minutos y en el que se relata la experiencia educativa primaria.

---

[27] El proyecto habitacional de Maciel logró inaugurar los edificios del primer plan de viviendas en el año 1971 cuando ya el Departamento de Extensión Universitaria había dejado de funcionar.
[28] Erbin, Beatriz (2002): *Memorias e imágenes de Extensión Universitaria en Isla Maciel*. Anexo Documentos. Tesis de Licenciatura en Cs. Antropológicas, Facultad de Filosofía y Letras, Universidad de Buenos Aires.

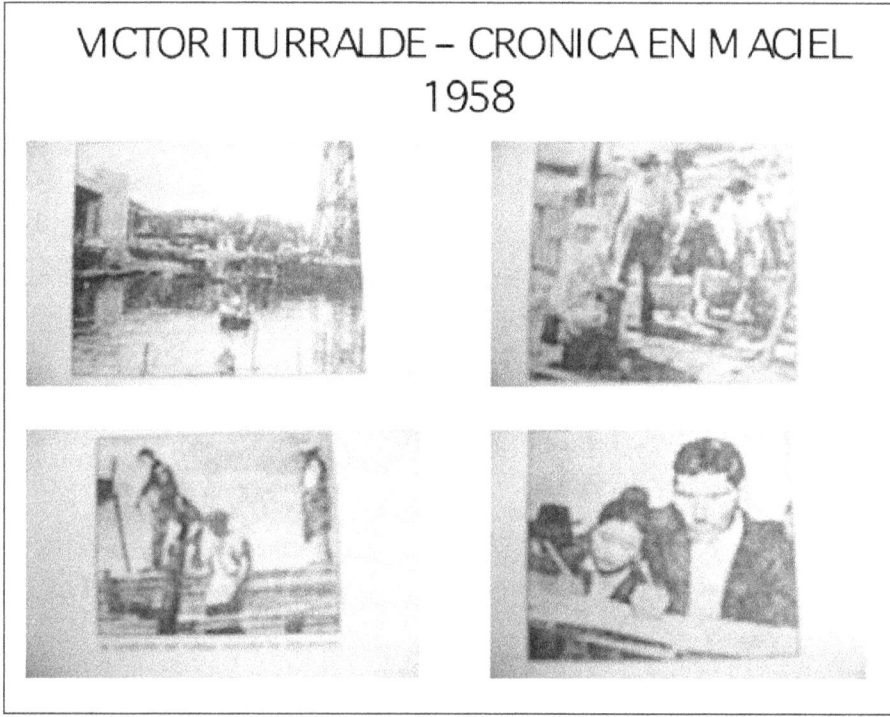

Imágenes de archivo sobre el trabajo de Víctor Iturralde en el film Crónica en Maciel (1958).

Esta película, filmada en 16 mm, al igual que Birri, con una cámara Bólex a cuerda, circula eventualmente en alguna muestra organizada en honor del cineasta[29].

Repensar estas experiencias a la luz de los paradigmas vigentes nos obliga a reformular las categorías preexistentes, sobre todo considerando lo que incluimos como definiciones al comienzo del artículo. Si el cine científico es definido por el carácter de su realización (producido por científicos o en el ámbito académico), o para definir su uso, asociado a cine educativo en tanto labor pedagógica en el ámbito científico, o visibilizado como elemento de divulgación general de la ciencia.

---

[29] La última muestra-homenaje donde fue proyectada la película organizada en el MALBA, Museo de Arte Latinoamericano de Bs. As., organizada por Fernando Martín Peña en octubre de 2004.

V. Reactualizando debates sobre contextos en cine-ciencia-tecnología

La propuesta de avanzar en la consideración del contexto de realización de las diferentes épocas, en cuanto recoge los debates de la propia comunidad científica en el que tienen lugar, permite repensar la hipótesis de cómo fue considerado el cine en el contexto de la conformación de comunidades científicas y tradiciones de investigación. En ese sentido, es comprensible por qué se lo resiste como producción científica, ya que en un contexto general dependiente, donde el paradigma vigente se expresa con modalidades de subordinación de la investigación a centros de producción científica en el exterior, la posibilidad de la representación de estas condiciones a través del documental científico quiebra la "neutralidad" tras la cual se esconde dicha subordinación.

Para Varsavsky[30] no existe una relación neutral entre ciencia, tecnología y desarrollo, sino una articulación entre el estilo de desarrollo y el científico y tecnológico. No es posible hablar de autonomía científico-tecnológica si reproducimos en ellas el modelo de consumo. Al definir un estilo tecnológico propio, en base a su proyecto nacional, un país deja de ser dependiente, creando, innovando, adaptando, es decir, tomando las decisiones sobre cada problema tecnológico específico.

La dependencia tecnológica y científica es sólo un aspecto de la dependencia cultural, cuya otra cara es la imitación del estilo de consumo de los países dominantes. En paralelo con las propuestas del Manifiesto de Santa Fe de Fernando Birri (1962) en el que plantea que las causas del subdesarrollo obedecen a colonialismos internos y externos, que se expresan en un cine que responde a esas características, no a las propias y por lo tanto da una imagen falsa de la sociedad, de algún modo es cómplice de ese *status quo*[31].

Varsavsky plantea que es necesario liberarse del mito de la tecnología todopoderosa, infalible, universal y neutra, útil por igual a todos los sistemas sociales, basada en una ciencia pura y en una experiencia, infraestructura y

---

[30] Varsavsky, Oscar (2013): *Estilos tecnológicos: propuestas para la selección de tecnologías bajo racionalidad socialista*. Colección Placted – Ed. Biblioteca Nacional, Buenos Aires.
[31] Birri, Fernando (1987). *Pionero y peregrino*. Ed. Contrapunto, Buenos Aires.

conocimientos que sólo se encuentran en cantidades satisfactorias en media docena de países, y sobre todo en EE.UU. Esto reactiva el debate nuevamente sobre ciencia pura y aplicada, que retoma su vigencia en estos últimos años y recoge las posiciones ya verificadas en los años '30 y '40 entre los modelos de instituciones privadas y políticas públicas. Se trata de un debate que se reactualiza actualmente a la luz de esta última década de un proyecto nacional con propuestas reindustrializadoras.

De ahí que la introducción de nuevas tecnologías o líneas de investigación científica debería responder a los propios recursos y necesidades y no en base a una "modernización" impuesta económica o simbólicamente (como prestigio). En ese contexto, la innovación no debería asimilarse a nuevo objeto de consumo sino que su significado práctico debiera asociarse a una definición de conocimientos para producir objetos en función de las necesidades locales.[32]

Si la ciencia en nuestro país sigue siendo un proyecto inconcluso, el cine científico no puede seguir siendo definido por paradigmas centenarios ni por las nuevas técnicas que ofrecerían mayores posibilidades para concretar la observación. En todo caso, es necesario replantear los objetivos de selección de las nuevas tecnologías, en la función de la universidad que definiera el ex rector de la UBA en los '60:

El hambre, la miseria y la enfermedad que padece nuestra América confieren a la misión social una dimensión que se destaca entre las otras misiones centrales de la universidad. Si no elevamos el nivel científico y técnico y no lo ponemos al servicio de una acción social, no saldremos del estancamiento. La primera obligación es formar profesionales con conciencia social. No se trata pues de formar profesionales que fortalezcan el status quo y la sociedad de consumo en que vivimos, sino de capacitarlos para incrementar la producción y los servicios en beneficio de la mayoría del pueblo (Risieri Frondizi)[33].

---

[32] Sel, Susana. (2011). "Tecnología, cine y sociedad. Repensando las prácticas en tiempos digitales". En *Recorridos. Del formato analógico al digital en el campo audiovisual*. Universidad de Buenos Aires, Ed. Prometeo, Buenos Aires.
[33] Frondizi, Risieri (2005): *La universidad en un mundo de tensiones: misión de las Universidades en América Latina*. EUDEBA, Buenos Aires.

El fotógrafo en la era digital

Silvia Pérez Fernández[1]

Y de pronto el recuerdo surge. Ese sabor es el que tenía el pedazo de magdalena que mi tía Leoncia me ofrecía, después de mojado en su infusión de té o de tila, los domingos por la mañana en Combray (porque los domingos yo no salía hasta la hora de la misa) cuando iba a darle los buenos días a su cuarto. Ver la magdalena no me había recordado nada, antes de que la probara; quizá porque, como había visto muchas, sin comerlas, en las pastelerías, su imagen se había separado de aquellos días de Combray para enlazarse a otros más recientes; ¡quizá porque de esos recuerdos por tanto tiempo abandonados fuera de la memoria, no sobrevive nada y todo se va disgregando!; las formas externas –también aquella tan grasamente sensual de la concha, con sus dobleces severos y devotos– adormecidas o anuladas, habían perdido la fuerza de expansión que las empujaba hasta la conciencia. Pero cuando nada subsiste ya de un pasado antiguo, cuando han muerto los seres y se han derrumbado las cosas, solos, más frágiles, más vivos, más inmateriales, más persistentes y más fieles que nunca, el olor y el sabor perduran mucho más, y recuerdan, y aguardan, y esperan, sobre las ruinas de todo, y soportan sin doblegarse en su impalpable gotita el edificio enorme del recuerdo[2].

La tecnología digital se ha instalado, definitivamente, en la producción de imágenes fotográficas, de modo irreversible. El crecimiento sostenido del fenómeno, a nivel masivo, comenzó a mediados de la década de 1990, desplazando

---

[1] Licenciada en Sociología por la Universidad de Buenos Aires, docente de teoría sociológica en la Facultad de Ciencias Sociales y profesora de técnica fotográfica en la Facultad de Derecho de la UBA. Se inició en fotografía a mediados de la década de 1980 y trabajó como fotógrafa hasta 2000. Es creadora y directora de las Jornadas de Fotografía y Sociedad (1997-2009) y editora, junto a Eduardo Garaglia, de la revista-libro *Ojos Crueles, temas de fotografía y sociedad*. Ha participado de proyectos de investigación dirigidos por la Dra. Susana Sel y radicados en el Instituto de Investigaciones Gino Germani. Fue directora de "Fotografía e imagen digital", proyecto de investigación de la Facultad de Ciencias Sociales, UBA. Cursa el doctorado en Ciencias Sociales de la UBA con un proyecto sobre fotografía argentina contemporánea.
[2] Proust, Marcel (1975): *En busca del tiempo perdido*. Tomo 1: *Por el camino de Swann*. Alianza, Madrid, pág. 63.

la anterior tecnología y los procedimientos técnicos que a lo largo de 160 años identificaron el hacer fotográfico.

En los orígenes, el conocimiento acerca de los procesos de producción era fundamentalmente transmitido por los aficionados o en el oficio, siendo su aplicación destinada a diversos usos, desde el retrato comercial hasta la utilización científica y política en los distintos dispositivos que el desarrollo de los Estados modernos iba requiriendo. No hubo una aspiración "artística" en los comienzos de la fotografía, pero sí un ejercicio lúdico o expresivo ligado al tiempo ocioso de la burguesía acomodada. Fue sólo hacia 1890 cuando tal inquietud emergió con el Pictorialismo, primer movimiento estético fotográfico. Algunos fotógrafos pusieron entonces de manifiesto cuáles eran los recursos a los que la fotografía debía apelar para poder ingresar al mundo de las Bellas Artes tradicionales y al mercado artístico. Luego, desde los primeros años de la naciente centuria, la discusión en torno de la fotografía se enriqueció a la luz de los modos con que las distintas corrientes de las vanguardias históricas problematizaron la cuestión estética y política. Reparos y dificultades recurrentes hicieron que sólo hacia la década de 1940 la producción fotográfica ingresara, de modo muy acotado, a algunos circuitos de legitimación, por lo que la consagración de numerosos autores fue reconocida muy tardíamente por museos y mercado. Fue a partir de la década de 1990 que la existencia de un reducido número de fotógrafos se debió a su condición de "artista". Esa situación hizo y hace que gran parte de la producción fotográfica personal, no comercial, a menudo ejecutada de forma paralela a la labor profesional, se sitúe en una zona de creatividad no mercantilizada, pero progresivamente subsumida a las reglas de circuitos de exhibición progresivamente globalizados que tienden a incluirla bajo determinados parámetros. La digitalización se presta como herramienta práctica y discursiva facilitadora de algunos aspectos de esos requerimientos, aunque los mismos son previos al despliegue de la fotografía digital. Este factor vino a incidir directamente en la producción, circulación y reotorgamiento de valor a todas las fotografías en su conjunto, en la misma medida que lo ha hecho en el *habitus* del fotógrafo en su faceta creativa personal.

Este trabajo intenta pensar aspectos que la transformación tecnológica desencadenó en el fotógrafo en su carácter no profesional, es decir, sobre su trabajo en tanto actividad creativa no ligada, al menos directamente, a las relaciones de producción capitalistas. Para ello se emplean categorías de análisis que Karl Marx desarrollaba al mismo tiempo que la fotografía daba sus primeros pasos, haciendo un somero repaso por expresiones clásicas de la reflexión de fotógrafos acerca de sus prácticas. Finalmente, se propone aquí observar rasgos de tal proceso en el caso de algunos fotógrafos argentinos.

I

Los orígenes de la fotografía se remontan a la misma época en que se ensayaban las primeras formulaciones de un pensamiento de características sociológicas, el cual surgía como una tercera ola, luego de que la filosofía y la economía políticas brindaran sendas explicaciones del mundo sobre los modos de gobierno y el funcionamiento del orden económico. El pasaje de la noción de individuo a la de ser social y el desplazamiento del concepto de voluntad por el de determinación se constituyen como resultados del desarrollo del mundo burgués en su conjunto. Durante los cincuenta años transcurridos entre 1840 y 1890 —decenio, este último, en que la sociología comenzó a perfilarse definitivamente como disciplina autónoma— la figura de Karl Marx resulta central en aquel viraje epistemológico y político. Como es sabido —y no es éste el espacio para profundizar en la cuestión— la obra "del joven Marx" produjo un doble quiebre: en el plano filosófico, al confrontar con la tradición de Hegel y sus discípulos de izquierda, y en el económico, desnudando los límites de la economía política. Respecto de las corrientes idealistas y materialistas dominantes en la filosofía alemana de la época, la crítica contenida en los *Manuscritos económico filosóficos* (1844) y *La ideología alemana* (1845-1846) abren un camino sin retorno que habrá de profundizarse hacia la intervención política directa, el análisis de clases y el terreno estrictamente económico, culminando con la publicación de *El capital* poco más de veinte años después.

En función de la temática abordada en el presente artículo, interesan en particular las categorías presentes en la primera etapa del pensamiento de Marx. Las consideraciones que el autor despliega en los *Manuscritos* en torno de la noción de *trabajo alienado* se tornan fructíferas a la hora de pensar el trabajo como concepto que sobrepasa la dimensión económica, en tanto habilita una concepción más amplia que roza el campo de la filosofía. No es el propósito de estas páginas comprender el modo con que el fotógrafo, mediante su producción, participa del sistema económico vigente; tampoco se trata de indagar acerca de la mercancía fotográfica o del fotógrafo en tanto productor de plusvalor en la era analógica o la digital. El proceso de creación de valor y de valorización en la mercancía fotográfica ha sido un terreno casi inexplorado durante la etapa analógica en el marco del capitalismo industrial, y sobre esa complejidad inicial poco investigada han venido ensamblándose los restos de las formas del valor analógicas con las nuevas digitales. Sí constituyen motivo de indagación algunos aspectos del trabajo fotográfico actual en tanto actividad creativa. Es claro que en tránsito hacia su ruptura definitiva con Hegel, Marx hacía referencia en los *Manuscritos* a relaciones de producción capitalistas y al productor en tanto obrero. Pero su razonamiento se ofrece como una herramienta que, más allá de la sujeción a la noción de propiedad privada con que el autor lo desarrolló, resulta idónea para abordar aspectos del trabajo que el fotógrafo de la era digital mantiene con su ser de fotógrafo de la era analógica.

El movimiento teórico que Marx despliega en el manuscrito sobre el trabajo alienado puede resumirse como la separación definitiva de la cercanía que en la filosofía de Hegel tenían los conceptos de *objetivación* y *realización*. La propiedad privada se daba como un *faktum*, un hecho que se ofrecía como dato, pero no era explicado, por lo que el proceso de trabajo y los productos del mismo estaban planteados entonces como objetivación (transferencia) y realización (identificación) del trabajador en el objeto. Marx, que parte de "un hecho económico actual", explica la directa relación de aquel concepto con el de trabajo alienado, modo bajo el cual el obrero "cuanto más produce, más grande es su miseria"[3]. Al percibir el obrero que el producto de su propio trabajo se le vuelve extraño, ocurre que "la realización del trabajo revela ser una pérdida de realidad". El proceso en el que "cuando más se empobrece a sí mismo el obrero, más pobre se vuelve su mundo interior" ocurre debido a que el trabajo ha dejado de ser una actividad en la que se manifiesta su personalidad, y ello, porque la producción se vuelve "alienación en acto": el obrero no se afirma, sino que se niega a sí mismo en el momento en que produce. En esas condiciones, el obrero "sólo tiene la sensación de estar consigo mismo `liberado` cuando está fuera del trabajo", mientras que cuando trabaja, se en-

---

[3] Marx, Karl (1984): *Manuscritos de 1844. Economía, política y filosofía*. Editorial Cartago, Buenos Aires. Primer Manuscrito, sección "El trabajo alienado".

cuentra fuera de sí. Es en la elaboración práctica de un *mundo objetivo*, en interacción con la naturaleza, que el hombre se experimenta a sí mismo como ser genérico consciente y puede verse a sí mismo y a los demás en los productos de su propio trabajo. Esa conciencia se trastoca absolutamente con el trabajo alienado: con éste, la vida genérica pasa de ser una instancia de reconocimiento a ser un medio para su existencia individual. El siguiente paso, concluye Marx, es que –al producir para ese otro que se apropia de su producto– "el hombre se vuelve extraño al hombre".

Cuando Marx escribía aquellas líneas, el avance del proceso de industrialización en algunas ramas productivas convivía con el carácter aún artesanal de otras, al tiempo que la actividad comercial impulsaba y solidificaba el crecimiento urbano en ciudades que estaban alejándose de la morfología que tenían en el mundo preindustrial. Desde la presentación oficial del daguerrotipo en Francia, apenas cinco años antes de que Marx ensayara las aproximaciones mencionadas, y durante de los veinte años posteriores, la fotografía fue, ella misma, ejemplo de esa mixtura entre pieza única y objeto seriado. El impacto que su aparición produjo no estuvo sólo ligado a las características propias que asumía su proceso de producción, sino porque introducía, indisolublemente vinculada a aquél, la noción de *reproducción*, ligada en este caso a la posibilidad de ilimitar el número de copias a partir del "molde" original, el negativo[4]. Los primeros años de la propagación del invento tuvieron al retrato en un lugar central, siendo sus realizadores antiguos grabadores, pintores miniaturistas y, finalmente, fotógrafos. El trabajo tuvo características artesanales hasta que, a partir de la década de 1860, puede observarse la obtención de retratos fotográficos de producción "seriada", con la aparición del formato *carte de visite*. El estudio más importante de la ciudad de París que explotó la novedad (el de Eugène Disderi) llegó a emplear entre cincuenta y cien personas. En la misma época, museos de Europa reproducían fotográficamente sus colecciones de obras de arte, llevando a la práctica una de las tantas utilidades que François Arago había supuesto para la nueva patente adquirida por el Estado francés. Hasta la emergencia simultánea de la fotografía documental, el Pictorialismo y la fotografía de masas, podría decirse que el trabajo de fotógrafo se encontraba en gran medida marcado de modo múltiple por la

---

[4] Si bien la técnica del daguerrotipo producía una pieza única, simultáneamente en Francia y en Inglaterra se desarrollaron para la misma época técnicas de negativo-positivo.

impronta de empresa comercial y de herramienta al servicio de la ciencia, del arte o de la burocracia de Estado, cuyos practicantes procedían de variopintos orígenes. Como se menciona en una de las historiografías de mayor circulación:

> Algunos fotógrafos triunfaron y eso hizo que muchas personas se sintieran atraídas hacia esa actividad. Nadar habla en sus Memorias de toda una serie de personajes que se hacían fotógrafos: 'el empleado de bufete que no volvía a tiempo un día de cobro, el tenor de café-concierto que ya no podía dar la nota, el portero con inquietudes artísticas'; junto a ellos había masajistas, abogados y sacamuelas[5].

Así como en el oficio, las Sociedades Fotográficas fueron espacios donde convergían los aficionados y se expresaban cruces de clases o fragmentos de clase, incluyendo a miembros de la aristocracia. El panorama que, por ejemplo, se planteaba entre los calotipistas[6] galeses no constituye una escena única: eran propietarios que no debían preocuparse por su destino económico mientras hacían fotografía, la mayoría tenía una sólida formación científica y pasado de acuarelistas o pintores al óleo. En la Argentina, la composición social de los miembros de la Sociedad Fotográfica Argentina de Aficionados, creada en 1889, no distaba de aquellos, habiendo entre sus miembros apellidos de familias de la alta burguesía. Como sostiene García Felguera, es difícil discernir cuánto la fotografía de las primeras décadas le debe a los profesionales y cuánto a los aficionados. En reacción a esa amplia diversidad, el Pictorialismo se presentó hacia 1899 en palabras de uno de sus más lúcidos ejecutores, Alfred Stieglitz, en términos de distinción: el fotógrafo "artista" (el pictorialista) era el que aportaba la sensibilidad y la inspiración sobre las que se sumaba, luego, el conocimiento estrictamente técnico. Del otro lado estaban el fotógrafo ignorante y el técnico puro[7]. El Pictorialismo, en un mismo movimiento, estaba interrogando los alcances y límites de la fotografía como medio artístico, las formas de representación de "la realidad" y los modos de

---

[5] García Felguera, María de los Santos (2007): "Expansión y profesionalización", en Sougez, Marie-Loup (coord.), M. de los Santos García Felguera, Helena Pérez Gallardo y Carmelo Vega: *Historia general de la fotografía*, Cátedra, Madrid, página 70.
[6] El calotipo fue un procedimiento que consistía en el emulsionado, exposición, revelado y, luego, encerado de un papel que funcionaba como negativo.
[7] Citado por Melon, Marc (1988): "Más allá de lo real: la fotografía artística", en Lemagny, Jean-Claude y André Rouillé: *Historia de la fotografía*. Ediciones Martínez Roca, Barcelona.

adecuación fotográfica en función del reconocimiento y legitimación en el campo artístico. Ese abanico de problemas llevaba a la revisión de la propia técnica fotográfica como espacio donde el cambio de estatus debería plasmarse. Robert Demachy, representante de la escuela francesa, planteaba:

> Me da exactamente lo mismo que el aficionado se sirva del aceite y de la goma o del platino, que embadurne su cliché o que lo ataque a golpes de rascador, con tal de que me muestre una imagen que su vecino sea incapaz de lograr[8].

Y continuaba: "Quizá se nos acuse de hacer desaparecer así el *carácter fotográfico*. Esa es precisamente nuestra intención…". En el mismo sentido, Robert de la Sizeranne se preguntaba ya no si la fotografía poseía las mismas cualidades que otros procedimientos, sino si, acaso, poseía algunas dignas de ser comparadas con aquellos. La cuestión de la técnica y los procedimientos, por lo tanto, ocuparon un lugar central desde el cual situaron el nuevo tipo de imágenes.

Casi con los primeros daguerrotipos surgió la intención de dar color a la toma monocromática: la "iluminación" se denominó entonces a la aplicación de pigmentos sobre la placa metálica por medio de un pincel. Así, algunos miniaturistas se reinsertaron en el circuito laboral, pese a que la delicada tarea requería una ductilidad que tal vez aquellos carecían: "hacer que un artista, incluso un artista hábil, ilumine una hermosa fotografía, es como mandar a un pintor de carteles retocar las alas de una mariposa"[9]. El mismo Marx instalaba la palabra como metáfora en el campo político, cuando describía la conspiración bonapartista de 1852: "Durante los meses de septiembre y octubre se atropellaban los rumores de un *coup d'état*. La sombra cobraba al mismo tiempo color, como un daguerrotipo iluminado"[10]. Pero si a través de la pigmentación se perfilaba un modo de transformar la imagen fotográfica con herramientas ajenas al medio, para asemejarla en ese aspecto a los objetos representados, el fotomontaje fue un recurso que desde el mismo momento

---

[8] *Ibidem*, página 82.
[9] Lerebours, Nöel-Marie y G. Secrétan (1846): *Traité de la photographie*, Lerebours et Secrétan, Paris, citado por García Felguera, María de los Santos, *op. cit.*, página 77.
[10] Marx, Karl (1975): *El dieciocho brumario de Luis Bonaparte*. Editorial Anteo, Buenos Aires, página 120.

en que la fotografía surgió, se propuso como vía de creación de una realidad –la de la obra– que reposaba en la cualidad icónico-referencial de la materia prima, también fotografías. El recurso sirvió tanto para la creación de obras singulares con fines "artísticos", como para propósitos comerciales: Eugène Disderi recortaba, reorganizaba, pegaba y finalmente reproducía fotográficamente imágenes que incluían desde la familia imperial, religiosos, actores y funcionarios políticos hasta monumentos arquitectónicos. La búsqueda pictorialista, que incluyó el montaje de negativos, se desarrolló a partir de un doble reconocimiento: el de la fotografía en tanto producto de un trabajo técnico que brindaba reproducciones "objetivas y fieles" y el de la ilusión de fidelidad emanada del propio dispositivo. El quiebre que introdujo el Pictorialismo en la construcción de "otra realidad" fotográfica se dio, precisamente, por la negación/afirmación de la materia prima tradicional y el uso distorsionado de las herramientas. Entre los procedimientos pigmentarios para el tratamiento de las copias, apelaron a la goma bicromatada, el carbón y diversas tintas grasas. En el plano óptico, plasmaron la imprecisión y la falta de nitidez mediante el desenfoque, usando "objetivos de artista", lentes *Soft Focus* que proporcionaban imágenes *flou*, y cámaras estenopeicas[11]. La rayadura del negativo y su rotura una vez positivado aseguraban, finalmente, la unicidad de la obra.

Con el Pictorialismo, la fotografía negaba aspectos fundamentales de sí misma para posibilitar la aparición del "artista". El trabajo del artista fotógrafo, planteado en esos términos, hacía un uso alienado de las herramientas y de los instrumentos que portaban un saber y un trabajo objetivado de fotógrafo –o, más ampliamente, de óptico, de físico y de químico–. El pictorialista se reconocía a sí mismo como artista en la obra propia, en el producto de su trabajo, simultáneamente a su no-reconocimiento en el resto de los modos en que los instrumentos, el trabajo y los productos de su ser genérico como fotógrafo le iban siendo lejanos. Es importante señalar que el pictorialista no era un ser solitario: el movimiento llegó a extenderse en numerosos países entre las décadas de 1890 y 1920, creando círculos en las principales ciudades que los aglutinaba. Y también resulta necesario mencionar que el anquilosamiento de los procedimientos técnicos y la reiteración temática culminaron convirtiendo el acto ¿fotográfico? pictorialista en una fórmula harto reiterativa

---

[11] Cámaras sin objetivo. La luz que forma la imagen ingresa a través de un pequeño agujero denominado *estenopo*.

por medio de la cual el hecho subjetivo-creativo individual terminó reconociéndose en un nuevo "ser genérico", diferenciado del anterior. Si bien algunos historiadores distinguen etapas dentro del Pictorialismo, la historiografía coincide que hacia 1920 comienza el ocaso de su hegemonía en los países centrales, desplazado por nuevas corrientes surgidas de su propia evolución y crítica, o al calor de la lucha política.

II

Las vanguardias históricas pueden ser interpretadas como superación de la *negación* pictorialista de la fotografía. El análisis de este fenómeno es tan amplio y rico como múltiples son las aristas con que los distintos movimientos asumieron la intersección y autonomía de los ejes de estética y política. Aquí sólo se expondrán aspectos parciales de usos y tratamientos que algunas de las tendencias hicieron de los materiales y herramientas. En primer lugar, resulta ineludible distinguir una doble vertiente: por un lado, el encuentro de una técnica desconocida –la fotográfica– por parte de artistas que provenían en su mayoría de la plástica; por otro, la evolución del Pictorialismo, particularmente en suelo norteamericano, hacia un tratamiento formal "antagónico". Asumiendo que la exclusión de la dimensión política de las prácticas que se mencionarán margina una parte sustancial de la discusión, sólo se analizará aquí la cuestión técnica en tanto emergente de una fundamentación mucho más profunda, que en la gran mayoría de los casos involucra posturas ideológicas que exceden ampliamente los límites fotográficos.

En Estados Unidos, transcurrieron casi cuarenta años desde las primeras manifestaciones pictorialistas hasta el surgimiento del Grupo f:64 en 1932. Entre uno y otro, la figura de Paul Strand como impulsor de la *Straigth Photography* (Fotografía Directa) supone el punto de ruptura en la escuela de los pioneros Alfred Stieglitz y Edward Steichen. Estos últimos fueron actores centrales en el conocimiento que los fotógrafos y artistas norteamericanos tuvieron del modernismo europeo, a través del intercambio y circulación que se centró en las tres habitaciones que componían las Littles Galleries of de Photo-Secession, "la 291", que dirigían en la ciudad de Nueva York[12]. El

---

[12] Entre otros, expusieron allí Auguste Rodin, Paul Cézanne, Henri Mattisse y Constantin Marcussi.

propósito de hacer "fotografías que parezcan fotografías" era sintetizado, ya en 1904, por Sadakichi Hartman, como el resultado de un proceso que partía de la (re)valorización del ojo y de la cámara para la obtención de un negativo "absolutamente perfecto que necesite poca o ninguna manipulación". El retoque era admitido en tanto no interfiriera con "las cualidades naturales de la técnica fotográfica", entendiendo que de ese modo el fotógrafo se convertía en artista de "manera legítima"[13]. Alfred Stieglitz comenzó a trabajar en ese sentido: a la toma directa sumaba el encerado de las copias a fin de lograr más lustre y brillo. En 1917, Paul Strand manifestaba que el fotógrafo necesitaba advertir claramente tanto las limitaciones de su medio cuanto sus cualidades potenciales. Una visión honesta que intentara restituir fotográficamente los valores tonales del objeto era sinónimo de respeto por éste, y su máxima realización se obtenía "sin trucos de proceso ni de manipulación". A partir de ese momento otros fotógrafos reorientaron su obra en el mismo sentido que Strand y Stieglitz. Si el Pictorialismo suponía una "problematización de la realidad" que se plasmaba en una solución "anti-fotográfica", el rescate del "realismo" por la Fotografía Directa impulsó un extremo control sobre la toma. El proceso se iniciaba antes de la captura, con la previsualización, es decir, el análisis por parte del fotógrafo de las luminancias del objeto para la determinación que habrá de darle, él mismo, como valor tonal en el negativo y la copia. El Grupo f:64[14] debe tal denominación a que sus integrantes cerraban el diafragma de los objetivos montados en sus cámaras de gran formato a ese número, obteniendo la mayor nitidez y profundidad de campo.

En Alemania, la *Neue Sachlichkeit* (Nueva Objetividad) ensayaba tratamientos similares, aunque con otro anclaje teórico. Surgida hacia 1920 como rechazo al expresionismo, la fotografía era entendida por la Nueva Objetividad como una vía de conocimiento de "lo real", propósito para el cual los materiales debían ser tratados de modo tal que permitieran observar la riqueza de los detalles más pequeños. Albert Renger-Patsch, proponía crear "fotografías con medios fotográficos", fotografías que "se sostengan por sí solas debido a su carácter *fotográfico*, dejando la pintura al pintor". El uso del papel brillante y la más amplia gama tonal estaban al servicio de tal fin. La experi-

---

[13] Newhall, Beaumont (2002): "Fotografía directa", en *Historia de la fotografía*. Gustavo Gili, Barcelona.
[14] Entre sus fundadores se encuentran Edward Weston, Ansel Adams e Imogen Cunningham.

mentación en el taller de fotografía que Walter Peterhans dictaba en la Bauhaus destinaba una importante cantidad de tiempo a la reflexión filosófica, previa a la realización de la toma. Luego, la técnica y el tratamiento de los materiales eran dispuestos en función de plasmar aquellos desarrollos de la forma más acabada. Laszlo Moholy-Nagy, por su parte, ligaba su experimentación a la discusión más amplia sobre el lugar de la fotografía en el conjunto de las imágenes de la cultura industrial moderna. En un contexto visual que en Alemania tenía dos vertientes inmediatas, el cine y el diseño gráfico e industrial, decía:

> Con el aparato fotográfico, disponemos del medio más fiel para obtener un comienzo de visión objetiva. Todos nos vemos obligados a ver lo que es ópticamente cierto, explicable según sus propias reglas, objetivo, antes de llegar a una eventual posición subjetiva. Esto suprime la estructura, a la vez imaginativa y pintoresca, que ha permanecido inmutable durante siglos y que los grandes pintores han impreso en nuestra visión. [..] Podemos decir ahora que vemos el mundo desde una perspectiva totalmente distinta. Sin embargo, el resultado total no sobrepasa hoy en día el éxito de una enciclopedia visual. Es insuficiente. Deseamos producir sistemáticamente, porque es importante para la vida, crear nuevas relaciones[15].

Walter Benjamin entendía como absolutamente necesaria la distinción entre "el mero abastecimiento del aparato de producción y su modificación", y en su crítica de la Nueva Objetividad señalaba que las imágenes del libro *El mundo es bello* de Ranger-Patsch ("la cima de la fotografía neo-objetiva"), "han logrado que incluso la miseria, captada con una manera perfeccionada y a la moda, sea objeto de goce"[16]. En ese sentido, la función política que Benjamin atribuía a la fotografía era la de renovar "desde adentro" el mundo tal y como es, y para "pertrechar el aparato de producción" entendía indispensable tirar abajo la barrera entre escritura e imagen: la palabra —la leyenda—, arrancaría a las fotografías del consumo y del desgaste de la moda. Pero resulta importante rescatar la dialéctica de esa función: Benjamin creía que para formular esa demanda, los escritores, a su vez, tenían que ponerse a fotografiar.

---

[15] Moholy-Nagy, Laszlo en *Pintura, fotografía, film* (1925). Citado por Nesbit, Molly: "Fotografía, arte y modernidad", en Lemagny y Rouillé, *op. cit.*, página 116.
[16] Benjamin, Walter (1990): "El autor como productor", en *Tentativas sobre Brecht. Iluminaciones III*. Taurus, Barcelona.

Luego de la Segunda Guerra Mundial y en el marco sociopolítico de la reconstrucción alemana y la Guerra Fría, Otto Steinert llevó adelante el proyecto de la *Subjektive Fotografie* (Fotografía Subjetiva). Recogiendo diversas experiencias de antiguos autores de las vanguardias que habían sobrevivido al nazismo, la convocatoria a la muestra Fotografía Subjetiva[17] fue contenedora de una pluralidad de enfoques. Otto Steinert proponía repensar los aspectos creativos de la fotografía en tanto medio de expresión individual, alejándolos de la ligazón con los proyectos políticos transformadores de algunas manifestaciones vanguardistas. "La fotografía es un medio demasiado técnico de creación de imágenes para que pueda admitir una concepción que tan sólo estuviera ligada a la sensibilidad", sostenía Steinert. Éste enumeraba los "elementos de la creación fotográfica" del siguiente modo:

1. La elección del objeto (o motivo) y el acto de aislarlo de la naturaleza.
2. La visión en perspectiva fotográfica.
3. La visión dentro de la representación foto-óptica.
4. La transposición en la escala de tonos fotográficos (y en la escala de colores fotográficos).
5. El aislamiento de la temporalidad debido a la exposición fotográfica[18].

El desarrollo de esa secuencia hacía directamente a la calidad del acto creativo, y era "lo que determina[ba] en última instancia la constitución de la fotografía como imagen".

Las vanguardias europeas se nutrieron, también, de artistas que adoptaron la fotografía como materia prima. Los límites difusos entre fotografía, obra plástica y publicidad eran el punto de llegada o de diálogo entre medios que habían alcanzado o estaban logrando en ese momento pleno desarrollo autónomo. Esos cruces y subsidiariedades fueron enriquecedores tanto de las experiencias netamente artísticas cuanto de la efectividad de las obras en sus usos políticos. Estos y otros elementos permiten afirmar que las vanguardias históricas en fotografía constituyeron –manifiesta o tácitamente– una

---

[17] Llevada a cabo entre 1954 y 1955 en la Escuela Estatal de Artes y Oficios de Saarbrücken, Alemania Federal.
[18] "La Fotografía Subjetiva según Otto Steinert", revista *Fotomundo*, número 254, junio de 1989. El texto original fue publicado en Munich en 1955.

directa reacción al Pictorialismo. Por otro lado, la reapropiación con fines expresivos de métodos que, como la cronofotografía, constituyeron en sí mismos una suma de concepciones decimonónicas –tal como lo hizo el futurismo– también abona la hipótesis de un momento autocrítico al que la fotografía del primer tercio del siglo XX había llegado[19]. Sin embargo hay autores que argumentan que fue recién en la década de 1960 cuando la fotografía estuvo en condiciones de alcanzar la autocrítica de sí y que, por lo tanto, no puede hablarse de vanguardia fotográfica sino en ese momento. Es la posición de Jeff Wall, quien liga directamente la experiencia vanguardista al arte conceptual[20]. Wall menciona dos procedimientos de los que se valió el conceptualismo: la crítica al reportaje documental tradicional que circuló a través de las revistas ilustradas de tirada masiva y, a grandes rasgos, a los modos de tratamiento formal que sucintamente aquí han sido mencionados. La creación fotográfica dejó, entonces, de ser problematizada en términos estrictamente *fotográficos*. En algunos autores conceptuales la fotografía se redujo al registro residual de otra obra, por lo que el espacio de interpretación propio se diluyó en otro más amplio y heterónomo. En otros, la crítica al formalismo modernista se tradujo en una reacción "*amateurista*", esto es, en la ejecución de las fotografías por los artistas al modo de los aficionados. Ambos gestos condensan, en gran medida, la negación del trabajo de fotógrafo y de la relación con el producto del mismo. Aquello que ya los artistas de las vanguardias habían experimentado pasaba nuevamente por el tamiz de un "redescubrimiento" del medio. Finalmente, frente a lo que Wall denomina "concepción artística del fotoperiodismo" (aludiendo al estilo de clásicos como Eugene Smith o Cartier-Bresson), el conceptualismo proponía el "fotodocumentalismo", la construcción ficcional de reportajes y su homologación a obra artística. Así, la fotografía –rescatada por Wall como objeto "antiartístico" por excelencia– comenzó a convertirse no sólo en herramienta sino en paradigma del pensamiento artístico, tendencia que se profundizó hacia fines de la década de 1970, cuando la reflexión sobre la fotografía cobró impulso y empezó a nutrir

---

[19] El uso del concepto de autocrítica tiene aquí el sentido que Peter Bürger desarrolla en su clásico trabajo *Teoría de la Vanguardia*.
[20] Wall, Jeff (1997): "Señales de indiferencia: aspectos de la fotografía en el arte conceptual o como arte conceptual", en AAVV: *Indiferencia y singularidad. La fotografía en el pensamiento artístico contemporáneo*. Consorci del Museu d'art Contemporani de Barcelona, Barcelona.

de respaldo teórico a diversas prácticas artísticas[21]. Pero hay otro aspecto a señalar, sintomático: con el conceptualismo la cámara se despegó del ojo, y dejó de ser su prolongación natural en la construcción de imagen fotográfica. El descentramiento de la mirada y la argumentación conceptual fueron de la mano en la elaboración de fotografías con escaso trabajo *fotográfico* por parte de los artistas, quienes a menudo utilizan cámaras de muy bajo costo y totalmente automáticas.

El momento prolongado que se extendió desde los últimos años de 1960 y a lo largo de la década siguiente marcó el comienzo del ocaso de la denominada sociedad salarial. Las múltiples relaciones que asociaron la fotografía con el capitalismo industrial se acercaban a un fin de ciclo, cuando las reverberaciones de un nuevo tipo de imagen, la electrónica del video, comenzaba a extenderse en la práctica de algunos artistas. En la fotografía, el registro fotográfico en cinta magnética se dio en los primeros años ochenta, cuando la fabricación de la cámara Mavica por la empresa Sony sustituyó a la película de haluro de plata.

III

Los desarrollos de la fotografía "en el arte conceptual o como arte conceptual" negaron, en gran medida, los recursos productivos de distintas vertientes, tanto en desarrollos expresivos ligados tangencialmente al ámbito profesional como en aquellos de aspiraciones artísticas. El peso y centralidad de la técnica en el tratamiento formal, que hicieron históricamente al "ser genérico" de fotógrafo, dejaron así lugar a productos que se valoraban en un "no saber" técnico histórico. La exposición de ideas a través de la fotografía evadía la problematización en los términos clásicos de visión-objeto-representación, y el vínculo del artista conceptual con la cámara como herramienta era tan débil como su producción lo era en tanto *fotografía*. En términos generales, se estaba impugnando de ese modo la estrecha relación que había existido, para algunas de las aproximaciones aquí citadas, entre belleza y pureza, mediadas

---

[21] He abordado este tema en "Un programa conservador. Apuntes sobre teoría y prácticas fotográficas de los '80", en Susana Sel (Comp.) (2008): *Imágenes, palabras e industrias de la comunicación. Estudios sobre el capitalismo informacional contemporáneo*. La Tinta Ediciones, Buenos Aires.

en su consecución por la técnica. Esos dos conceptos resultaron centrales para la dimensión subjetiva de un cierto hacer fotográfico, y tenían un fuerte anclaje –desde luego, no únicamente– en la afinidad con el uso de las herramientas, su manipulación y la regulación propia del tiempo y modos de trabajo destinados a cada aspecto parcial en la producción del objeto. En este punto, en su involucramiento con el arte conceptual, la historia de la fotografía comenzaba a dar un gran giro.

Las palabras del escritor norteamericano Don De Lillo refieren a aquello que ya se manifestaba en los ¿fotógrafos? conceptuales, que posteriormente se continuó en tendencias del posmodernismo y que finalmente cobrará una otra dimensión con las imágenes fotográficas intangibles de la era digital:

> Necesito el ruido de las teclas, de las teclas de la máquina de escribir manual. La materialidad de un tecleo tiene un peso, es como si usara martillos para esculpir las páginas. Es como si labrara el mármol, sólo que mis trabajos son bidimensionales: me gusta ver las palabras y las frases cuando van tomando forma. Del ordenador no me gustan ni siquiera las letras. Es un hecho estético, cuando trabajo necesito tener la sensación de una relación escultórica con las palabras que estoy construyendo[22].

La "relación escultórica" con las palabras que para De Lillo es permitida por la máquina de escribir y negada por el ordenador, tuvo múltiples manifestaciones en la creación fotográfica, en las que la búsqueda de "esculpir" fotografías hacía del trabajo del fotógrafo la prolongación de su interioridad a través del entramado técnico-instrumental, independientemente de los motivos o géneros. Desde este punto de vista, la imagen digital es su modelo antagónico, puesto que el "espacio escultórico", constituido de tiempo y materia, se reduce o muta considerablemente. El tiempo de elaboración de una fotografía era reducido por el acto conceptual a una simplificación del volumen escultórico-material. En ese sentido, "en el arte conceptual o como arte conceptual", la fotografía ya era situada en el terreno "bi-dimensional" de la información numérica, desligándola de las connotaciones subjetivas y espirituales que se habían expresado en las distintas corrientes que reconocieron y

---

[22] Blog "Actualidad literatura". URL: http://www.actualidadliteratura.com/2013/04/04/don-delillo-y-su-necesidad-de-teclear-en-maquina/. Última consulta: junio de 2013.

desplegaron un amplio repertorio en las tácticas para "esculpir" fotografías. En otro sentido, el conceptualismo se opuso a la negación que el espacio creativo significaba para muchos fotógrafos en relación con las exigencias y ritmos a los que eran sometidos en su producción laboral.

El actual momento presenta los rasgos de toda transición: la persistencia subjetiva y material de formas anteriores, el surgimiento de unas enteramente novedosas y otras, de carácter híbrido. Como fue señalado en otro lugar, la introducción de la tecnología digital empalmó con antecedentes en el campo de las prácticas y de la teoría fotográficas posmodernas[23]. De acuerdo con el recorte conceptual al que se restringe el presente texto, podría afirmarse que en determinados productos del posmodernismo se manifestaban, ya, ciertas líneas de trabajo que luego hicieron eclosión con la facilitación de aplicaciones que proporcionó la tecnología digital. Temas, contenidos y motivos presentes en obras paradigmáticas de las década de 1980 fueron retomados y profundizados a partir de la ampliación de las posibilidades que la técnica digital proporciona en relación con el proceso fotoquímico. La apropiación y manipulación de fotografías en forma total o parcial, corriente que se internacionalizó hacia el primer lustro de la década de 1990, a la par que volvía sobre desarrollos conceptuales, reducía el trabajo de fotógrafo a una dimensión mínima. Esa tendencia hizo pie de manera oficial en el plano local con la muestra *Los límites de la fotografía*, exhibida en la Fundación Banco Patricios de Buenos Aires en mayo de 1996. Entre otras obras allí expuestas, había trabajos que en términos estrictamente técnicos se reducían a la reproducción –a un novedoso gran tamaño para la época– de fotografías publicadas en catálogos y libros. El curador de la exposición, el historiador francés André Rouillé, comentaba: "Esta muestra tiene la ambición de mostrar cómo la fotografía es usada como un material del arte contemporáneo, como el óleo para un pintor. Y eso es lo que llamo post-fotografía"[24]. *Post-fotografía* era un concepto que reposaba entonces en una matriz artístico-cultural antes que tecnológico-cultural. Posteriormente, cuando la extensión del cambio tecnológico era ya irreversible, fotógrafos como Fred Ritchin,

---

[23] Referí a este tema en "De la fotografía analógica a la fotografía digital: apuntes provisorios para una teoría en transición", en Sel, Susana, Silvia Pérez Fernández y Sergio Armand (Comp.) (2011): *Recorridos. Del analógico al digital en el campo audiovisual*. Editorial Prometeo, Buenos Aires.
[24] "Los límites de la fotografía", *Fotomundo* N° 339, julio de 1996, pp. 10 a 12.

Joan Fontcuberta o Pedro Meyer refirieron el término a la era abierta a partir de la proliferación del nuevo tipo de imágenes digitales.

En la fotografía local, durante la segunda mitad de la década de 1990 comenzaron a visibilizarse discursos emparentados con el posmodernismo mientras predominaban ampliamente los procedimientos fotoquímicos. La introducción de los procesos de digitalización primero y de producción y post-producción digital después es un fenómeno que se acelera con el cambio de milenio. Por otro lado, la transición y globalización tecnológica coincidió con la consolidación de circuitos internacionales estandarizados en el formato "festival". En Buenos Aires, a su vez, tenía lugar el progresivo ingreso al campo fotográfico de artistas y profesionales formados en el ámbito de las artes visuales y el diseño[25]. El estudio del cambio digital implica, por lo tanto, tomar en cuenta las tenciones y contaminaciones que se dieron y dan entre las diversas formaciones de origen y los desarrollos creativos. En una generalización provisoria, podría afirmarse que en quienes provenían del campo de la fotografía y tenían un desarrollo creativo en la etapa analógica, la emergencia del digital tendió a producir una escisión entre el momento de la captura fotoquímica y el de la posproducción digital[26]. Muchos fotógrafos aún continúan haciendo sus tomas en película y luego digitalizan e imprimen con métodos no fotográficos. En otros, la proporción entre el proceso analógico y el digital tiende progresivamente a ser creciente en favor de este último.

Daniel Merle, fotógrafo y editor del diario *La Nación*, realizó hace cuatro años una serie de entrevistas tituladas "El fotógrafo y sus cámaras" para su blog alojado en ese medio de información[27]. Resulta estimulante observar en esos videos el vínculo que fotógrafos con trayectorias disímiles a lo largo de las décadas de 1990 y 2000 han tenido con su herramienta de trabajo. Marcos López, en sus inicios a principios de la década de 1980, trabajó con una Rollei de formato medio de dos objetivos para hacer retratos con luz natural de ventana. Luego pasó a una Hasselblad, también de medio formato, y a escanear

---

[25] Las carreras de Diseño Gráfico y de Diseño de Imagen y Sonido fueron creadas en la Universidad de Buenos Aires en los años 1984 y 1989, respectivamente, y tienen su sede en la Facultad de Arquitectura, Diseño y Urbanismo.

[26] He indagado a fotógrafos sobre el tema en el marco del trabajo de campo de mi tesis de doctorado.

[27] URL: http://blogs.lanacion.com.ar/merle/

las fotografías tomadas con ésta. En los últimos años contrata fotógrafos para que hagan las tomas y él adopta, casi, el rol de "director de cine": compone y da indicaciones desde el monitor de una computadora. Elaborar su obra "El cumpleaños de la directora" le llevó tres retomas en cámara de placa para luego lograr digitalmente el efecto de perspectiva panorámica. Cuenta que las cámaras fotográficas no le atraen porque, en definitiva, lo que a él le gusta es pintar (de hecho, se lo observa en el video colorear a mano una obra a la que denomina un "post-Diego Rivera digital", que imprimió y expuso a un tamaño de seis metros). Sin embargo, antes de su última muestra[28] –en la cual la fotografía ocupó un espacio mínimo y fue exhibida en una especie de mosaico compuesto por sus trabajos clásicos, o bien autointervenidas– López volvió a la toma directa[29]. Fabiana Barreda, que fue una de las referentes en la introducción de un discurso fuertemente conceptual desde mediados de la década de 1990, declara que la relación que tiene con sus cámaras es afectiva. La primera, una vieja Nikkormat de 35 milímetros usada, sigue siendo *su* cámara. El uso del formato medio y el trípode fue parte de una evolución a la que pudo acceder por el intercambio con sus amigos fotógrafos: antes, pensaba que lo emocional no necesitaba de lo técnico para ser expresado. Aclara que, a diferencia de lo que les ocurre a otros fotógrafos que disfrutan del procedimiento técnico en sí mismo, para ella la técnica es un medio y no un fin. Las cámaras, afirma, son el acceso a encontrarse con uno mismo: "tienen fuerza, tienen peso, tienen sonido, son piezas que apuntan al corazón". Así, siente que actualmente con una Lumix[30] encuentra su intimidad. Alberto Goldenstein, director de la Fotogalería del Centro Cultural Ricardo Rojas de la Universidad de Buenos Aires desde 1995, ha tenido una formación fotográfica muy técnica en EE.UU., y comenzó su labor con una cámara de placa. Luego de "metabolizar lo que es la cámara", dice, "se olvidó" de ella, a punto de considerarla como un electrodoméstico. Después de usar una Nikon F601 (réflex, analógica, de 35 milímetros), comenzó a fotografiar con una Mamiya 645, con la que encontró la síntesis entre la calidad del formato medio y la maniobrabilidad de la cámara de 35 milímetros ("la cual es la que

---

[28] Titulada *Debut y despedida*, montada en la Sala Cronopios del Centro Cultural Recoleta en marzo de 2013.
[29] Entrevista de Silvia Mangialardi en *Fotomundo* N° 519, mayo-junio de 2012.
[30] Cámara digital fabricada por la empresa Panasonic que incorpora lentes Leica.

más se asemeja a la visión humana"). En los últimos años incorporó el uso del trípode y el flash. Goldenstein hace veinte años que fotografía lo mismo: interiores "estáticos". Juan Travnik, iniciado en la fotografía en la década de 1960 y director de la Fotogalería del Teatro San Martín desde 1998, carga en su bolso una brújula para saber cuál será el recorrido del sol –"imposible no tenerla, es tan importante como el fotómetro". Después de la Leica, su paso fue hacia la Rollei de formato medio, la cámara que "ama profundamente" y que le permitió trabajar en el "nivel de cintura". La cámara Vista, con placas de 10x12 cm, es la que más estaba utilizando para tomas en exteriores; con ella ve y controla la imagen. Por eso lleva también en la mochila una lupa que le permite observar correctamente el foco en el vidrio despulido del visor directo. También usa una Mamiya 7, de formato 6x7, cuya óptica considera muy buena después de haber hecho pruebas, y que le brinda la posibilidad de volver a acercar el visor al ojo; además, las fotos que usualmente requerían el empleo del trípode con esta cámara tienen "otra agilidad" y mucha calidad. Virginia Del Giudice, que ha transitado por distintas variantes de la fotografía de prensa, muestra dos cámaras emparentadas: una Holga 120, china, y una "Ofo", denominación que se le daba a la Gradosol de baquelita que la empresa Agfa fabricaba en la Argentina en la década de 1950. La cámara que se llevaría consigo "si hubiera un incendio" es una Rolleiflex de doble objetivo, a la cual no añade el pentaprisma por su "aspecto estético espantoso". Trabaja con una Hasselblad 500 CM y, como sólo lo hace con luz natural, lleva en su equipaje un termocolorímetro y un portafiltros para la corrección de la temperatura de color. Usa también una cámara de placa para "hacer objetos", sus fotos personales, y tiene otra de madera de cerezo que compró especialmente para hacer retratos en el Hospital Borda y naturalezas muertas. En el caso de López y Barreda, además, valoran especialmente en lo afectivo sendas cámaras Polaroid.

Por otro lado, la cámara portátil digital sí ha sido incorporada por numerosos fotógrafos que hacen registro callejero, urbano, de carácter ágil. Otros, como Adriana Lestido y Dani Yako, continúan fotografiando en 35 milímetros con sus Leica[31]. Como ha sido mencionado, un escaneado de calidad y la posterior impresión con distintos sistemas no fotográficos son prácticas

---

[31] Charla de los autores en Librería Cúspide de Buenos Aires, 13 de noviembre de 2012.

habituales[32]. Este rápido paneo por la opinión de fotógrafos que personifican distintas propuestas estéticas vigentes en las décadas de 1980 y 1990 –y continúan activos– intenta dar cuenta de que el tránsito hacia lo digital no es unívoco ni abarca la totalidad del proceso de producción.

Otro aspecto del tema es la persistencia del interés por el aprendizaje y la experimentación de procesos fotográficos tradicionales. Diego Ortiz Mujica, el principal referente en la enseñanza de la técnica del sistema de zonas (diseñado originalmente por Ansel Adams, el citado integrante del Grupo f:64), manifestó que sus cursos de fotografía analógica han sido demandados sin interrupción en pleno auge digital. Por otra parte, en las dos últimas décadas hubo en nuestro país quienes se dedicaron a la obtención de daguerrotipos y, más recientemente, de cianotipos o placas al colodión. Se trata en todos los casos de procedimientos que se remontan a los orígenes mismos de la fotografía y requieren destinar una cantidad de tiempo considerable para la obtención de un resultado, a menudo, incierto. El auge en la práctica de la técnica estenopeica por parte de fotógrafos que transitaron la etapa analógica y por la generación que ya nació en la era digital es otro indicador de la existencia de zonas en las cuales la efímera, intangible, volátil y compulsiva experiencia de la fotografía digital es puesta entre paréntesis en las variables de tiempo y materialidad. Si el primer grupo de fotógrafos mencionados en este apartado constituyen actores importantes de un campo que fue claramente fotográfico, entre quienes se sienten convocados a practicar las últimas técnicas citadas los hay de heterogénea inserción, en un espacio que está cuestionándose sus bordes y su objeto.

Epílogo

Cuando el modo de producción fordista se expandió en el capitalismo del primer tercio del siglo XX, la problemática en torno de la relación del trabajador con el proceso y el producto de su trabajo volvía a ofrecerse como objeto de reflexión. A mediados de la década de 1930, la marxista francesa Simone

---

[32] Cabe aclarar que este proceso es paralelo a la progresiva reducción en la fabricación y disponibilidad del tradicional papel fotoquímico.

Weil señalaba el profundo significado que el nuevo ritmo de la fábrica implicaba para la subjetividad del obrero, en el sentido de condicionar fuertemente la posibilidad de incitarlo a rebelarse contra el sistema. En algún sentido –aunque su reflexión intentaba aportar a los debates que, dentro del marxismo, el contexto político obligaba a reconsiderar–, Weil volvía a aquello de que cuanto más el obrero producía, más se empobrecía, discutiendo las tesis que asociaban la autoconciencia de la explotación con la posibilidad de su abolición. Para revertir parcialmente la desubjetivación producida en el trabajo, proponía que el obrero recuperara la dignidad perdida, por fuera del mismo. Poco tiempo después, con la sociedad norteamericana como trasfondo, Theodor Adorno y Max Horkheimer mostraban la imposibilidad de tal vía para la resubjetivación: el espacio recreativo en el marco de la industria cultural no daba tregua y oprimía al obrero tanto como las relaciones de producción mismas: la renovación de las categorías del mundo de la producción en el tiempo ocioso tendían a complementar la adecuación de las subjetividades a la reproducción del sistema en su conjunto.

Tal es el punto en el cual se desea situar la discusión en torno de las prácticas de la fotografía creativa en la era digital: ¿qué posibilidades hay de una resistencia a las imposiciones de los mercados de trabajo, artístico e industrial? En otras palabras: ¿qué ocurre con el amplio conjunto de representaciones del "ser genérico de fotógrafo" ante el cambio tecnológico? Recientemente, un video que tuvo amplia circulación por internet mostraba una banda musical que, habiendo perdido sus instrumentos, tocaba en un medio de transporte de Nueva York con "guitarras", "teclados", "bajos" y "batería" que no eran otra cosa que pequeños dispositivos móviles de comunicación conectados a un amplificador que sonaban al modo de cada instrumento[33]. La reducción de la música a mera información y la des-diferenciación de la herramienta de trabajo es un proceso que afecta, en mayor o menor medida, a todas las formas y medios de expresión atravesados por la tecnología. Hay músicos que actualmente han vuelto a grabar en discos de vinilo, aun cuando en la Argentina la producción de cada unidad deba hacerse artesanalmente, en tiempo real[34].

---

[33] El mismo puede ser visualizado en: http://www.youtube.com/watch?v=NAllFWSl998.
[34] "La revancha del vinilo", en diario *La Nación* del 20 de abril de 2013. Disponible en: http://www.lanacion.com.ar/1574495-la-revancha-del-vinilo.

Las razones parecen ser similares: la recuperación del goce por un tipo de apreciación y vivencia del proceso material de producción que la compresión del formato digital requerido por el mercado, en función de una mayor circulación de los productos, había desplazado hasta casi su extinción. Así, la vuelta a prácticas antiguas de fotografía como el retorno a un uso del cuerpo que se traslada de un dispositivo indiferenciado y un ojo que observa mediado por una pantalla, al trípode con visor directo, dan cuenta de memorias, representaciones, *habitus*, que persisten. El retorno al soporte fotoquímico, que involucra igualmente las dimensiones material y temporal, puede ser interpretado en clave de reencuentro o de nueva experiencia, según el caso, pero indiscutiblemente como una toma de decisión respecto de la imposición tecnológica: hay algo que se resiste a ser reducido *a* y *por* un mero dispositivo de captura y manipulación de información.

Poco tiempo después de los *Manuscritos*, Marx comenzó a observar la división del trabajo en términos diferentes a como lo hacía la economía política clásica. Además de la estrecha relación de ese concepto con el de ideología, el amplio abanico de los trabajos concretos –que incluían en la época desde los artesanales hasta los industriales– le permitió crear uno nuevo: el de trabajo abstracto. Con el descubrimiento de que tras la variada diversidad de procesos materiales de producción había trabajo abstractamente humano llegó a la noción de plusvalía. En el capitalismo actual –como ha sido siempre– los fotógrafos, en su relación laboral, deben inevitablemente vender su fuerza de trabajo y realizar sus productos según el modelo productivo hegemónico. Si la industria cultural ha tenido como función reproducir el mundo de la producción en el tiempo libre, en el presente adquiere un valor singular rescatar, desde la historia pasada y presente de la fotografía, aquellas prácticas que posibilitaron y permiten una opción de carácter cuasi libertario. Siempre y cuando, desde luego, esto sea acompañado de una actitud crítica que permita estar alerta frente a posibles banalizaciones o reelitizaciones funcionales.

Artilugios.
Entre los estímulos visuales, las dimensiones ofrecidas y la imagen no capturada

Sergio Armand[1]

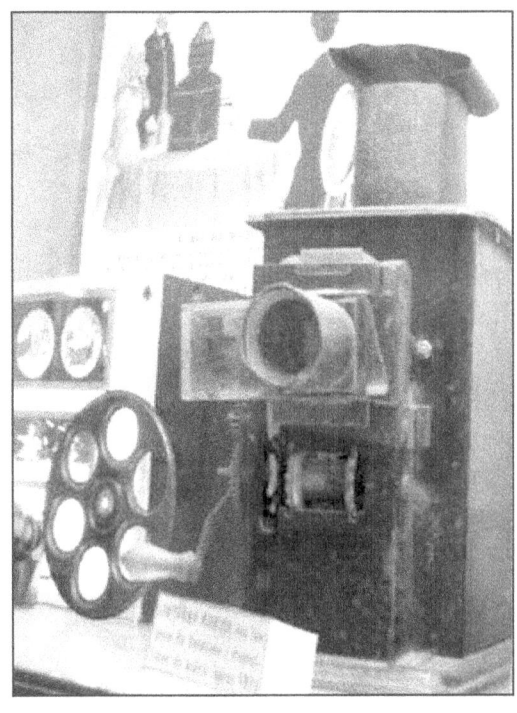

"When you have eliminated the impossible, whatever remains, however improbable, must be the truth." *(Cuando has eliminado lo imposible, lo que queda, aunque improbable, es la verdad).*

Sherlock Holmes, en la pluma de Sir Arthur Conan Doyle.
The sign of the four. Capítulo 6.

Linterna mágica y sus láminas.
Museo de la escuela de Animadores de Rosario

Artilugios. Una palabra vinculada con la mirada de lo novedoso, y también con la sentencia despectiva de aquellos que ven en el artificio un mero truco que a veces evade la sustancia. El prestigio es la última parte de un número de

---

[1] Licenciado en Ciencias de la Comunicación y doctorando en Ciencias Sociales por la Universidad de Buenos Aires. Investigador, periodista, realizador de documentales y cine de animación. Es docente de Cine en la FSOC UBA, y titular de las asignaturas de Radio en la UCES y UM. Director del Instituto de Investigación en Periodismo de la FICCTE-UM, participó en proyectos de alfabetización audiovisual. Actualmente dirige la productora audiovisual Galileo Comunicación y la emisora de radio online El Cerebro Digital.

magia completo. Se vincula con el espectáculo, con la entrega, con la sugestión. Una promesa, con elementos comunes, un giro, donde lo común se convierte en extraordinario, y el prestigio, donde estamos atentos a revelar el secreto de esa transformación, pero el mago nos impacta con algo que nunca hemos visto[2]. Por supuesto, cuando hablamos de cine nos topamos con el aspecto de la *truca*, de la feria, de los kinetoscopios, de la "ilusión". El *sabernos engañados* forma parte de ese pacto. Sin embargo, el posterior desarrollo del lenguaje cinematográfico, el contenido dramático, la comunicación de temas sociales o políticos, los valores actorales, fotográficos, musicales y de dirección, han dado lugar a una suerte de simbiosis entre el espectáculo y los "niveles artísticos". En todo caso, el artilugio, como lo es la retórica en la prosa o ciertos juegos de palabras que pueden reforzar la reacción emotiva del lector en una poesía, podrían también girar en redondo y quedarse en el mero recurso expresivo, paradójicamente, sin *expresar* algo en particular. Si bien la elección de recursos efectista no es inocente y carga en sus espaldas con intenciones, discursos y temas, en muchos casos la expectación no va más allá del truco. Y es que en los tiempos que corren, la dedicación es mínima, tan fugaz como lo fue el correr de una carpa a otra de las ferias de atracciones a finales del siglo XIX[3].

Los artilugios son originarios del cine devenido en arte. Los artilugios resurgen cíclicamente, una y otra vez, trocando la simbiosis de la que hablábamos en *dicotomía*. Y en este punto, las caídas imposibles en el vacío, las balas que apenas rozan con su punta un ojo humano, o el penetrar en una cadena de ADN hacia un túnel sinfín gracias a una mirada subjetiva, componen la dosis de estímulos básica que muchos buscan y satisfacen al entrar en una sala de proyección, olvidando luego la forma en que tal dosis fue suministrada y, obviamente, sus efectos. En forma semejante a lo que sucede con el efecto de otros estimulantes, en algunos casos sobreviene después una alarmante vacuidad.

---

[2] Esta explicación la brinda el personaje interpretado por Michael Caine en el film *El Gran Truco* (*The Prestige*, Christopher Nolan, 2006).
[3] El fin del siglo XIX y advenimiento del XX tienen como protagonistas de la novedad del espectáculo a los kinetoscopios de Edison, los Vitascopios y las primeras proyecciones cinematográficas que, a excepción de aquella función inaugural en el Café de París por los hermanos Louis y Auguste Lumière, se ofrecían en carpas de ferias de atracciones.

¿Es comparable este vendaval de estímulos a la revolucionaria propuesta de Dziga Vertov en *El hombre de la cámara*[4]? Convengamos que el efecto implicaba, para Vertov, el discurso. Del efecto, y de la conciencia sobre el diseño de la sensibilidad, se desprendía el tema que podía quedar grabado en la memoria colectiva. Generar conciencia de la manipulación, del corte, de la mano detrás de la decisión de fraccionar la percepción de la realidad. Aportaba a la revolución, en este caso, dar cuenta del artificio. El hecho de establecer una inercia en que los efectos provocan respuesta y a la vez difuminan toda bisagra posible que modifique esa estructura preestablecida, nos sitúa en la acera de enfrente.

Al mismo tiempo, otra vez, se reingresa en la feria. Y como ya sugerimos en trabajos previos[5], el mostrar el truco a veces hace el espectáculo más atractivo, especialmente si tras el descubrimiento siempre se oculta un enigma que, finalmente, queda sin develar. La "trastienda" de la creación de *Gerthie el dinosaurio* de la mano de Windsor McKay es comparable al de los *backstages* actuales que nos sumergen en el mundo de los diseñadores digitales y animadores CGI[6]. El arte y el trabajo arduo detrás de la dosis de estímulos confirman, entonces, un contrapeso para eliminar el "nacer de la nada" que muchas veces el conocimiento sobre los alcances de la tecnología digital al servicio de la producción audiovisual establece en el imaginario colectivo.

La imagen no capturada, aquella de las láminas insertas en el zootropo, la que luego se imprimió en celuloide tras haber nacido de los trazos de Émile Cohl, fue una y otra vez artilugio, una y otra vez vehículo, una y otra vez expresión dramática. Entre Pinocho y Frankenstein, la vida otorgada (o reinyectada) a un cuerpo visible pero inerte o estático, nos fascina y seduce como lo hacen las hadas o el científico obsesivo en estos clásicos literarios.

---

[4] Film de Dziga Vertov (1929) cuyos principios pueden leerse en Vertov, Dziga (1974): *Memorias de un cineasta bolchevique*. Ed. Labor, Barcelona.
[5] Armand, Sergio (2011): "Virtualidades animadas de ayer y de hoy. Del lápiz al píxel", en Sel, Susana, Perez Fernandez, Silvia, Armand, Sergio, *Recorridos: del formato analógico al digital en el campo audiovisual*, Prometeo, Buenos Aires.
[6] CGI es la sigla para la denominación en inglés *Computer-generated imagery*. Se refiere a la animación tridimensional realizada en computadora. Como señalamos en un trabajo anterior, tridimensional y 3D son dos términos que se han vinculado tanto con la animación realizada en computadora con sensación de volumen (ya que existe animación digital con un formato tradicional de dibujos animados), con la animación *stop-motion* que cuenta con modelos corpóreos, y con el efecto estereoscópico de un film en su proyección, aplicado tanto a películas de acción viva como de animación.

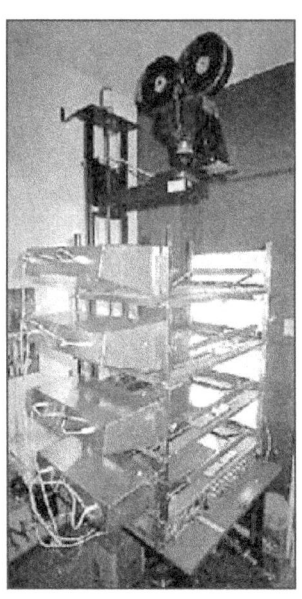

La cámara multiplano ideada por Ub Iwerks para los estudios Disney.

Sin duda, en muchos casos estos recursos técnicos tuvieron como fin profundizar la fidelidad de la realidad representada –o comentada– como lo fue la *cámara multiplano* de los estudios Disney en la década de 1930. Una profundidad en tres dimensiones, un realismo con el fin de lograr una empatía emocional con el espectador, sumaba un valor artístico a la expresión dramática, y se definía al servicio de la obra. El mercado dicta sus leyes, y en tanto valor artístico inherente a su naturaleza técnica, la cámara multiplano fue publicitada como la novedad técnica diferencial en el –según publicitaba la RKO– "primer largometraje de dibujos animados en Technicolor".

Ingenieros, artistas y tiempos de proceso

Muchos han visto el desarrollo en los ochenta y noventa de softwares y hardware de procesamiento de gráficos –como la primera computadora Pixar, el software *Renderman*[7] o el desarrollo que Dreamworks desplegó para el procesamiento de imágenes en *Shrek*[8]– en una suerte de involucramiento

---

[7] Que valió un Oscar técnico para sus creadores.
[8] Película dirigida por Andrew Adamson y Vicky Jenson, Dreamworks, 2001.

de ingenieros informáticos explorando aspectos que derivarían en resultados artísticos. Ed Catmull (uno de los fundadores de Pixar junto a Steve Jobs y John Lasseter), interesado en el dibujo y la animación, sintió que podría aportar más desde la informática y desarrollo de gráficos. Nuevos softwares, nuevas computadoras, desarrollos que apuntaban a lo artístico, fueron –y son– el equivalente a las búsquedas de los años treinta y cincuenta como los anteriormente citados. Sin embargo, en el paradigma de la animación digital –que desbordó el ámbito de la animación para ser clave de la conformación de la imagen final de todo film en cuanto a la manipulación emergente de la pos-producción– sucede que en lugar de cierres y despidos de personal, se crearon nuevos roles, nuevos campos, nuevas especialidades. Y lo que es más: muchos artistas tradicionales migraron hacia estas herramientas. Pero aquí, como veremos más adelante, si bien se trataba de recursos que aceleraban ciertos procesos, el tiempo para otras fases del trabajo se hacía necesario. Los tiempos de "render"[9] se hacían extensos, y hacían falta máquinas poderosas que constituían verdaderas "islas" procesando millones de datos. La cantidad de segundos de animación que debía entregar un animador en la década del ochenta era de dos segundos por semana. Estos tiempos cambian, al punto de que, en alguna cadena televisiva dedicada a los *cartoons*[10], se ofreció una suerte de "reality show" animado[11]. Con todo esto, el tiempo de inversión para el diseño del proyecto, guión, conceptos visuales y otros tantos detalles que hacen a la riqueza del film y la comunicación genuina y honesta de una historia, sigue siendo una inversión que se considera necesaria. Algo que no sucede en todas partes, especialmente en países como la Argentina en que se pretende imitar el modelo norteamericano desde lo tecnológico, pero no necesariamente desde la concepción de contenidos. Raúl Manrupe, investigador sobre cine, animación y cine científico, afirma: "Si deseamos hacer una película como Pixar, no se puede. Porque aunque tengamos toda la tecnología disponible, manejamos otros tiempos, otras urgencias y plazos de entrega. Si pensamos que tanto *Blancanieves* como las películas de Pixar no

---

[9] Conversión de gráficos, imágenes, fotogramas, a un archivo de video digital.
[10] Se llama *cartoon* en inglés al clásico corto animado humorístico, con una duración que históricamente se extendió de cuatro a siete minutos. En Latinoamérica, los doblajes traducían el término como "caricaturas".
[11] Dos ejemplos han sido *Total drama island* (2009) y el reality enfocado sobre los personajes de *Los Picapiedra* (Hanna-Barbera. 2002).

se realizan de un día para otro, entenderemos que hay investigación, mucho trabajo previo, búsqueda, diseño, tiempo para la historia. En *Blancanieves* podemos ver grabados de siglos anteriores, una construcción dedicada que transmite ese mundo al espectador". Lo paradójico aquí es que, así como en los Estados Unidos, y principalmente atendiendo a las innovaciones de Fleischer, McKay o Disney[12], siempre se estimuló la innovación que apuntaba a una mayor profundidad y realismo en la pantalla, no existen, sin embargo, antecedentes –al menos registrados– en cuanto a sacrificar tiempo de investigación, pre-producción y diseño conceptual de la historia[13]. Sabemos que posteriormente predominó en el mercado norteamericano, y aún en las producciones encaradas con animación CGI, el criterio de otorgarle a una producción animada el tiempo tradicional de cuatro años, considerando el guión, *story board*, investigación, diseños inspiracionales y la producción animada en sí misma junto a la pos-producción. Pero en el fenómeno Argentino de inicios del siglo XXI, en el que se incorpora tecnología y se producen al menos tres largometrajes animados al año[14] existe una postura de imitación de las grandes producciones del *mainstream* principalmente norteamericano en cuanto a esquema y recursos visuales, pero "con argumentos que no tienen ningún tipo de cuidado con la historia que se cuenta. Aunque hay buenos intentos como *Martín Fierro* o *Boogie* pero: ¿a qué público van dirigidos?"[15]. En ese sentido, cabe mencionar a Oscar Desplats, importante animador argentino en los años sesenta[16], quien motoriza la AACA, Asociación Argentina de Realizadores de Cine de Animación, y planteó en un encuentro que tuvo lugar en el auditorio de la ENERC (Escuela Nacional de

---

[12] Anteponiendo su crédito por encima de Ub Iwerks.

[13] John Lasseter, hoy a cargo de los estudios de animación de Disney y fundador de Pixar, fue de joven animador de los estudios, y tras ganar algunos premios propuso un proyecto de animación tradicional con fondos 3D por computadora. Un directivo de Disney desestimó el proyecto y esto le valió a Lasseter que lo despidieran del estudio. Su regreso con Pixar años más tarde revierte la relación con Disney.

[14] Raúl Manrupe insiste en el caudal de la producción actual en contraste a otras épocas en que una producción animada en largometraje era un evento especial

[15] Según Manrupe en la entrevista citada.

[16] Desplats ha trabajado en colaboración con Catú, importante nombre relacionado con el dibujo animado publicitario en los años setenta, y ambos responsables de la primer versión animada para televisión –y luego una versión para los cines en la década del ochenta– de *Mafalda* de Quino (Joaquín Salvador Lavado).

Cine) en Buenos Aires, que las asociaciones profesionales del área deben defender, y exigir a las productoras, que se respeten los tiempos necesarios para la elaboración de calidad de una producción animada. Ana Martín, realizadora de animación Stop Motion que ha trabajado para publicidad, programas televisivos para el diseño de aperturas y artísticas animadas, y proyectos artísticos propios seleccionados en numerosos festivales, afirma que "en los proyectos personales uno se sigue otorgando el tiempo necesario, se extiende, no se limita con plazos. Pero cuando se trabaja en publicidad los tiempos son frenéticos. Lo usual es que terminamos durmiendo cuatro horas diarias con suerte. Previamente a eso está la pre-producción, la planificación, el story board, animatic, la construcción de los muñecos y la escenografía, la puesta... Sucede que a veces los productores, subestiman el trabajo de la pre-produccion y no le dan el tiempo que verdaderamente requiere, pretendiendo arrancar con la animación prematuramente, con aspectos sin terminar de decidir que, paradójicamente, pueden hacer que se termine perdiendo más tiempo y dinero que si se hubiera invertido correctamente". La construcción de la realidad es otro valor fundamental, según Martín: "pensemos en las locaciones. En una película de acción viva la realidad te regala algunas cosas. En animación hay que crear todo, hasta la textura de un sillón. Eso hace que se tengan que tomar muchas decisiones previas al encarar la producción, una toma de conciencia y la necesidad darle un tiempo importante a la pre-producción como parte de ese proceso".

Bisagras técnicas: antes y ahora en la cadena de producción

El ensimismamiento actual, entonces, que siente el público ante las novedades del IMAX[17], el Real 3D y el Digital 3D[18], ha sido el de otros momentos: cuando Ub Iwerks, el primer animador con el que Disney dio vida al

---

[17] El primer impacto del cine en 3D de inicios del siglo XXI fue sin duda el IMAX, con una pantalla de grandes dimensiones –en Argentina, ocho pisos de alto– y una proyección en fílmico gracias a una película de 70 mm de ancho pero proyectada horizontalmente, lo que hacía el verdadero ancho del fotograma mucho más amplio y lograba una nitidez en la proyección de alto impacto. El proyector presentaba el tamaño semejante al de un automóvil.
[18] Real 3D y Digital 3D son dos de los sistemas de proyección en tres dimensiones en los cines comerciales en Argentina en el momento de redactar estas páginas.

ratón Mickey (originalmente llamado *Mortimer*, y antes, el personaje *Oswald the Rabbit*, a cuya paternidad debieron renunciar por problemas de derechos con M. J. Winkler) propone la cámara multiplano en 1933[19], esto que se vislumbra como una innovación técnica emerge de un artista que en este perfeccionamiento de herramientas fusionó industria con expresión plástica. Pero así como en el recorrido de las décadas del ochenta y noventa en que la animación por computadora fue ganando un desarrollo importante y generó inicialmente una idea de invasión sobre el dibujo tradicional que amenazaba a los artistas, el método Xerox implicó, a inicios de los sesenta, la supresión de los profesionales que entintaban los dibujos sobre acetatos transparentes pertenecientes al departamento de Tinta y Pintura de los estudios Disney[20]. Estos inventos fueron impulsados por artistas fundacionales, que en función de abaratar costos industriales perjudican a otros artistas, aquellos que han sido despedidos. Y en esta situación coyuntural, un invento como Xerox logra dos cosas: a) eliminar un eslabón de la cadena de producción al lograr imprimir directamente los dibujos de los animadores en papel sobre el acetato y b) que los artistas de la primera hora[21], los animadores tradicionales, se mostraran satisfechos porque lo que finalmente se proyectaba en la pantalla, era realmente su trazo, sin intermediarios. Esta realidad revisa la vieja dicotomía entre industria y arte, encontrando paradojas de otro tenor: un grupo

---

[19] En realidad, la novedad de los estudios Disney se basaba en un concepto utilizado anteriormente por la animadora Lotte Reiniger, ya que la idea era dividir diferentes capas de fondos para lograr el efecto tridimensional en los acercamientos de cámara y movimientos horizontales en forma de travellings. Iwerks logra formalizar en un gran aparato los diferentes soportes para los distintos cells de animación (tanto de personajes como de fondos en varias capas) y un sistema de precisión para el control de movimientos de la cámara y las diferentes partes a animar.

[20] Precisamente, en el film de 1988 *¿Quién engañó a Roger Rabbit?* (*Who framed Roger Rabbit?*, Robert Remeckis, 1988, Touchstone Pictures y Amblin Entertainment) se realiza un homenaje a este departamento que implicó un despido masivo en los estudios Disney. El "club tinta y pintura" es, en la ficción, un café concert en el que se reúnen los clásicos personajes de los dibujos animados de las décadas del treinta, cuarenta y cincuenta. Cabe destacar que la producción del film, aún con esta referencia que no llega a perfilarse totalmente crítica, pertenece a la por entonces división de adultos de los estudios Disney, la Touschone Pictures.

[21] Los "nueve ancianos" de Disney refieren a un término originalmente acuñado por el presidente norteamericano Franklin Roosevelt para citar a los nueve jueces del tribunal supremo de Estados Unidos, y Disney lo tomó a modo de ironía para hacer referencia a los animadores que dieron vida al estudio desde un inicio y fueron los motores de sus primeros largometrajes. Entre ellos destacan Ollie Johnston, Milt Kahl, Marc Davis, Les Clark, Frank Thomas y Ward Kimball.

de artistas defiende la fidelidad de su obra original, mientras esto implica el sacrificio de otros artistas. Al mismo tiempo, esto condujo a un cambio de estilo importante en el naturalismo de las películas que surgían de los estudios de Walt Disney. Como sus propios animadores señalaban, los trazos directamente negros (la acción de la fotocopia sobre el acetato transparente) y la exclusión de las líneas de color que se realizaban manualmente en el departamento de tinta y pintura, sintetizaban el inicio de una suerte de "modernismo" en estas películas: trazos y rasgos angulares (que en la década del 90 se marcarían aún más dramáticamente) y la progresiva desaparición de las formas redondeadas, para dar lugar a un clima con más ironía, parodia y un apenas sugerido aire de desenfado. Y es que antes de la crisis que hundiría a los estudios en una peligrosa incertidumbre que lo llevó a dedicar su arsenal profesional a producir películas para el ejército de Estados Unidos y otras motivadoras en el contexto de la Segunda Guerra Mundial, Disney debió enfrentar tras el fracaso de su sinfonía animada *Fantasía*[22] la posibilidad de encarar filmes más sencillos, menos ambiciosos, con bajo presupuesto y menor duración. Fue el caso de *Dumbo*[23] que, dentro de la libertad que otorga la sencillez, despliega por momentos ejercicios estilísticos que refieren a lo onírico. Contextos de novedades y nuevas formas de expresión emergentes de la técnica, en un entramado en que pueden verse, en las hendijas del zootropo social, grandes huelgas y cierres de departamentos enteros vinculados a una especialidad.

Antes y ahora: los innovaciones que siempre "llegaron por todo"

Estas líneas se escriben en una etapa que muchos definen aún como transitoria, y otros como una era ya instalada. El término "digital" como síntesis de la producción, distribución y expectación audiovisual a través de dispositivos ligados a la informática y a los microprocesadores, se vuelve antagónico al dejar bajo la definición de "analógico" a todo "lo que no es" digital. Sin embargo, es altamente discutible la denominación de analógico en muchas

---

[22] James Algar y otros, RKO Pictures, 1940
[23] Ben Sharpsteen, RKO Pictures. 1941.

técnicas de representación de la imagen que, en cierta manera, poco tienen de analogía. Lorenzo Vilches, en su *Manipulación de la información televisiva*[24], sugiere que la imagen no tiene las propiedades del objeto representado, pero muestra características que permiten reconocer propiedades concretas de ese objeto. Por sobre todo, los dos extremos de este hilo histórico nos muestran la magia que surge de la cámara, y la magia que brota de una imagen que jamás necesitó ser capturada por ella. Como clones generados fuera de la concepción humana, aquellos de los que ha dado cuenta la literatura de ciencia ficción, la imagen no capturada y creada digitalmente toma lugar en un campo visual sin haber existido, en una mezcla de milagro y amenaza; al menos para los diferentes actores de la industria del entretenimiento audiovisual[25]. Sin embargo, Lev Manovich en su *trabajo Los nuevos medios de comunicación*[26] apunta claramente una diferencia que podría, así como cuestionamos este uso indiscriminado del término "analógico", justificarlo en la alquimia que él claramente describe: la transformación de palabras, sonidos, imágenes y movimientos en números. Toda conformación previa pasa a un lenguaje binario, a ceros y unos, a un sistema estrictamente informático. La reducción de la vida a ceros y unos, es el más dramático, resistido e indudablemente más sugestivo de los cambios tecnológicos del siglo XX. Suena esta mirada pesimista, y no es la intención aquí. Pero los usos del producto cinematográfico hace a las transformaciones de su mercado y las injerencias sobre su producción. La idea es, pues, explorar estas interdependencias, examinar críticamente aquellas decisiones que cercan las posibilidades creativas y artísticas de su evolución posible, y detenernos, quizá más emocionalmente, en los asombrosos movimientos que las tecnologías emergentes propician en el cine.

---

[24] Vilches, Lorenzo. *Manipulación de la información televisiva*. Paidós Comunicación. Barcelona. 2001.

[25] El autor prefiere aquí enunciar "industria del entretenimiento audiovisual" para referir concretamente al negocio de las grandes distribuidoras que, a la larga, influyen en otras actividades ligadas al cine fuera del *mainstream* y, al mismo tiempo, despegar estas acciones de las llamadas "industrias culturales".

[26] Manovich, Lev. *El lenguaje de los nuevos medios de comunicación*. Paidós Comunicación. Barcelona. 2005.

Resistencias (parte I de la saga)

Mientras intentamos debatir el impacto, uso, consumo y manipulación de las tecnologías digitales para la producción audiovisual, ciertas generaciones siguen observando un período de transformación mientras otros sienten que ya se trata de un contexto establecido, y que sujetarlo a comparaciones con contextos anteriores carece de sentido: sucede que el desconocimiento de estas prácticas llamadas hoy "analógicas" y, más aún, la aparente ausencia de necesidad de este conocimiento, no siempre viene de la mano de ver el pasado como algo obsoleto. No obstante, en muchos casos la desconexión entre los procesos de otras décadas con los actuales (soportes, materiales y sistemas en la cadena de producción) no motiva ese conocimiento y los beneficios que podría acarrear (en cuanto a comparación y asociaciones entre estos procesos y contextos epocales) establecer el lazo con estas etapas que se muestran tan extremas. Al definir lo *extremo* podríamos también enfocar el nuevo contexto y herramientas de la producción audiovisual con resentimiento ante su prepotente irrupción. Sin duda, dedicar una vida al universo fílmico, a los laboratorios, a lidiar con la emulsión, a mutilar una materia y vincularla con la tosquedad del tacto y la precisión del arte narrativo a otros materiales provenientes de circunstancias consonantes o dispares, implica haber vivenciado también todo el proceso de transformación para poder integrar hoy etapas de producción tan radicales tanto en sus posibilidades como en la capacidad de concentración de operatividad y eficacia. No es frecuente, pues, encontrar un profesional perteneciente a la época de la producción enteramente fílmica que súbitamente se descubra a sí mismo en la época digital y observe el nuevo panorama con perplejidad; él ha vivido la progresiva transformación. Para muchos otros, sin embargo, las tecnologías del siglo XX son vistas hoy como anécdotas risueñas al igual que durante el último tercio de ese siglo la generación de los ochenta y noventa observaba a la distancia los inicios de la radiofonía con público y grandes conciertos con una mueca de cinismo —sin reparar en que en la actualidad la radio sigue ocupando espacios fuera de los estudios de transmisión convocando al público mediante concursos y recitales, y trocando las antiguas "serenatas telefónicas"[27] en los pedidos

---

[27] Armand, Sergio. *Radio, lienzo sonoro*. Grafi-K. Buenos Aires. 2003.

de temas musicales dedicados a un afecto en particular–, pero numerosas conductas y procesos son similares a aquellos que se ven "a la distancia" del tiempo. En qué medida sólo cambiaron los soportes, y en qué medida existió una modificación dramática en los roles y vínculos laborales en las condiciones de producción, es parte de la preocupación aquí. Y es que así como una generación vivió el rito de ingresar a una sala cinematográfica "única" con una denominación que remonta a templos históricos ("Capitol", "Atlas", "Luxor"), hoy reniegan de la múltiple oferta de salas denominadas con simples números mientras la grandeza pretende sintetizarse en el nombre de la cadena de exhibición, una incrustación de gemas audiovisuales en las paredes de los shoppings, y la ausencia de su exposición exterior como templo ritual. La corta y fugaz permanencia en cartelera de un estreno cinematográfico, sencillamente, porque hay otros modos paralelos o sucesivos de acceder a las películas, resulta una pesadilla futurista para quienes recuerdan que los estrenos permanecían por meses ante una oferta televisiva en blanco y negro, con films que se emitían muchos años después de su exhibición en salas. Estas posiciones opuestas conducen a la pérdida de la perspectiva histórica de los procesos intermedios, como la incorporación del color en la televisión, la privatización de la señal ofreciendo una programación cinematográfica sin publicidad, la privatización de la reproducción por medio del VHS, la degradación del mercado de estos últimos con la reinserción de publicidad, y la red de redes como colofón dramático de una transformación inevitable.

En esta desaparición del "aura" del "templo único", cabe recordar el trabajo de John Berger en su *Modos de ver*[28], recuperando a su vez el pensamiento de Walter Benjamin. Reinterpretando esta mirada –o pretendiendo proyectar este trabajo a otros elementos más allá de la pintura susceptible de reproducción–, podemos descubrir que ya no se trata de estudiar el aura de la imagen como pieza única, originaria, y su reproductibilidad, sino de entender que este fenómeno ahora impregna también a un espacio de expectación: el cine-teatro con telón, gran platea, cortinados para ingresar a la sala, un hall con puertas que corre el velo del misterio que se revelará más adelante. El cine con ingreso inmediato desde la calle vive su extinción, prolongada en una agonía de dos décadas. Este espacio de expectación también ha perdido su carácter único, disolviendo su estructura arquitectónica en una

---

[28] Berger, John. *Modos de Ver*. Gustavo Gili. 2013.

homogeneidad de números consecutivos, pantallas similares que no se distinguen entre sí, y salas con idénticos diseños.

Jeckyll & Hyde: fílmico y digital

Según Jorge Larrosa[29], "Es en las ficciones donde se libra la lucha por la verdad". Por supuesto, se refiere al cine de los hermanos Dardenne, cuya crudeza y realismo pretendía rescatar. Pero así como Barry Purves[30] nos plantea que la irrealidad hace más real lo que se pretende comunicar, esta frase de Larrosa podría aplicarse a toda construcción mediante artificios para comunicar una historia. Cuando hablamos de la diferenciación de trabajar en soporte fílmico o digital, cabe tener en cuenta o quitar de la ecuación el proceso intermedio representado por el uso del video para la realización "no televisiva"; la aceptación del digital como soporte para el rodaje llevó, por ende, mucho tiempo por parte de los realizadores.

Los experimentos de video de alta definición de los ochenta e inicios de los noventa tiene uno de los primeros exponentes de *transfer* de la imagen videográfica a la película de 35mm. con el film *Las dos vidas de Julia*[31]. Sin embargo, el film tenía un tratamiento más cercano a la televisión que al cine, y el grueso de las imágenes eran de corte intimista. Esta conjunción de primeros planos de los actores y escenas plenas de penumbras, no jugaron a favor de la textura final sobre la pantalla, y el film no tuvo la trascendencia esperada por los productores. El fin de los noventa permitió *transfers* de alta calidad, y se instaló la producción documental directamente en video para su posterior pasaje al formato fílmico. Y es que el video de alta definición comenzaba a sumar cada vez más píxeles de resolución, con el fin no sólo de acercarse lo más posible a la fidelidad de la imagen fílmica, sino de sumar ciertos aspectos manipulatorios de la imagen digital que resultaran semejantes a las funciones tradicionales de una filmadora de 35mm. En la década del noventa comenzaba

---

[29] Profesor de Filosofía de la Educación de la Universidad de Barcelona, quien ofreció una conferencia con estos conceptos en el encuentro Educar la Mirada organizado por FLACSO en el año 2009.
[30] Animador y asesor de animación de *King Kong* (Peter Jackson, 2005), en una entrevista realizada por el autor en 2009.
[31] Peter del Monte (1987).

a ser común que la pos-producción de un largometraje fílmico se realizara en video, para evitar las incontables copias que permitieran trabajar en moviola[32], lo cual encarecía el proceso.

Steven Spielberg, en una entrevista realizada en el Actors' Studio[33], manifestó que editaba aún en moviola, porque en el tiempo en que se rebobinaba un rollo para cambiar el carrete, tenía tiempo para pensar. Los tiempos de edición en moviola son más lentos, y permiten al realizador reflexionar sobre su trabajo. En palabras de Spielberg: "por cada corte en moviola hago cinco en video". Vilmos Zsigmond[34], acerca de la diferencia entre trabajar en fílmico y digital, afirma: "trabajar en fílmico es como entrar a un buen restaurante y disfrutar de un buen trozo de carne. Trabajar en digital es entrar al McDonalds a comer una hamburguesa. La película es algo hermoso, porque podés grabar y controlar al mismo tiempo las luces bajas y las luces altas, y el digital aún no logra eso. Es más económico, pero resulta más difícil hacer algo bueno. En términos de esquema de iluminación no es tan diferente, pero aunque se pueden lograr buenas imágenes, el digital no registra de la misma manera las intensidades de luz. Es muy bueno para el cine independiente porque si uno no tiene dinero, facilita las cosas, pero el director de fotografía de las películas en digital debería decirle al productor o al director que necesita más tiempo para trabajar, porque sino creen que al ser digital, no hay que iluminar nada. Si fuera el director de una escuela de cine les enseñaría primero a trabajar en fílmico, con la fotografía digital el productor puede ver la imagen y ponerse a opinar sobre la imagen. En definitiva, en la especialidad, se pierde el control sobre la imagen".

De ahí que la progresiva elección hacia el formato digital como soporte de registro y su consideración posterior como tecnología de proyección tuvo el

---

[32] Equipo técnico para la edición de material filmico. Cuenta con una mesa con soportes para película y cintas magnéticas de audio, y una pantalla con retroproyección del film.
[33] Una serie de entrevistas que se emitió desde la década del noventa por la señal Bravo Network. Conducida por James Lipton, *Inside the Actors' Studio* recibió ante estudiantes y público general a guionistas, actores y directores cinematográficos,
[34] El director de fotografía de clásicos del cine como *El francotirador* (Michel Cimino, 1978), *Encuentros cercanos del tercer tipo* (Steven Spielberg, 1979), *Fabricantes de sombras* (Roland Joffe, 1989) y *La hoguera de las vanidades* (Brian de Palma, 1990), en una entrevista durante su visita a Argentina durante una edición del BAFICI –Festival de Cine Independiente de Buenos Aires– en ocasión de la presentación de un documental sobre su vida y la de su amigo y colega, ya fallecido, Lazslo Kóvacs.

fuerte antecedente de los gráficos y animación por computadora, que forzosamente debían aumentar su resolución para permitir su posterior transcripción al fílmico[35]. Y es donde la animación dejó de ser un elemento contrastante como en las épocas en que criaturas extrañas, naves espaciales y rayos eran animados por *stop motion* o dibujo animado tradicional para superponerse en las imágenes de acción viva. La animación se vuelve integral a la imagen capturada, y en algunos momentos, progresivamente, el concepto de "película animada" desaparece en aquellos casos en que, debido a la textura y realismo de lo representado, las imágenes no están compuestas por elementos registrados por una cámara pero nadie se antepone –pacto implícito de lectura mediante– el conocimiento sobre su creación enteramente digital. Más allá del rechazo descrito antes, ciertas búsquedas en los que la tosquedad y evidencia de manejo sencillo de las pequeñas cámaras de video digitales aportaban a una narrativa particular se revelaban a fin de los noventa en las películas pertenecientes al Dogma 95 de las cuales, sin duda, *La Celebración*[36] demostró que la carga dramática supera el soporte utilizado, o lo hace constitutivo de ella.

Resistencias (Parte II de la saga): el diablo bajo el píxel

Aun así, aquellos artistas y realizadores pertenecientes a las etapas cinematográficas más tradicionales, han declarado más de una vez haber estado limitados por la tecnología de su tiempo. Es así como Gus Van Sant retomó la *Psicosis*[37] de Hitchcock plano por plano en una versión propia a modo de homenaje, pero otorgando a las imágenes un tratamiento que Hitchcock hubiera deseado gracias al proceso que las tecnologías digitales permiten en la pos-producción. Directores como James Cameron[38] han declarado la necesidad de haber postergado proyectos como *Avatar*[39] por más de diez años por esta limitación tecnológica. Y otros, como George Lucas, fueron activos en el

---

[35] Armand, Sergio. *op. cit.*
[36] Tomas Vinterberg, 1998.
[37] El clásico *Psicosis* de Hitchcock se estrenó en 1960. Gus Van Sandt estrenó su versión en 1998.
[38] En declaraciones al entrevistador James Lipton en el ciclo *Inside the Actors' Studio* (Bravo Network) y en el filme documental *Side by Side* (Christopher Kenneally, 2012).
[39] James Cameron, 2009.

desarrollo de este nuevo contexto de innovación técnica. Como sugerimos en anteriores trabajos[40], el trayecto de la inclusión de la computadora en el cine pasó del control de movimientos de cámara a los sistemas de edición, sonido digital y finalmente la animación CGI. El propio Lucas, tras lograr con su empresa de efectos especiales ILM[41] secuencias de animación CGI en films con gran despliegue de fantasía visual[42] decidió reeditar sus ya clásica trilogía espacial reuniendo los negativos de elementos sueltos (maquetas, explosiones, fondos y rayos láser), que originalmente había combinado en laboratorio, para darle una nueva dimensión incorporando criaturas generadas digitalmente, movimientos de naves en vuelo más complejos, explosiones más impactantes, un sonido digital que revisaba el impacto emocional logrado antaño para potenciarlo, y reestrenó su trilogía inicial de *Star Wars*[43] para mostrarle al público cuál era su concepto original[44]. El golpe de gracia fue, ya en el siglo XXI, la decisión de registrar *Episodio II*[45] de su saga en soporte digital y exhibir en el mismo formato. La industria reaccionó con posiciones contradictorias, y muchos sentenciaron que Lucas mentía y había rodado en fílmico. A pesar de una mayor resolución adecuada para una pantalla ancha, y la posibilidad de una exhibición también digital, muchos profesionales del cine demonizaron la cuestión. Así y todo, se abrió una puerta que –tímidamente al principio– invitó a cineastas a modificar el trayecto de la pos-producción y finalmente, sufriendo una considerable mutación, se fue tornando un inmenso portal que definió el paradigma de producción del siglo XXI. Visto en retrospectiva, el video como aliado en el trabajo (como lo fue y es el *video assist*[46]) modificó los tiempos y costos del proceso de pos-producción,

---

[40] Armand, Sergio. *op. cit.*
[41] Industrial Light and Magic, empresa creada por Lucas ante la necesidad de crear sus propios efectos visuales.
[42] Algunos ejemplos son *Star Trek II, the Whrat of Kahn* (Nicholas Meyer, 1982), *The Young Sherlock Holmes* (Barry Levinson, 1985) y *Jurassic Park* (Steven Spielberg, 1993).
[43] Estrenada en la Argentina con el título *La Guerra de las Galaxias* (George Lucas, 1977).
[44] Para citar ejemplos de otro estilo, en la década del noventa se reestrenó *Touch of Evil*, de Orson Welles, tomando como base los memorádums del director acerca de su concepto visual original, el cual en su momento del primer estreno en la década del cuarenta no fue respetado por los productores. Este emprendimiento permitió rendir un tributo al director y dar a conocer su verdadera concepción.
[45] George Lucas. 2002.
[46] Video-Assist" es el término con el que se identifica al monitoreo en una pantalla de televisión de lo que la cámara cinematográfica está filmando. Se atribuye al director y actor cómico Jerry Lewis

permitiendo, aun cuando el material original y final fueran fílmicos, realizar los cortes "gruesos" y "finos" del film, y enviar los "pietajes"[47] a la cortadora de negativo para la copia final. La otra cara de este proceso tiene dos momentos: el primero es la realización íntegra desde la captura de la imagen en video de alta resolución para ser transferida a una copia final fílmica. El segundo es lo que al momento de redactar estas líneas ya está definiéndose y comenzó con la arriesgada propuesta de Lucas a la historia: la proyección digital sobre la pantalla.

Del *video assist* al "Teatro Video-digital"

Un elemento fundamental asomaría para el desarrollo de dos aspectos de la historia cinematográfica: la intervención de otra tecnología para "adelantar" o "atisbar" el futuro resultado que se vería en los copiones, y la democratización del acceso a las prácticas de narrativas audiovisuales por parte de estudiantes, amateurs y realizadores independientes de un sistema profesional o comercial: el video como complemento, asistencia o reemplazo del soporte fílmico en espacios –en este último caso– no industriales. El *video assist* en el cine incorpora el video como acompañante y monitoreo. Hablamos aquí de una *videoimagen* que ayuda al cine, pero aún no constituye su imagen final. Y por otro lado, de una videoimagen como sustitución del fílmico para aquellos que, durante una buena porción de tiempo, debían "conformarse" o "resignarse" con un soporte más económico, pero áspero, de textura "tosca" y un contraste que lejos se hallaba de la plasticidad del registro fotoquímico. De hecho, el acceder al fílmico constituía o bien un esfuerzo económico o un premio final para muchos estudiantes de escuelas de cine. Material fotográfico y servicios de revelado se constituyeron durante décadas en premios de festivales para los realizadores de algunas películas en competencia. En cuanto a consumo televisivo fuera de los hogares, la novedad de "cañones" de video pulularon, al menos en la Argentina, en los fatídicos años de la dictadura

---

la innovación de incorporar un tubo televisivo en una cámara de 35mm. Recibió un premio técnico por su logro.

[47] Corte grueso refiere a una primera versión, el fino al ajuste final, y pietaje a los valores en metros, minutos, segundos y fotogramas para ordenar el corte en negativo.

militar cuando Argentina '78 Televisora[48] emitía el Mundial de 1978 en colores y numerosos cines del centro de Buenos Aires proyectaban en "pantalla gigante" –con un costo considerable de las entradas– las siluetas borrosas y colores que se escapaban de los cuerpos de los jugadores de la selección argentina y todos sus "rivales". La novedad del video en pantalla gigante no se vislumbraba como "sustituto" de la proyección cinematográfica. No hasta que mucho después algunas pequeñas salas denominadas "de cruce" –al menos en el contexto de una ciudad como Buenos Aires con numerosos espacios dentro y al margen del circuito industrial, tanto para cine, video y artes en general– comenzaron a ofrecer ciertos materiales en formato DVD, proyectados en pantallas frecuentemente más pequeñas que las de las grandes salas. Y por sobre todo, para la exhibición de ciertas películas ficcionales y documentales de carácter independiente que no llegaban a una versión fílmica ya desde su producción; práctica que se consolidó, de todos modos, durante el segundo lustro del siglo XXI. La línea, entonces, que llevó a considerar el video de alta resolución (valores en píxeles que fue variando y creciendo conforme se fue desarrollando esta tecnología) como un registro posible para su traslado posterior al soporte fílmico hasta la proyección efectiva del cine digital sobre una pantalla (acercando los conceptos de "cine" vinculado antes a lo fotoquímico y "video" referido a una señal electrónica conformada por señales de luminancia y crominancia) parece muy extensa y sin embargo Brian McKernan en su libro *Digital Cinema, the revolution in cinematography, postproduction and distribution*[49], revela ciertos momentos históricos en que esta idea es muy cercana a las primeras décadas de la cinematografía[50], en el que se describen propuestas que datan de 1930, vinculadas, ante el surgimiento de la televisión, con un sistema de exhibición televisiva en pantallas de cine; concretamente, de "teatros de televisión". En 1938, tras un estudio del comité de la Academia de Artes y Ciencias Cinematográficas de Hollywood, se habló de un sistema de intermediación de film, mediante el cual se emitirían las señales televisivas al teatro, se imprimirían en un film, y se proyectarían con una diferencia de 66 segundos. Si consideramos el sistema que

---

[48] Canal creado por el gobierno militar en la Argentina para el mundial '78, luego bautizado ATC, Argentina Televisora Color, Canal 7.
[49] McGraw-Hill, Nueva York, 2005.
[50] Haciendo referencia a su vez, a un trabajo del historiador Mark Schubin en la revista *Videograph* de 1999.

actualmente se está instalando para la distribución de películas digitales en las salas, veremos que la idea suena descabellada sólo por el contexto tecnológico de la época.

Golpes en el ojo: estímulo sin pausa

Tras asistir a las ideas para trasladar una videoimagen registrada digitalmente sobre la pantalla, sus antecedentes históricos, y las resistencias sobre esto, en toda la historia del cine dos aspectos han tenido especial influencia en las estrategias de las convocatorias del público para atraerlos a las salas cinematográficas; conducta que se repite cíclicamente hoy. Por un lado el intento de sobreponerse a las competencias de otros espacios de expectación, los cuales progresivamente se fueron instalando en los hogares y ahora, parafraseando a Marshall McLuhan, como prolongaciones del cuerpo humano a través de dispositivos móviles de toda índole. Las pantallas cada vez más pequeñas son los lejanos primos de aquellas radios a transistores que permitieron llevar el fútbol a todos los espacios interiores y exteriores posibles. Y las pantallas cada vez más grandes instaladas en los hogares devuelven el ciclo de aquellas radios estilo catedral que dominaban el centro del hogar. Hoy, las dimensiones luchan entre sí. El 3D lucha contra el 3D. Desplazamientos de azules y rojos, sistemas de doble imagen, 3D horizontal, 3D vertical, holografía, anteojos descartables y anteojos valiosos que hay que devolver al salir de la sala o nos regalan con cuentagotas adquiriendo un costoso televisor inteligente… como si las dimensiones se acabaran y lucharan como ratones en un laberinto buscando "algo más" entre esas paredes. Asientos que se mueven, elementos que golpean los tobillos, tarjetas codificadas para disparar fragancias durante el film, pretenden dar forma a una "cuarta dimensión" incierta, artilúgica, en un afán de cubrir un efímero espectáculo de los sentidos, cayendo, al mismo tiempo, en la desorientación respecto de la comunicación emotiva de la historia. Así como el tiempo en cartelera es mínimo y fugaz, los afiches publicitarios carecen de elementos distintivos en una repetición de tonos verdosos, grisáceos, con armaduras y héroes que se parecen entre sí. Y es que hoy ya no llama la atención particularmente la pantalla grande de un cine. Portabilidad y gran dimensión instalada en el hogar, movimientos cíclicos (o pendulares si se quiere) desafían a la exhibición cinematográfica y obligan, al mismo tiempo, al diseño de la oferta audiovisual adaptable a distintos formatos.

Hoy este aspecto resulta marcado en cuanto se suma, a la amplitud de las pantallas, la insistencia en un artilugio que Edwin Porter ya experimentó en 1912: el cine estereoscópico rebautizado 3D y que ahora exploraremos para ser testigos de cómo este fenómeno se fusiona con el otro aspecto de esta convocatoria. Y es que la animación, tanto en su rol de protagonista desde la producción digital como de asistencia y complemento en grandes films de acción viva que incorporan personajes diseñados en un soporte informático, la posibilidad del rejuvenecimiento de numerosos actores y escenarios plenamente diseñados con el arte digital, movimientos, detalles y efectos antes impensables en cuanto a posibilidades de producción, invitan a esta pantalla inicialmente ancha con pretensiones de profundidad (o en todo caso, de troquelado virtual de íconos hacia el cuerpo del espectador). Por supuesto, la competencia sigue: y es que en el hogar también existe el troquelado, así como en las revistas infantiles y científicas, y algunos dispositivos portátiles que tienden a replicarse. Aquella novedad de antaño de imágenes en "relieve" propia de algunas cartucheras escolares o tapas de libros, sigue cautivando con el simulacro de una dimensión más que en realidad no existe. El cine sigue siendo bidimensional. Y así como el arte de un director de fotografía ha otorgado sentido de profundidad y volumen a las imágenes desde siempre, un remozado artilugio preexistente al cine causa un furor anunciando una falsa corporeidad.

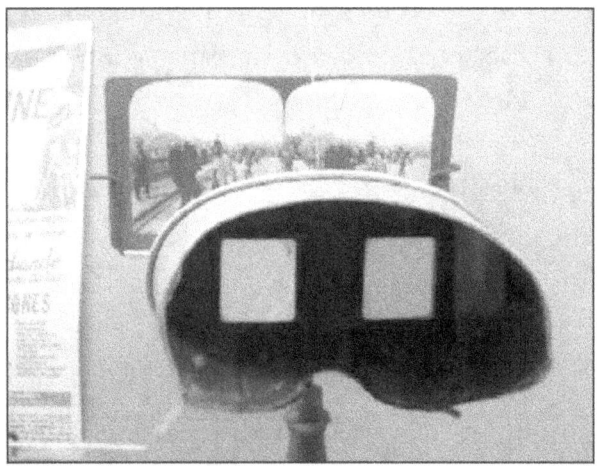

Un visor antiguo de fotos estereoscópicas. Museo de la Escuela de Animadores de Rosario.

Cuando dejamos de utilizar anteojos y comenzamos a utilizar "lentes de contacto", la amplitud del campo visual "en foco", la sensación de enfocar correctamente con nuestros propios ojos sin el material gelatinoso que verdaderamente se posa sobre nuestro globo ocular, deja en un lugar de poca fiabilidad visual al tradicional par de anteojos. La búsqueda de una mayor fidelidad de la imagen, y de una mayor información sobre las fases del movimiento, ha sido una constante en la historia del cine. De hecho, el pasaje durante la época del cine mudo de la filmadora a manivela al motor, y por ende el cambio en los proyectores también con motor, permitió pasar de la información de algo más de 17 cuadros por segundo a 24 cuadros por segundo. Más velocidad equivalía a mayor información sobre el movimiento para un mismo período de tiempo. El mismo principio regiría después para los procedimientos de grabación magnética. A pocos meses de redactar estas páginas, los cines del mundo estrenaban la versión de *El Hobbit* de Peter Jackson (2012), sobre la obra literaria de J.R.R. Tolkien –quien, de alguna manera, en su obra ejercía una fuerte aunque indirecta crítica a la Revolución Industrial[51], lo que convierte en paradójica la existencia de sus versiones cinematográficas en el alarde de las nuevas tecnologías digitales para su realización– a una velocidad de 48 frames por segundo.

Cabe destacar, sin embargo, que así como Werner K. Heisenberg enunció su referenciado "Principio de Incertidumbre" por el cual es imposible tener una información precisa de la posición de una partícula y al mismo tiempo de su momento lineal, puede verse que la concentración por conocer a fondo una cualidad, desviará los recursos para estudiar la totalidad del elemento. Esta idea es aplicable a varios aspectos que nos competen de la cinematografía. Por ejemplo, podemos aumentar la velocidad de captura de fotogramas para tener más información sobre el movimiento, y al mismo tiempo podemos aumentar la apertura de diafragma a fin de ganar mayor exposición a la luz, pero la velocidad de obturación es permanente y, por ende, no tendremos una calidad definida de los contornos de un personaje en movimiento, a menos que aumentemos esa velocidad. En algún punto, ganando velocidad y definición perderemos tiempo de exposición y, por ende, luz.

---

[51] Un interesante trabajo de análisis sobre esta cuestión se desarrolla en la obra de Ariel Pytrell *El profesor de los anillos* (Ediciones Mondragón, Buenos Aires, 2003).

Sin embargo, históricamente el cine buscaría tener la mayor cantidad posible de información susceptible de ser capturada. Sumó un sonido que pasó de ser sincrónico desde un disco de pasta (con el sistema Vitaphone que Charles Chaplin rechazó con caballerosidad y orgullo), al estereofónico del 70 mm, con doble banda de sonido óptico, luego el Sensorround, las 6 bandas de sonido, el Dolby System y finalmente el código sonoro digital (Dolby Digital y THX). La historia sigue narrando las formas en que tratamos de "eliminar el vidrio adelante", como veremos después con el campo visual que la proyección pudo progresivamente abarcar.

El artilugio para un mayor realismo en otras épocas: pantallas anchas y curvas

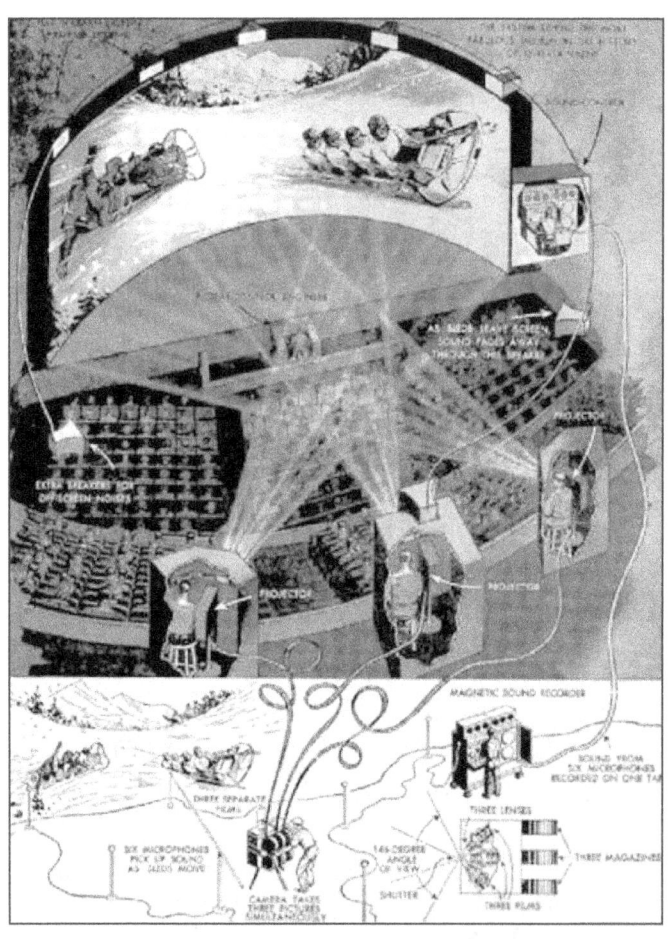

Sistema de proyección del formato Cinerama. Del souvenir book del film Cinerama Holiday, *1955.*

Tras el advenimiento del sonido sincrónico –luego sonido óptico– y color previos a la aparición de la televisión, los formatos de Pantalla Ancha como el 70 mm, Cinemascope y Vista Visión, permitieron el desarrollo de filmes de contenidos épicos y una oferta para el campo visual que, en ciertos aspectos, lo desbordaba. Ante la competencia que ya a mediados de los años cincuenta representaba la televisión, el cine apeló a una magia que se desprendía de la que caracterizaba a la ficción: el documental. Un nuevo formato que dependía de tres proyectores que formaban una sola imagen sobre la pantalla (y cuya unión se evidenciaba con unas delatoras líneas blanquecinas cuyo borde apenas se definía), de gran anchura y en una pantalla semicircular que llegaba hasta los laterales de los espectadores, ofrecía viajes en la nieve, travesías a bordo de una montaña rusa, o nos llevaba a conocer las *Siete maravillas del mundo*. Así, el *Cinerama* convirtió el espectáculo documental en una propuesta que durante algún tiempo dejó de lado el contenido dramático de los films, hasta que exponentes como *Krakatoa, al Este de Java*[52] y *La conquista del Oeste*[53] volvieron a combinar ficción y amplitud de pantalla. Michael Todd, uno de los precursores del Cinerama, enfrenta un desafío con *La vuelta al mundo en 80 días* (*Around the World in 80 days*[54]) en la cual como productor se propuso que las "tres partes de película" salieran por un solo objetivo y única película, presentando el sistema *Todd-A-O*. Paradójicamente, décadas después, con la instalación del mercado del ya citado *"Video Home"* –no la única "privatización hogareña del cine", ya que como sabemos, el uso de pequeños proyectores en 16mm, 8mm y con la pista sonora el Súper 8, las familias tenían la alternativa de organizar "cine casero", con versiones reducidas o completas de los films– el formato cinematográfico de pantalla volvió, como ya señalamos, a sus orígenes, un formato cercano al 1,33:1[55] bautizado en 1939 como "académico" por la Academia de Artes y Ciencias Cinematográficas de Hollywood, con el fin de adaptarse más fácilmente a la versión videográfica posterior[56] (el formato de la televisión estandar conserva la misma relación).

---

[52] Bernard L. Kowalski, 1969.
[53] John Ford, Henry Hathaway, George Marshall y Richard Thorpe, 1962.
[54] Michael Anderson, 1956.
[55] Semejante a las proporciones artísticas clásicas como la que constituye el Partenon, y se vincula con la proporción de visión humana.
[56] Debemos hablar aquí de "relaciones de aspecto" (en inglés, *aspect ratio*) que refieren a la proporción de los rectángulos de las pantallas, angosta en el caso de la televisión tradicional, y con múltiples

Sergio Armand

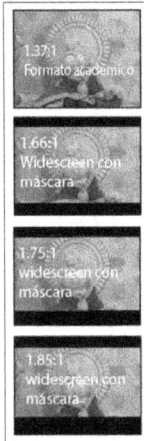

Variación de las proporciones del fotograma en la historia del cine (los fotogramas pertenecen a un film del autor).

Con respecto a estos formatos, el famoso actor cómico y director cinematográfico Jerry Lewis, en sus clases dictadas en la Universidad de California del Sur[37], expresaba:

---

anchos en cine, de acuerdo con el formato de fotograma y ancho de película, ventanillas adaptadoras o lentes anamórficos empleados. Cabe destacar que el fotograma fue mutando a impresiones en la película con mayor "nervio" (distancia) entre uno y otro, volviendo la proporción menos alta y más ancha, como el 1.37:1 aunque la imposición norteamericana llevó a que la ventanilla en los proyectores para la adaptación a 1.85:1 rigieran para el cine de todo el mundo, aun para aquellos directores que componían para la totalidad del fotograma cinematográfico

[37] Sintetizadas en el libro *The total Filmmaker*, del cual puede encontrarse una traducción al español bajo el parcial y poco representativo título *El oficio del cineasta*, editado por Barral Editores, Barcelona. La edición con la que cuenta el autor de estas líneas data de 1972.

Artilugios. Entre los estímulos visuales, las dimensiones ofrecidas y la imagen no capturada

"La industria cinematográfica se mostró excitada con la aparición del *cinemascope*, el *cinerama* y la *panavisión*. Se trataba de nuevos procedimientos de pantalla panorámica, pero pronto quedó demostrado que no eran más que novedad. ¡Un artilugio! De modo que el film viene en *Panavisión*. Pero a menudo sólo resulta ser una película mala *más grande*".

Similar había sido, mucho antes, la reacción ante la aparición del cine sonoro. Dejando de lado las innumerables historias de actores y actrices que vieron terminadas sus carreras debido al timbre de su voz –situación magníficamente satirizada en la memorable *Cantando bajo la lluvia* [58]–, muchos artistas (entre los cuales, en forma militante, se destacaba Charles Chaplin) aseguraban que las películas no eran *sonoras*, sino *habladas*. Volviendo a Jerry Lewis:

"Incluso *¡Que vienen los rusos!*, un film casi impecable, quedó dañado en las escenas íntimas a causa de la proporción de la pantalla".

El editor cinematográfico Walter Murch en su libro *En un parpadeo* [59], revela un truco que proviene de las dificultades que el cine "pre-video-assist" tenía cuando recién en las proyecciones del fin de la jornada de filmación podían verse resultados desagradables en encuadres que eran demasiado cercanos para una pantalla de amplias proporciones. Murch recortó siluetas de cartón simulando personas sentadas en una sala de cine y las pegó frente a la pequeña pantalla de su *moviola* para recordarse a sí mismo que todo lo que pasa ante sus ojos y decide incluir, se vería luego en grandes proporciones capaces de tornar risibles situaciones pretendidamente dramáticas.

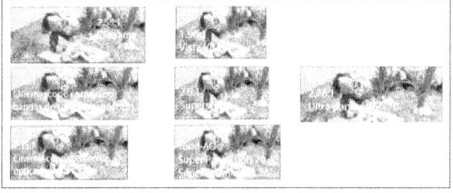

Formatos de película ancha y sistemas anamórficos (fotogramas del autor).

[58] Gene Kelly y Stanley Donen, 1952.
[59] *Ocho y medio*, Madrid, 2003.

Una de las anécdotas más interesantes nos ubica otra vez en el mundo del dibujo animado tradicional, con foco nuevamente en Walt Disney. El film *La dama y el vagabundo*[60] (*The Lady and the Tramp*) fue realizado en el formato académico, pero con el advenimiento del Cinemascope, Disney se vio impulsado a distribuir el filme en pantalla ancha. Se compuso todo el material nuevamente, redistribuyendo los personajes sobre los mismos fondos (y en algunos casos, con mucho aire en los laterales al no poder modificar todas las acciones) y se estrenó *La dama y el vagabundo* como el primer filme animado en Cinemascope. El hermano de Walt, Roy Disney, le hizo saber que no todos los cines de Estados Unidos estaban equipados con proyectores para Cinemascope. Por ende, se volvió a realizar una versión en formato "tradicional". Y ambas se distribuyeron en el mundo. Se trata de dos versiones con composiciones diferentes.

Intervenciones: la obra original y la modificación mutiladora

Toda la información que hoy se tiene sobre rodajes, diseños de efectos y producciones que pueden apreciarse en televisión y materiales especiales de los DVDs, implican no sólo mostrar la trastienda de la realización, sino justificar ciertas intervenciones (en algunos casos sobre restauraciones digitales de films clásicos y en otros sobre la modificación de la imagen capturada). Esta información potencia el mercado, pero antaño, el arte clásico no contaba con estos *backstages*. La realidad del pintor en tanto trabajador del arte asalariado o contratado nos acerca a episodios como los protagonizados por Miguel Ángel Buonarroti y sus luchas intestinas con las autoridades de la Iglesia que le encomendaron el famoso fresco de la Bóveda de la Capilla Sixtina. Del biógrafo de Miguel Ángel –además de serlo de otros artistas– Giorgio Vasari, podemos acceder a sus memorias descriptivas de lo que pintar la Capilla implicaba, ya que era necesario

---

[60] Wilfred Jackson, Hamilton Loske y Clyde Geronimi, 1955.

...realizar en una única jornada toda la escena...La obra se ejecuta sobre la cal aún fresca, hasta concluir la parte prevista... Los colores aplicados sobre el muro húmedo producen un efecto que se modifica cuando se seca... Lo que se ha trabajado al fresco queda para siempre, pero lo que ha estado retocado en seco se puede quitar con una esponja húmeda...[61].

Asimismo, han existido numerosas "esponjas" para la modificación de la obra cinematográfica a lo largo de la historia. En pos de ensanchar las pantallas, numerosas películas concebidas para proporciones por ese entonces tradicionales, fueron "recortadas" en su composición del encuadre para ser adaptadas a los nuevos formatos. Una fase posterior fue protagonizada por el empresario en medios Ted Turner, cuando adquirió los derechos de numerosos clásicos del cine y emprendió la colorización de aquellas joyas filmadas en blanco y negro, mediante técnicas digitales. Y en el comienzo de la segunda década del siglo XXI, ya con el registro y pos-producción digital incorporados, un número considerable de realizadores cinematográficos se opone a la adaptación de sus películas al formato 3D[62].

El contenido en las pantallas anchas: de la truca con maquetas al CGI

Así como los filmes de ciencia ficción de la década del cincuenta se consideraban "Clase B"[63], a fin de los sesenta y setenta, grandes maquetas, una sensación de peso y realismo en los movimientos, crearon un nuevo paradigma. La proyección en Cinerama y los acordes del *Danubio Azul* de Johan Strauss mientras el público se sumergía en el vacío tachonado de estrellas y las naves danzaban, elevaron a la ciencia ficción cinematográfica al plano de los grandes producciones con 2001, *odisea del espacio*[64]. En esta etapa, ya no se detec-

---

[61] Vasari, Gorgio: *Miguel Angel Buonarroti*, Florentino – Editorial Acantilado – Barcelona, 2007.
[62] Para entender las luchas constantes a lo largo de la historia en cuanto a la intervención y alteración de las obras cinematográficas originales de los directores, recomendamos ver el documental *Cineastas contra magnates*. Carlos Benpar, 2005.
[63] Más allá de importantes aportes como las producciones de Gorge Pal que adaptaron *La guerra de los mundos* y *La máquina del tiempo* de H.G.Wells, o films como *El día que la Tierra se detuvo* de Robert Wise, otros filmes mostraban tosquedad en la realización de sus efectos especiales y el costo de las entradas en las salas era diferencial.
[64] Stanley Kubrick, 1968.

taba la "truca" y se recurría a manipular los diferentes formatos fílmicos existentes. Como nos revela Vilmos Zsigmond, en películas como *Encuentros cercanos del tercer tipo*: "con (Steven) Spielberg, estaba trabajando con un director joven que estaba surgiendo, yo también era joven, y la segunda película que hicimos juntos fue *Encuentros cercanos*. Ahí, en oposición a otros experimentos en los que participé con una estética no tan frecuente, tenía una manera más clásica de trabajar la luz[65]. En *Encuentros…* el desafío consistía en que en las escenas de efectos especiales no se notara que los había. Para ello los filmamos con película de 65 mm, y el resto con 35 mm, y la deterioramos un poco, para que no se sintiera tanto la diferencia. La gente no podía distinguir entre *escena de efectos* o *escena normal sin efectos*".

Con el impacto previo de *Star Wars*, durante más de diez años los films futuristas se realizarían con la colaboración de productoras externas íntegramente ligadas a los efectos visuales especiales, como la citada ILM de Lucas. Y porque los mismos actores protagonistas de estas innovaciones (la de ser influyentes en un mercado para el cual un género que antes era relegado y excepcionalmente considerado seriamente, se convierte en la media referencial para muchos realizadores que encontraron nuevas posibilidades) fueron los de la nueva bisagra: la animación CGI y el nuevo protagonismo de la animación en la completitud de los films de acción viva. Antes, maquetas, explosiones, movimientos, debían ser cuidadosamente dirigidos y en otros, animados mediante la técnica del Stop Motion[66]; hoy ya no sólo pueden animarse en el cuadro cinematográfico estos elementos originalmente capturados con una cámara, sino también diseñarse digitalmente. El examen sobre la evolución de la animación al servicio de los efectos visuales en películas de acción viva[67] refleja que las escenografías y vehículos diseñados en forma digital resisten la comparación con el peso y volumen de las maquetas de los

---

[65] Este trabajo le valió el Oscar al entrevistado en 1978. Cabe destacar que *Star Wars* se había llevado el grueso de las estatuillas ese año.

[66] Animación de objetos, muñecos, maquetas y otros elementos, modificando su posición entre fotograma y fotograma.

[67] Aclaramos, ante la reiteración de la denominación, que "acción viva" refiere a películas con actores, para diferenciarla de las películas animadas. El término comenzó a utilizarse cuando Disney incorporó al mercado los largometrajes animados y éstos cobraron un protagonismo especial en las carteleras. También se utiliza para señalar la etapa de filmación de actores para utilizar de referencia en la animación, algo frecuente en las producciones de Disney.

ochenta. Pero originalmente los recursos generados digitalmente no lograban la textura y corporeidad[68].

Nuevos paradigmas de producción: base de diseño y animación

Así como señalamos la necesidad de "ocultar el artilugio", hay una exacerbación de la técnica hoy. Todo se puede lograr. Lo inexistente que antes se mostraba en animación (se justificaba la animación porque hacía lo que no podía lograrse en acción en vivo) hoy se ve en un sentido inverso. Se propicia un hiperrealismo, y todo se muestra. En este contexto, así como ciertas producciones disimulan la intervención de lo digital con estilos *naif* ingenuos o referencias a las ilustraciones de los libros infantiles, las producciones actuales de carácter épico, futurista o fantástico, nos muestran escenarios, panoramas y cantidad de personas en el cuadro rozando lo inverosímil. Y curiosamente, esto nos lleva del asombro a una insensibilidad que equivale, previo conocimiento de las tecnologías existentes para lograr las imágenes que desfilan ante nosotros, a una ausencia del mismo. Ya nada sorprende, principalmente porque la presencia de lo digital elimina la pregunta: "¿cómo se hizo?". Es donde el mito de la computadora que lo hace todo y la eliminación de la idea del artista digital que existe en la realidad, o los procesos artísticos tradicionales previos (dibujo, escultura en arcilla, bocetos, maquetas, y otras intervenciones plásticas) necesita ser derribado para llamar la atención de los públicos hacia los "esfuerzos" de la industria. El conocimiento previo del público, sus "competencias", son hoy determinantes.

Qué elementos se construyen materialmente y cuáles no, son parte del diseño de producción inicial de muchos films. Ciertas escenografías se construyen para la interacción con los actores, y otros se generan digitalmente.

---

[68] Puede verse esto en un film de Lorimar, que pasó casi inadvertido para el público en el momento de su estreno y lentamente se fue tornando "de culto" conocido en la Argentina con el título *El último guerrero espacial*. El contraste entre los actores, los interiores de las naves espaciales realizados con escenografías físicas y los exteriores íntegramente realizados en animación por computadora era marcado, aunque la novedad no dejaba de seducir en la pantalla. Hay aquí una intervención de la por entonces alta resolución de video que se podía conseguir para permitir la trascripción de estas animaciones al soporte fílmico.

Pero la verdadera alquimia se logra cuando los elementos de origen digital influyen sobre los personajes carnales (colores, iluminación, reflejos). Procesos antes inexistentes o sólo vigentes para los largometrajes de dibujos animados, como el "animatic" o "leica reel", para el cual cada viñeta del story board[69] era filmada y se le otorgaba un tratamiento sonoro para proyectarla y examinar la historia, el ritmo o la duración, se volvieron la media en las películas de ciencia ficción. Hoy, esta fase se llama "previsualización" y no se limita a la filmación y sonorización de los *story boards*, sino a una animación digital previa, tosca, de escenas completas de la película, para diseñar su acción. De esta forma, áreas y roles nuevos se incorporan al paradigma de producción. Por supuesto, aun dentro de la imaginería de una producción ambientada en contextos futuristas y galácticos, existen elecciones interesantes por parte de los directores, y es apenas un indicador el de J. J. Abrahams[70] al insistir para su manejo de la franquicia *Star Trek* (en la Argentina, *Viaje a las estrellas*) en construir escenografías reales para que los actores tengan una motivación en su actuación, y recuperar la magnificencia de la pantalla ancha.

La Argentina en el concierto animado y digital

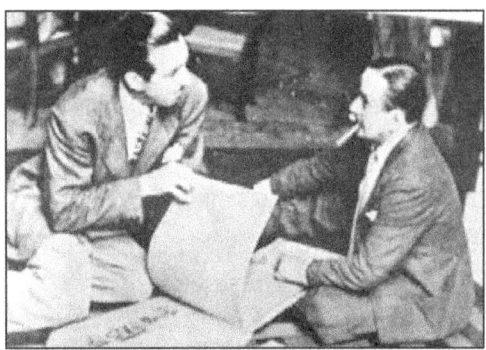

Walt Disney y Florencio Molina Campos, foto publicada en Abad de Santillán, Diego. Historia argentina. *Tipográfica Editora Argentina. Buenos Aires, 1971.*

---

[69] Secuencia de la película dibujada, plano por plano, en la proporción en que se filmará y con una descripción, en algunos casos, de encuadre, ángulo, altura de cámara y movimientos. En algunos libros en castellano que son traducción del inglés, suele aparecer la referencia *guión gráfico*.

[70] Referente de éxitos televisivos como *Lost* y *Heroes*, quien recibió la responsabilidad de la franquicia de *Star Trek*, muy vinculada con sus seguidores en una suerte de movimiento de culto, con el fin de revitalizar su valor comercial,

Así como Diego Curubeto establece en su libro *Babilonia Gaucha ataca de nuevo*[71] la relación a lo largo de la historia de Hollywood con artistas y técnicos argentinos, se repite, en esta nueva intervención de especialistas en las áreas de diseño de producción y especialmente de producción digital, animación CGI, previsualización y efectos visuales, a numerosos artistas argentinos[72]. Se sabe –y es hoy un hecho que se recuerda con orgullo y a la vez una inevitable resignación– que los dibujantes y artistas argentinos, además de alimentar a una importante industria editorial vinculada a las historietas en su propio país, han sido referente y mano de obra requerida en el exterior[73]. Los doblajes al castellano de los films *Dumbo y Pinocho*[74] se realizaron en la Argentina[75] así como es conocida la relación entre Walt Disney y Florencio Molina Campos[76], sobre la cual existen versiones contradictorias[77]. La mayoría de ellas coincide en que el pionero del cine de animación en la Argentina, Quirino Cristiani, presentó a su amigo Molina Campos ante Disney, cuando el propio Cristiani declinó la invitación para trabajar con el animador norteamericano. Según Cristiani, Molina Campos, tras una beca de estudio en Estados Unidos, fue contratado como asesor de filmes que incluían temas gauchescos, como el burrito volador y el gauchito en *Los tres caballeros*[78],

---

[71] Curubeto, Diego: *Babilonia Gaucha ataca de nuevo*. Sudamericana, Buenos Aires. 1998

[72] Quizá la carrera del argentino Pablo Helman sea en el momento de escribir estas líneas la más visible en el área del diseño de efectos visuales, por haber sido nominado y galardonado con el Oscar de la Academia de Artes y Ciencias Cinematográficas de Holywood. Helman fue responsable de los efectos visuales de *Rescatando al soldado Ryan* y *La guerra de los mundos*, ambos films de Steven Spielberg, en 1998 y 2005, respectivamente, y numerosos trabajos como compositor de efectos visuales en ILM.

[73] Entre los numerosos ejemplos argentinos, pueden citarse al mendocino Juan Giménez, destacado historietista en Europa y uno de los diseñadores de la película animada *Heavy Metal* (Gerald Potterton, 1981) y Luis Garné, uno de los animadores de Moisés en *El príncipe de Egipto* (Brenda Chapman, Simon Wells, 1998).

[74] Norman Ferguson y otros, 1940.

[75] El doblaje de *Dumbo* fue dirigido por Luis César Amadori, uno de los destacados realizadores de la época de oro del cine argentino –al que Disney le dedica un párrafo emotivo en los títulos iniciales– con la intervención en algunas voces de Pablo Palitos, Miguel Gómez Bao y Juan Ricardo Bertelegni "Semillita", aunque para México se realizó otra versión a cargo de Edmundo Santos.

[76] Un episodio muy bien expuesto por el divulgador Raúl Manrupe en su libro *Breve historia del dibujo animado en la Argentina*, Libros del Rojas, Universidad de Buenos Aires, Buenos Aires, 2004.

[77] Según el libro de Gianalberto Bendazzi *Quirino Cristiani, pionero del cine de animación (dos veces el océano)*. De la Flor. Buenos Aires. 2008.

[78] Norman Ferguson y otros, 1944.

parte de la producción que se incluía en la "política del buen vecino" de Estados Unidos y la gira de Disney por Latinoamérica. Como reflejos de un asesoramiento de Molina Campos, en los films de Disney *Saludos amigos*[79] puede verse el corto *Goofy se hace gaucho*, pero algunas versiones han sugerido resistencia de Molina Campos al evaluar el resultado de algunas producciones (como las botas texanas que pueden verse en la vestimenta de Goofy) y una reducción de esa colaboración. Según Manrupe, hablando específicamente de Quirino Cristiani: "Si hablamos de animación en Argentina históricamente, siempre se vivió en un ambiente más bien bohemio, y en cierto punto, desde el aspecto del trabajo individual en un tablero, un poco disociado con el cine. Una artesanía muy personal y alejada del cine comercial, más allá de hechos aislados. Los pioneros ni conservaron su material. La única copia no era puesta a resguardo; había un cierto desapego. El dibujo animado aquí fue siempre una labor muy personal. En el dibujo animado comercial se trata de un equipo. Es famosa la anécdota de cuando vino Walt Disney a la Argentina y le preguntó a Cristiani con cuántas personas hizo sus películas y él respondió *yo sólo*[80]. Ahí fue donde Disney se lo quiso llevar", prosigue Manrupe, "pero él era algo individualista en su trabajo y también con cierta utopía de salvarse. Y como no resultó, quizás su trabajo era medio desechado por él mismo. De las creaciones de Dante Quinterno, se conserva *Upa en apuros*[81], animada por Cristiani, pero muchos archivos sufrieron las consecuencias de los incendios".

Oscar Desplats desarrolló trabajos de animación para *Popeye el marino* de los hermanos Dave y Max Fleischer –aunque el tiempo invertido en la Argentina para la realización de la producción animada superaba el exigido por los estudios estadounidenses y por este motivo la relación no prosperó– y luego numerosos dibujantes argentinos fueron mano de obra para la intercalación[82] de algunas producciones animadas para televisión de Hanna-Bar-

---

[79] Wilfred Jackson y otros, 1942.
[80] Esto último apuntado por Manrupe en nuestra conversación, se ratifica en una entrevista que le realizó Jorge Surraco en la década del ochenta a Cristiani, y también en el homenaje que le realizaron en Santa Giulietta y puede apreciarse en el documental de Gabriele Zucchelli, titulado *Quirino Cristiani; el misterio de las primeras películas animadas*.
[81] Tito Davison, 1942.
[82] La intercalación es un trabajo que realizan asistentes de animación intercalando dibujos intermedios del movimiento entre las posiciones definidas por los animadores.

bera[83] como *El oso Yogui*. La expansión de los territorios en cuanto a mano de obra siempre estuvieron visibles, pero se potenciarían ante la posibilidad de dejar fuera de la ecuación a los representantes físicos de las grandes productoras norteamericanas. Y es que, más allá de algunas experiencias en las cuales las productoras exigen el traslado del artista al lugar de trabajo, las redes digitales permiten no sólo un contacto directo para el intercambio de un material artístico ya convertido en ceros y unos, sino que aceleran la exigencia de velocidad en un arte que, no obstante, requiere una inversión de tiempo considerable en pos de la calidad, la observación requerida y el diseño. El mayor acercamiento de los recursos y centralización no siempre implican conocimiento de estas necesidades por parte de todos los actores intervinientes. Y en muchos casos, la reducción de roles y desaparición de algunos lleva, aún no con alevosía, a minimizar la especialidad vinculada con el arte tradicional y con el arte digital. Cabe citar aquí el enojo que el director de fotografía Vilmos Zsigmond dejó entrever en un workshop que brindó para estudiantes de cine durante el mencionado viaje a nuestro país. Numerosas preguntas apuntaron a soportes fílmicos, películas, químicos y softwares. La elocuencia se manifestó en su silencio: lo importante era la mirada, el arte, el criterio, la elección estética. El soporte estaba al servicio. Otras palabras compartidas por el cineasta con el autor de estas líneas permitieron aclarar, en aquel otoño de 2009, algunas de sus convicciones: "Hice cuatro películas con Brian de Palma y es el sueño de todo director de fotografía trabajar con él. Es un tipo muy visual. Inventa imágenes y el único problema para él es plantear cómo se hacen. Hace planos larguísimos, planos de cinco minutos. En los primeros minutos de *La hoguera de las vanidades* vemos que arranca en el sótano y va subiendo por el ascensor para culminar en un hall donde hay ochocientas personas, y el movimiento de *travelling* continúa. También trabajé con Woody Allen, y él lo hace con una sola toma. No hay acercamientos, primeros planos, ángulos. Hay sólo una toma para todo".

---

[83] Firma que sintetiza la alianza de los realizadores William Hanna y Joseph Barbera, creadores y animadores originales de *Tom & Jerry*.

La desaparición del dibujo animado

Al hablar de animación, debemos contemplar la amplitud de sus técnicas –entre las cuales se destacan el stop-motion, la animación con arena, el trabajo directo sobre película, la animación de siluetas o la pantalla de alfileres, con exponentes en esta multiplicidad como Ladislas Starevich, Norman McLaren, Oskar Fischinger, Lotte Reiniger– además de la animación dibujada (en algunos casos directamente sobre papel como en las obras de Bill Plimpton o Michaela Pavlátová). Pero asistimos, sin embargo, a una progresiva desaparición en la oferta cinematográfica del *dibujo animado*, especialmente por el predominio de la animación CGI. La animación como género en sí recupera en algunas producciones la lógica del Cartoon a la que hacía referencia el animador y docente Rodolfo Sáenz Valiente: movimientos irreales, el comentario de la realidad, la caricatura y el desafío a las leyes de la física. Inicialmente, en los primeros trabajos realizados en CGI, un naturalismo impregnó los movimientos ante la posibilidad de imitar la realidad y enfatizar detalles imperceptibles a escala humana, en una suerte de regreso al fusil fotográfico[84]. Este realismo ha coexistido con un énfasis en efectos visuales de gran elaboración, y al mismo tiempo otras obras se fueron despegando de la imitación para volver a la creación animada de lo imposible. Entre la animación digital como herramienta y la animación CGI como género narrativo en sí mismo, la confluencia en pantallas anchas y el efecto tridimensional, es curioso que mientras en las producciones distribuidas en cine se podría vislumbrar esta desaparición del dibujo animado –a excepción de unas pocas producciones impulsadas por Lasseter en Disney– el mismo no sólo sigue siendo una técnica elegida para la producción de materiales televisivos, en una combinación de técnicas que van desde el collage al CGI, sino que en este camino, las técnicas de diseño y animación digital se ponen muchas veces al servicio de la creación y el recupero de la iconografía del soporte fílmico y las herramientas predigitales. La animación CGI se disfraza de animación tradicional –hoy llamada arbitrariamente "2D"–, gracias a una marcación de los contornos negros y colores planos, disimulando la sensación de volumen. Se toma la velocidad de procesamiento actual, las técnicas

---

[84] Armand, *op. cit.*

disponibles y los artistas digitales para el proceso de producción, apuntando a una imagen vinculada con épocas anteriores. Los íconos de los archivos de video en un sistema operativo informático se muestran con las perforaciones del film; el "film noir" y las manchas y rayones son un efecto predeterminado para aplicar a los videos digitales, y el rollo de película sigue siendo una imagen simbólicamente referencial. Y es que la plástica del dibujo animado tradicional, la perspectiva atmosférica de los fondos, el uso de maquetas por parte de Max Fleischer en su *Betty Boop*, y hasta la cámara multiplano han desbordado en volumen y dimensiones, por lo cual reducir este arte a un término vinculado a dos dimensiones resulta reduccionista y parcial. Más allá de algunas producciones con esta fusión de estilos y técnicas, la generación infantil de hoy toma como referencia una animación de cuerpos voluminosos y movimientos suaves, calmos, más lentos a veces que los observados en la realidad. Una exacerbación de los diálogos se impone en las producciones y hay una drástica reducción de la animación que parte del movimiento, del mimo, de la acción visual, tan representativa, otrora, de la animación como expresión y caricatura de la vida. Aquella animación visual, de contracciones y expansiones, de movimientos que despliegan la narración sin depender del diálogo, sin duda era más costosa. No había posibilidad de "animación limitada" como más tarde impondría Hanna-Barbera en sus producciones televisivas en serie. Cuando aparecen algunos exponentes en la etapa contemporánea que flirtean con la comedia visual o el mimo en la animación, los niños preguntan: "¿por qué no hablan?". Y es que si bien puede considerarse el lenguaje visual como algo universal, el anclaje con las historias dialogadas es, desde el aspecto del acostumbramiento que produce el mercado, muy fuerte. Convengamos, a fin de ser justos, que el cine nos regala sobrados exponentes de films animados en los cuales lo cómico o infantil no son los motores de sus temáticas, desde *Blanco y negro* de I. Ivanov y L. Amalrik (1933), hasta *Persépolis* de Vincent Paronnaud (2007). Tanto en la animación fundacional de la Argentina como en muchos países europeos, el vehículo de la animación para la denuncia testimonial o el repaso histórico es casi contemporáneo a su propia "niñez".

Risas analógicas y miedos digitales

Ana Martín se considera más vinculada con la era digital, y trabajó con el video tanto como herramienta de asistencia como de captura (algo que muchos profesionales del cine no vivenciaron, saltando del fílmico al digital sin pasar por etapas de video analógico): "Un 25 de mayo, feriado, tuvimos un accidente con el fílmico: se enredó toda la película dentro de la cámara. Se enroscó mal por dentro, empezamos a sentir que hacía un ruidito raro, se revisó y efectivamente... habíamos perdido todo". Es conocida, asimismo, la contracara digital de estos errores (aunque en muchos casos las fallas se tornan recuperables): en instancias de la realización de *Shrek*, un diseñador modificó un parámetro de cálculos en la computadora al final de una jornada. El famoso *Burro* del film, apareció como un animal redondo y peludo que rebotaba en la escena. Martín afirma con respecto a la vasta obra de animación *stop-motion* perteneciente a la historia del cine previa al *video assist*: "Admiro muchísimo a la gente que trabajaba a ciegas, sin monitorear. Tenían que esperar el resultado. En mi experiencia con el *stop-motion*, que es muy artesanal, me apoyo mucho en las nuevas herramientas. Cuando veo trabajos de Starevich me parece increíble esa manera de trabajar; un modo de contemplación total. Es casi no despegar el ojo de lo que estás haciendo".

En este acceso a la contemplación de obras que las tecnologías actuales nos permiten, y de la puerta abierta a la apropiación de herramientas que la era digital supone, se ha quebrado cierto elitismo previo –aún en el cine independiente–, y esta es la base de la democratización del área. Aun así, en este reservorio de recursos siempre se corre el riesgo del cerco creativo, cuando los formatos se mantienen como un esquema que se repite, aun en las obras independientes y artísticas. Del menú tecnológico disponible se toma lo inmediato, lo conocido, y aún en formatos más elaborados, suele cerrarse, como sugiere Manrupe, en un estandar sin buscar nuevas formas, con pautas de producción que también limitan el paradigma. En todo caso, la propuesta de Larrosa sobre "desarraigar al espectador despierto de las certezas que tiene", puede llevarnos a salir de los formatos y fórmulas pre-establecidas del *mainstream* que hicieron perder cierto sentido del cine. Existen nuevos paradigmas, y en ellos los diseñadores digitales son artistas con un nuevo cúmulo de conocimientos y procesos. La recurrencia a otras artes se mantiene constantemente con el bosquejo previo, el diseño en arcilla y yeso, el escaneo de maquetas para lograr la versión vectorizada o digital. Quizá la transformación de las herramientas y los nuevos roles no resulte tan decisiva como la elección de temas y propuestas lanzadas por el mercado, que veda el acceso a otras producciones.

Como si fuera un holograma donde notamos la transparencia y el cómo se constituye el efecto de la proyección, el descubrimiento nos lleva a la imagen de un Mago de Oz que mediante artilugios de proyección crea su imagen de grandeza y poder. En la versión más reciente sobre la historia previa de cómo el mago llega al mundo de Oz, el homenaje al cine y sus juguetes fundacionales es más directa, al igual que en *Hugo* de Martin Scorsese, *El ilusionista* de Neil Burger y *El gran truco* de Cristopher Nolan. La imagen digital se muestra a sí misma constantemente: detenciones, pixelados, cuadriculados, por momentos, se dejan ver, dicen "soy píxeles combinados" como las moléculas que se entremezclan, en la ciencia ficción, en las transportadoras de *Viaje a las estrellas*.

A fin de cuentas, tanto en las manos del espectador que manipula lo que ve y trasciende la legalidad impuesta en pos de buscar por encima de los límites del mercado, como en la apropiación de herramientas y una mayor intervención y acceso a la imagen dentro del propio ámbito profesional, el control sobre la imagen se convierte, a fin de cuentas, en el control sobre la sensibilidad del propio cuerpo.

El control de la imagen, en la marea de la cultura del nanosegundo, la velocidad de los estímulos, la fugaz recordación de personajes y temas y la multiplicación de miles de píxeles para acrecentar un campo visual indiferenciado de la realidad, es, quizá, un nuevo Anillo de los Nibelungos.

Cultura digital y cultura escolar en las prácticas de enseñanza de la comunicación. Una aproximación al estudio de los *edublogs*

Mariana Landau[1]

Introducción

Los debates en torno de la inclusión de tecnologías digitales en las escuelas se han multiplicado exponencialmente en los últimos años, fundamentalmente a raíz de las políticas públicas de equipamiento informático en la modalidad uno a uno. Es decir, de la distribución de computadoras portátiles por parte del Estado (tanto nacional como provincial) a cada uno de los alumnos del sistema educativo.

En este marco, los imperativos hacia el sistema educativo se han acrecentado al ritmo de las políticas. En un primer momento, estas demandas se basaron en la necesidad de equipar a las escuelas para "no continuar incrementando las deudas no cumplidas del pasado". En un segundo momento, la decepción emerge en torno de la escasa utilización de los recursos distribuidos. En este marco, la escuela queda atrapada en una demanda contradictoria: por un lado, se la acusa de no estar adecuada a las demandas de la "sociedad del conocimiento", de ser una institución propia de la modernidad gobernada

---

[1] Magister en Análisis del Discurso, Licenciada en Ciencias de la Educación y Profesora adjunta regular de Tecnologías Educativas de la Carrera de Ciencias de la Comunicación de la Facultad de Ciencias Sociales de la UBA. Profesora de la Maestría en Educación, Lenguajes y Medios de la Universidad Nacional de San Martín (UNSAM). Integrante del Área Investigaciones Educativas y Evaluación de Programas de la DINIECE, Ministerio de Educación. Miembro del Proyecto UBACYT. *Prácticas cine-fotográficas y comunicación audiovisual en la etapa de las tecnologías digitales*, dirigido por la Dra. Susana Sel, del Instituto de Investigaciones Gino Germani, Facultad de Ciencias Sociales, UBA.

por la lógica lineal de la escritura y por lo tanto, alejada de las modalidades reticulares de lo digital. En este sentido, las políticas de equipamiento informático vendrían a subsanar esta falencia. Por otro lado, una vez que el equipamiento llega a la institución, su subutilización viene a reconfirmar sus imposibilidades estructurales. En esta retórica, en la que el futuro presenta un único paisaje y éste se encuentra (exclusivamente) asociado a la ubicuidad de las tecnologías, los docentes que antaño eran los portadores del saber, aparecen como los sujetos resistentes o faltos de saber y por lo tanto, objeto principal de la capacitación. Por su parte, los alumnos que tradicionalmente eran ubicados en el lugar del déficit y la falta de saber, ahora estos "nativos" son considerados como los portadores de la cultura legítima (siempre y cuando ésta se asocie con los productos de mercado).

Los sentidos de estas acciones se materializan en una serie de discursos. Algunos de ellos tienden a ubicar en un rol protagónico a las herramientas o instrumentos digitales, en los que la tecnología aparece como el motor del cambio social, desconociendo las acciones que llevan a cabo los sujetos sociales, no como individuos, sino como sujetos partícipes de prácticas socioculturales. En muchos casos, se utilizan términos que enfatizan la discontinuidad y la ruptura, tales como revolución, brecha, era o cultura digital. Cada uno de estos términos porta significados no siempre explícitos y por lo tanto, favorecen la naturalización de ciertas miradas acerca de las transformaciones educativas acontecidas en las últimas décadas.

En este proceso de construcción y circulación de sentidos, se naturalizan ciertos procesos sociales y conceptos que se configuran como teorías tácitas[2] acerca de las metas sociales y educativas.

En estudios anteriores, hemos analizado cómo se construye discursivamente la escuela en los sitios web institucionales de escuelas primarias públicas[3] y privadas[4] de la Ciudad Autónoma de Buenos Aires. En este trabajo,

---

[2] Gee, James Paul (2005): *La ideología en los discursos*. Morata, Madrid.
[3] Landau, Mariana (2011): "Las escuelas públicas de la Ciudad de Buenos Aires en la web. Análisis desde una perspectiva multimodal", en Sel, Susana, Pérez Fernández, Silvia y Armand, Sergio (Comp.) *Recorridos. Del formato analógico al digital en el campo audiovisual*, Prometeo, Buenos Aires.
[4] Landau, Mariana (2011): "Actos privados en espacios públicos. Imágenes de niños y niñas en algunos sitios web de las escuelas de la Ciudad de Buenos Aires", en Batallán, G. y Neufeld, M. R. (Coord.) *Discusiones sobre infancia y adolescencia. Niños y jóvenes, dentro y fuera de la escuela*. Biblos, Ciudad de Buenos Aires.

nos proponemos abordar los *edublogs* elaborados por docentes de escuelas medias de la Argentina para la enseñanza de la comunicación con el fin de observar cómo las escuelas y los docentes se apropian de estos nuevos medios para enriquecer sus propuestas de enseñanza.

En un primer apartado, se explicitan algunas conceptualizaciones teóricas en el marco del enfoque sociocultural que comprenden a estos objetos en tanto prácticas culturales. El énfasis se encuentra aquí en desnaturalizar ciertos discursos que describen las articulaciones entre lo escolar y lo digital como culturas opuestas sin espacios de intersección.

En un segundo apartado se historizan los planes de estudio que orientaron la enseñanza de la comunicación en la escuela secundaria en el nivel nacional y en la Ciudad de Buenos Aires y en la Provincia de Buenos Aires. El objetivo es contextualizar la enseñanza y comprender que la enseñanza de la comunicación en el nivel medio se encuentra atravesada, por un lado, por las particularidades del campo de producción de conocimiento pero por otro, por las reformas que en los últimos años han atravesado al sistema educativo en su conjunto.

En un tercer apartado, se aborda el estudio de los *edublogs* como práctica cultural, es decir, se indaga sobre cómo las escuelas se apropian de los blogs: los usos más frecuentes y las funciones que cumplen estos dispositivos comunicacionales en las propuestas de enseñanza de la comunicación en el nivel medio superior de la Ciudad de Buenos Aires y la Provincia de Buenos Aires. Por último, se presentan una serie de reflexiones en torno a este dispositivo comunicacional en el ámbito escolar.

1. Prácticas culturales, sujetos y tecnologías

Uno de los modos en que se manifiesta el discurso tecnocéntrico es a través de la contraposición entre cultura escolar y cultura digital, describiéndolas como dos esferas independientes sin espacios de intersección. En esta dicotomía se encuentran dos posiciones. Por un lado, quienes entienden que la cultura escolar puede implicar un freno a los riesgos y peligros constituidos por la cultura digital y por los medios de comunicación en general. Por otro, quienes visualizan a la cultura digital como el futuro y ubican a la escuela como una institución anacrónica, burocrática y rígida propia de la revolución industrial.

En esta creencia, según la cual existe una congruencia entre el orden social y lo escolar, la escuela es presentada como la institución responsable de la transmisión de "la" cultura en "la" sociedad[5]. De este modo, la escuela es la encargada de socializar a las nuevas generaciones en los saberes, valores y tradiciones de la cultura adulta. Así, la cultura aparece como un conjunto de representaciones homogéneas y compartidas por toda la comunidad. Las conductas o acciones inconsistentes con el modelo sociocultural se deberían a errores en la transmisión de las representaciones comunes. Así, cuando se presentan ciertas "anomalías", como hechos de violencia, por ejemplo, aparecen demandas de mayor educación en el discurso público.

Este modelo, tributario de las teorías durkheimianas y parsonianas, a veces aparece representado como un deber y otras como una realidad. En el caso de los discursos destituyentes de lo escolar y celebratorios de lo digital, la escuela aparece como la institución que en el pasado contó con este monopolio, pero que en la actualidad, este poder le ha sido expropiado por parte de los medios de comunicación.

Más allá de su permanencia en el sentido común, en las últimas décadas, esta mirada centrada en la congruencia entre el orden sociocultural y la actividad escolar ha sido fuertemente cuestionada. Por un lado, las escuelas no son homogéneas entre sí, y por otro, en las escuelas coexisten y conviven, no siempre en forma armónica, variedad de modelos culturales, conocimientos locales y recursos culturales. De este modo, la imagen de la cultura escolar como un todo coherente se reorienta hacia una descripción de la cotidianidad escolar en la que nuevas prácticas y significados surgen como producto del diálogo intercultural.

Un segundo aspecto en el que se manifiesta el discurso tecnocéntrico refiere a los sentidos implícitos del concepto de cultura. La producción de conocimiento sobre el concepto de cultura atraviesa todo el campo de las ciencias sociales. Por lo tanto, excede el objetivo de este trabajo realizar una revisión sobre los sentidos de este término y las disputas en torno de su significación. Lo que nos interesa resaltar son ciertos supuestos en torno de la noción de cultura, en particular vinculada con lo digital y lo escolar, que la

---

[5] Rockwell, Elsie (1996): "La dinámica cultural en la escuela", en: Álvarez, A. (edit.). *Hacia un currículum cultural: la vigencia de Vygotski en la educación*, Fundación Infancia y Aprendizaje, Madrid, pp. 21-38.

definen como algo estático y ahistórico. En otras palabras, más allá de que el concepto de cultura tiende a resaltar el aprendizaje de las pautas, costumbres y saberes en la vida social, ciertos usos de este concepto parecen asemejarse a una mirada biologicista de esta problemática.

> La sustitución de la imagen de un mundo dividido en razas por la de un mundo dividido en culturas o áreas culturales es fuertemente problemática. Durante una larga etapa de la teoría antropológica se tendió a aceptar que cada comunidad, grupo o sociedad era portadora de una cultura específica. Así, los estudios se dirigían a describir y comprender una cultura particular o áreas culturales. Esa descripción se concentraba fundamentalmente en los valores o costumbres compartidos por los miembros de una sociedad. De ese modo, el énfasis fue colocado en la uniformidad de cada uno de los grupos. Las fronteras pueden concebirse de modo tan fijo entre razas como entre culturas, así como la afirmación de las diferencias entre esas culturas puede traducirse –aunque no sea la intención– en la legitimación de una jerarquización, cuando no en un instrumento clave del dominio efectivo de esos grupos o personas[6].

Así, para el caso de ciertos discursos sobre la cultura digital y la cultura escolar, se tiende a enfatizar las diferencias entre las lógicas de estos ámbitos, entendiéndolos como unidades discretas y sin articulación. Sin embargo, al interior de cada uno de estos ámbitos (como si fuera posible delimitar un ámbito digital) existen diferencias, desigualdades y conflictos. Pensar en "la" escuela remite a un imaginario que nos es homologable a la cotidianeidad del sistema escolar[7]. Las escuelas construyen su historia y recrean sus prácticas culturales en función de los contextos particulares en los que día a día se desempeñan.

Por ello, la referencia a las "prácticas culturales" permite reconceptualizar las miradas estáticas sobre la institución escolar que destacan exclusivamente su carácter reproductivo. La práctica cultural, concepto tributario de la "praxis", enfatiza la actividad productiva de los sujetos en el plano material y simbólico.

---

[6] Grimson, Alejandro (2008): "Diversidad y cultura: Reificación y situacionalidad", en *Tabula Rasa*, Bogotá.
[7] Sobre las interpretaciones en torno a la educación pública, ver Carli, S. (2003): "Educación pública. Historia y promesas", en Feldfeber, M. (Comp.): *Los sentidos de lo público: ¿existe un espacio público no estatal?* Novedades Educativas, Buenos Aires.

Los sujetos se desarrollan y aprenden por *participar* en las prácticas culturales en las que se produce un proceso de apropiación recíproca, aunque no necesariamente simétrico, entre sujeto y cultura[8].

La apropiación constituye un aspecto fundamental del proceso cognitivo, ya que significa participar, en tanto se es parte de la situación en la que se interactúa y no la mera internalización de procesos y productos externos[9]. En este sentido, se trata de una actividad que es simultáneamente de naturaleza social y subjetiva.

En este marco, la unidad de análisis cambia del individuo a la actividad[10]. A través del involucramiento del sujeto en el entorno social, el individuo transforma la situación y se transforma a sí mismo. De este modo, ni individuo ni entorno cultural pueden comprenderse en forma aislada.

Esta visión brinda una perspectiva que permite trascender la conceptualización del aprendizaje en términos de interacción de un individuo aislado con un objeto tecnológico (libro o pantalla). Por el contrario, este abordaje lo entiende como un complejo proceso en el que confluyen los modos semióticos, la producción de significado y el contexto en el que se desarrolla la actividad educativa.

La actividad social tiene una marcada influencia en la formación de los procesos psicológicos superiores[11], los que se caracterizan por la utilización de instrumentos de origen cultural adquiridos socialmente, en particular instrumentos simbólicos como el lenguaje u otros sistemas de representación.

Vygotsky definía la actividad externa en términos de procesos sociales mediatizados semióticamente y argumentaba que las propiedades de estos procesos proporcionan la clave para entender la aparición del funcionamiento interno[12].

---

[8] Baquero, R. (2006): *Sujetos y aprendizaje*. Ministerio de Educación, Ciencia y Tecnología de la Nación, Buenos Aires, p. 45.
[9] Rogoff, B. (1997): "Los tres planos de la actividad sociocultural: apropiación participativa, participación guiada y aprendizaje", en Wertsch, J., del Río, P. y Álvarez, A. (Eds): *La mente sociocultural. Aproximaciones teóricas y aplicadas*. Fundación Infancia y Aprendizaje, Madrid.
[10] Cole, M. y Engeström, Y. (1987): "Enfoque histórico-cultural de la cognición distribuida", en Salomon, G.: *Cogniciones distribuidas*. Amorrortu, Buenos Aires.
[11] Vygotsky, L (2009): *El desarrollo de los procesos psicológicos superiores*. Crítica, Barcelona.
[12] Wertsch, J. V. (1988): *La formación social de la mente*. Paidós, Barcelona, p. 78.

Un sujeto alfabetizado es aquella persona que utiliza la cultura escrita para participar del mundo social. Es decir, la alfabetización implica la posibilidad de dar sentido a los mensajes escritos a través del dominio de los géneros textuales, los discursos, los significados y los códigos que permiten de manera intencional participar en situaciones culturalmente valoradas. Se enfatiza la actividad de los sujetos en la apropiación de las herramientas culturales al distinguir entre la *disponibilidad* —es decir, las condiciones materiales y la presencia física para el acceso a las prácticas de lectura y escritura— y el *acceso*, que se relaciona con las condiciones sociales, las oportunidades de participar y apropiarse de la cultura escrita[13].

Las prácticas vinculadas con la lengua escrita en el ámbito escolar no se corresponden de modo unívoco con la cultura mayoritaria ni con la cultura de las élites. Los usos de la escritura se encuentran restringidos por las condiciones materiales de la actividad escolar.

> Cuando el tiempo disponible para clases se divide entre el número de alumnos, por ejemplo, las oportunidades para propiciar la redacción libre son mínimas; la evaluación se centra en la reproducción del texto (copias), práctica cuya función social ha dejado de existir. La creciente burocratización de las escuelas también explica usos de la lengua escrita entre maestros, por ejemplo, el llenado de formularios, que no favorecen una apropiación completa de esta herramienta cultural[14].

En el proceso de apropiación se produce un cambio de las prácticas culturales y los significados que éstas portan en función del contexto en el que se encuentren inmersas. De este modo, las escuelas brindan distintas oportunidades de encontrar un sentido a las diversas tecnologías y diferentes instancias para su apropiación.

---

[13] Kalman, J. (2003): "El acceso a la cultura escrita: la participación social y la apropiación de conocimientos en eventos cotidianos de lectura y escritura", en *Revista Mexicana de Investigación Educativa*, 8 (17): 37-66, enero-abril.
[14] Rockwell, E. (2001): "La lectura como práctica cultural: conceptos para el estudio de los libros escolares", en *Educação e Pesquisa*. Vol. 27, Nº 001, pp. 11-26.

2. La comunicación en los planes de estudio del nivel medio superior

A nivel nacional, la inclusión de la comunicación en los planes de estudio del nivel secundario se corresponde con la sanción de la Ley Federal de Educación N° 24.195 del año 1993[15]. Esta normativa contemplaba la definición de los Contenidos Básicos Comunes que establecían el conjunto de saberes necesarios para cada nivel educativo. Estos contenidos, que fueron clasificados como conceptuales, procedimentales y actitudinales, serían reformulados en sus distintas instancias de concreción curricular: en el nivel jurisdiccional a través de la elaboración de los diseños curriculares y posteriormente por las escuelas en la formulación de sus proyectos educativos institucionales (PEI).

En relación con los planes de estudio, con anterioridad a la sanción de la Ley Federal de Educación, la Nación dictaba los planes de estudio para las escuelas que estaban bajo su jurisdicción y las provincias hacían lo propio con sus escuelas. En relación con la enseñanza de la Comunicación, existían experiencias en la enseñanza media antes de la reforma de los '90. Por ejemplo, el Plan experimental del Bachillerato con orientación en Comunicación Social del Colegio Nacional Manuel Dorrego de la localidad de Morón (Provincia de Buenos Aires) aprobado en el año 1974. El Plan de estudios contemplaba las siguientes materias: Periodismo, Publicidad y Propaganda, Expresión (oral y escrita), Técnicas modernas de Comunicación, Relaciones humanas, Estudios Sociales y políticos contemporáneos, Dinámica de grupos y Derecho usual (Resolución 2483).

A partir de la transferencia de las escuelas de la nación a las provincias a principios de los '90, el Ministerio de la Nación deja de "tener escuelas a su cargo" y lo nacional adquiere un nuevo sentido. Por ello, más allá de las iniciativas específicas, se entiende que la Ley Federal de Educación establece un ordenamiento centralizado en materia curricular que anteriormente no existía en el nivel nacional.

Entre los años 1996 y 1997, el Consejo Federal de Cultura y Educación aprobó los Contenidos Básicos Comunes (CBC) y Orientados (CBO) corres-

---

[15] Hasta la sanción de la Ley Federal de Educación, la Ley de Educación Común N° 1420 de 1884 operó en la práctica como ley de carácter nacional. Sin embargo, su competencia se restringía sólo a la Capital Federal y a los territorios nacionales.

pondientes a la educación polimodal[16]. Allí, la modalidad "Lenguajes artísticos y comunicacionales" inscribe lo comunicacional con lo expresivo y lo estético, enfatizando la forma de representar la información en los distintos soportes comunicacionales. Asimismo, algunos de sus contenidos se presentan también en la modalidad Humanidades y Ciencias Sociales.

Luego de la derogación de la Ley Federal de Educación en el año 2006 se sanciona la Ley de Educación Nacional N° 26.206 que, entre otros aspectos, establece la obligatoriedad de todo el nivel Secundario. De este modo, el ciclo superior de la escuela Secundaria pasa a ser obligatorio. Se establecen las orientaciones que asumirá el título de Bachiller: Ciencias Sociales / Ciencias Sociales y Humanidades, Ciencias Naturales, Economía y Administración, Lenguas, Arte, Agraria /Agro y Ambiente, Turismo, Comunicación, Informática y Educación Física (Art. N° 6. Resolución del Consejo Federal de Educación 84/09). A partir de esta clasificación, lo comunicacional se distancia de las Artes, pero también de las Ciencias Sociales, es decir, se constituye como un ámbito específico de formación que se diferencia de lo instrumental y se lo inscribe atravesado por lo cultural (Marcos de referencia para la Educación Secundaria Orientada aprobada por la Resolución CFE N° 142/11)[17].

En forma paralela a los cambios curriculares realizados en el nivel nacional, en las provincias y la Ciudad de Buenos Aires se llevan a cabo nuevos planes de estudio en los que la Comunicación constituye una orientación en el nivel secundario superior[18]. Por ejemplo, en el ámbito de la Ciudad de Buenos Aires se aprueban el plan de estudios correspondientes al Bachillerato con Orientación en Comunicación Social[19] (Resoluciones 1173/94 y 1370/95).

---

[16] Uno de los cambios de mayor impacto de la Ley Federal de Educación fue la transformación de la estructura académica del sistema educativo. De la división entre la escuela Primaria (de 7 años de duración y como único nivel de carácter obligatorio hasta entonces) y Secundaria (de 5 años de duración) se pasó a la Educación General Básica (EGB) de 9 años de duración, de carácter obligatorio, junto con la sala de 5 (del nivel inicial) y el nivel Polimodal (de 3 años de duración) conformando un total de diez años de escolaridad obligatorios.

[17] Más allá de que las Resoluciones del Consejo Federal de Educación son de cumplimiento obligatorio por parte de las jurisdicciones, en esta resolución se establece que es potestad de la jurisdicción optar por la implementación de aquellas orientaciones que considere importantes para su contexto.

[18] Por razones de espacio, solo se hará referencia a la Ciudad de Buenos Aires y a la Provincia de Buenos Aires.

[19] Es necesario aclarar que la Ciudad de Buenos Aires no implementó los cambios previstos en la Ley Federal de Educación y desarrolló una política propia para la Ciudad. Por ejemplo, en el año

En la actualidad existen ocho escuelas con Bachillerato orientado en Comunicación Social[20] (véase cuadro N° 1).

Cuadro N° 1. Materias del Bachillerato con orientación en Comunicación Social según año de estudio

Año de estudio	Materias
4° año	Lengua y Literatura
	Comunicación I
	Cultura y Medios de Comunicación I
	Taller Obligatorio: Publicidad
	Taller Obligatorio: Diseño y Producción de imágenes
	Taller Complementario (Fotografía o Radio o Cine o Video o Informática Aplicada, etc.)
	Espacio de Acción y Reflexión
5° año	Lengua y Literatura
	Comunicación II
	Cultura y Medios de Comunicación II
	Psicología,
	Taller Obligatorio: Periodismo
	Taller Obligatorio: Diseño y Producción de sonidos
	Taller Complementario (Fotografía o Radio o Cine o Video o Informática Aplicada, etc.)
	Espacio de Acción y Reflexión

Como puede observarse en el cuadro N° 1, los medios (en la modalidad de producción) adquieren en esta propuesta un lugar específico acorde con las transformaciones en los medios de comunicación en el espacio social.

2002 establece la obligatoriedad del Nivel Medio (Ley N° 898). En la actualidad, en función de las transformaciones acordadas en el Consejo Federal de Educación bajo la el Plan Nacional de Educación Secundaria, se están revisando los planes de estudio correspondientes a la educación secundaria.

[20] Para mayor información, consultar: http://www.buenosaires.gob.ar/areas/educacion/niveles/-media/bachillerato_comunicacion.php. Consultado en julio de 2013.

Esta inclusión no elude la presencia de otros campos propios del ámbito de la Comunicación como, por ejemplo, el periodismo o el enfoque cultural.

También existen otras ofertas formativas no inscriptas en esta modalidad, pero cuyo ciclo orientado está vinculado a lo Comunicacional como, por ejemplo, el de la Escuela de Educación Media N° 3 del Distrito Escolar N°7 con orientación en Artes y Medios o el Bachillerato popular "Raymundo Gleyzer".

A diferencia de la Ciudad Autónoma de Buenos Aires, la Provincia de Buenos Aires sí implementó varios de los ejes propuestos por la Ley Federal de Educación. Una de las consecuencias de esta implementación se observó en el cambio de la estructura académica del sistema educativo, por lo que la vieja estructura de Primaria y Secundaria se transformó en Educación General Básica y Polimodal. A diferencia de otras jurisdicciones que incluyeron el Tercer Ciclo de la EGB en el nivel Medio, la Provincia de Buenos Aires "primarizó" el trayecto correspondiente al ciclo inferior de la secundaria.

En lo referido a la orientación en Comunicación, en la década de 1990 en consonancia con lo establecido en los CBC y los CBO aprobados a nivel nacional, la provincia organiza el polimodal en distintas modalidades. Lo comunicacional se inscribe en forma privilegiada en: Arte, diseño y comunicación (con Lenguajes Artísticos, Comunicación, Tecnologías de la Información y la Comunicación, Diseño, Imágenes y Contextos, Culturas y Estéticas Contemporáneas como materias específicas), pero también en Humanidades y Ciencias Sociales, que incluye Cultura y Comunicación como materia de esta orientación (Resolución N° 4625/98)[21]. Así, al igual que en la normativa nacional, lo Comunicacional queda dividido en dos áreas: una más vinculada con los lenguajes y con las formas de representación y otra con la cultura y las Ciencias Sociales.

Después de sancionada la Ley de Educación Nacional, la Provincia de Buenos Aires reorganizó su estructura en función de estos lineamientos. Para ello, reformuló su normativa que ordenó en función de una nueva Ley provincial de educación (N° 13.688). En materia de planes de estudio, se establece que la Provincia de Buenos Aires cuenta con las siguientes orientaciones: Ciencias Sociales, Ciencias Naturales, Economía y Administración, Arte, Comunicación,

---

[21] Sobre esta temática también se puede consultar Carduza, Mistrorigo y Rubinovich (2010). En: Margiolakis y Gamarnik, *Enseñar comunicación*. La Crujía, Buenos Aires.

Educación Física y Lenguas, y se definen como materias específicas de la Orientación: Psicología, Introducción a la comunicación, comunicación y culturas del consumo, Observatorio de comunicación, Cultura y sociedad, Observatorio de Medios, Taller de producción en lenguajes, Taller de comunicación institucional y comunitaria y Comunicación y transformaciones socioculturales del siglo XXI (Diseño Curricular para la Educación Secundaria. Marco General para el Ciclo Superior[22]). De este modo, al igual que a nivel nacional, Comunicación se configura como un área autónoma, diferenciándose de Artes y de las Ciencias Sociales.

Las leyes y los diseños curriculares, así como otros documentos emanados desde la administración educativa nacional y provincial, son apropiados y recontextualizados en las aulas por los docentes que transforman estos lineamientos en propuestas de enseñanza. En este proceso, utilizan y elaboran una serie de dispositivos comunicacionales para enriquecer las prácticas educativas.

3. La producción de *blogs* para la enseñanza de la Comunicación

La clasificación entre las categorías de los contenidos y la recontextualización de los textos culturales para su enseñanza no solo sufren una concreción o traducción sino que, a través de este proceso, se construye un nuevo discurso en función de su propio orden. La recontextualización hace que los significados convertidos en otros signos "actúen como significantes de sí mismos, ajenos a los significados de los cuales son signos"[23].

De este modo, el conocimiento científico atraviesa varias instancias de transformación. Por un lado, cuando el fragmento cultural es transformado en contenido a enseñar en los materiales y textos destinados a su enseñanza. Por otro, en el espacio escolar, cuando los docentes lo transforman para su enseñanza y los estudiantes se apropian de ese contenido enseñado[24].

---

[22] http://servicios2.abc.gov.ar/lainstitucion/organismos/consejogeneral/disenioscurriculares/secundaria/marco_general_ciclo%20superior.pdf
[23] Díaz, M. (1988): "Poder, Sujeto y Discurso Pedagógico: Una aproximación a la teoría de Basil Bernstein", en: *Revista Colombiana de Educación*. Bogotá.
[24] Gvirtz, S. y Palamidessi, M. (1998): *El ABC de la enseñanza*. Aique, Buenos Aires.

La distinción entre las instancias de la comunicación de los resultados de la investigación y la enseñanza de contenidos curriculares no se relaciona únicamente con el grado de especialización de los conceptos transmitidos - un aspecto que estaría vinculado con las características intrínsecas del texto sino con su función: para qué y a quiénes se quiere comunicar[25].

Asimismo, los procesos de enseñanza se encuentran atravesados por tecnologías, tanto simbólicas como materiales. Cada práctica pedagógica se caracteriza por el uso de determinados artefactos, de formas particulares y en contextos específicos.

Las TIC no constituyen en sentido estricto un nuevo sistema semiótico dado que utilizan en forma privilegiada sistemas semióticos preexistentes, como el lenguaje oral y escrito, la imagen audiovisual y las representaciones gráficas, entre otras. A partir de la articulación de estos sistemas semióticos crea las nuevas posibilidades de distribución, transmisión y circulación de la información[26].

Acerca de los blogs y su uso en las prácticas de enseñanza de la comunicación

Un blog es una página web que consta de entradas (o *posts*) publicados en orden cronológico inverso. Puede referenciar en su interior textos, imágenes, videos y audios[27].

---

[25] Harvey, A. y Muñoz, D. (2006) diferencian entre el discurso científico y el académico: por discurso científico entienden el "utilizado por los expertos, académicos e investigadores al interior de una comunidad discursiva, que se dirige a los pares en esferas particulares de circulación y que se realiza en la producción escrita y oral de *papers*, artículos, reseñas, presentaciones en congreso". Por su parte, definen al discurso académico como aquel propio de la interacción entre docentes y alumnos al interior de la comunidad universitaria.

[26] Coll, C., Mauri, T. y Onrubia, J. (2008): "Análisis de los usos reales de las TIC en contextos educativos formales: una aproximación sociocultural". En: *Revista Electrónica de Investigación Educativa*, 10 (1)

[27] Millán, J. "Hacia la escuela 2.0 Proyectos con programas gratuitos para formar ciudadanos de la sociedad del conocimiento". SM: España, p. 45. Disponible en: http://previewlibros.gruposm.com/09D0B5F7-6F42-43B9-9126-F58E50C376B4.html

El *log-book* (o, abreviadamente, *log*) era el documento en que el capitán del barco anotaba las incidencias del viaje ("el rumbo, velocidad, maniobras y demás accidentes de la navegación", como recoge la Academia); es decir, el "cuaderno de bitácora". Pues bien, el *weblog* o "bitácora de la web" es la relación y anotación que hace un navegante de la Red de los sitios que ha visitado[28].

Los *blogs* son una de las herramientas de la llamada Web.2.0 que nuclea a los espacios en Internet que favorecen "compartir información, la interoperabilidad, el diseño centrado en el usuario y la colaboración"[29]. Entre los años 1999 y 2005 fueron una de las tecnologías privilegiadas por la facilidad que presentaban para la publicación de contenidos y su divulgación[30]. Sin embargo, en la actualidad estas características la presentan muchas de las herramientas de Internet. En particular, aquellas aplicaciones vinculadas con las redes sociales. En este "diálogo" entre los distintos medios, los blogs están mutando hacia nuevos formatos en los que se privilegia la producción de contenido por sobre la interacción.

Diversos autores coinciden en definir al *blog* como un género discursivo en el que la puesta en texto de la intimidad del autor y la organización de las entradas aparecen como elementos característicos[31].

Los "edublogs" son definidos como los *weblogs* orientados a enriquecer las propuestas de enseñanza y aprendizaje en un ambiente educativo[32]. Una extensa literatura ha señalado sus posibilidades vinculadas a la innovación didáctica, dadas sus facilidades para la producción de contenidos y la interacción. Sin embargo, diversas investigaciones han señalado que su uso en las aulas se vincula más con la difusión de actividades y materiales curriculares

---

[28] http://jamillan.com/v_blog.htm

[29] http://es.wikipedia.org/wiki/Web_2.0

[30] Pardo Kuklinski, H. (2009): "El fin de los blogs. La evolución de la escritura colaborativa y las modas en Internet", en: Carlón, M. y Scolari, C. *El fin de los medios masivos. El comienzo de un debate*. Buenos Aires: La Crujía.

[31] Miller C. A. & Shepherd, D. (2004) "Blogging as Social Action: A Genre Analysis of the Weblog". En L. Gurak, S. Antonijevic, L. Johnson, C. Ratliff, and J. Reyman (eds.), *Into the Blogosphere: Rhetoric, Community, and Culture of Weblogs*. University of Minnesota, http://blog.lib.umn.edu/blogosphere. Consulta 25/07/2013.

[32] Lara, Tiscar (2005): "Blogs para educar. Usos de los blogs en una pedagogía constructivista", en: *Revista Telos* N° 65. http://sociedadinformacion.fundacion.telefonica.com/telos/articulo-cuaderno.asp@idarticulo=2&rev=65.htm

que con el intercambio entre docentes y alumnos[33]. Probablemente, entre otros aspectos, esto se deba a la sobrecarga de trabajo que implica el seguimiento de los comentarios por parte de los profesores[34].

Para analizar los modos de apropiación de los *blogs* en las propuestas de enseñanza de comunicación, realizamos varias búsquedas destinadas a su abordaje. Como se mostró en el apartado anterior, las jurisdicciones cuentan con estructuras curriculares diferentes, por lo que las búsquedas se realizaron en forma diferenciada en la Ciudad de Buenos Aires y en Provincia de Buenos Aires[35].

En la Ciudad Autónoma de Buenos Aires, observamos que tres escuelas de la modalidad Bachillerato en Comunicación Social utilizan blogs para la presentación institucional. El resto utiliza sitio web para esta función. Es probable que estos usos se encuentren relacionados con la antigüedad de la institución y con la disponibilidad de los dispositivos técnicos comunicacionales en el momento del desarrollo de las propuestas. Cabe destacar, además, que en muchos sitios *web* y *blog* se encuentran referencias a propuestas de interacción a través de Facebook.

A nivel institucional, además los blogs son utilizados como:

- Dispositivo para el anuncio de novedades de la escuela hacia los alumnos.
- Espacio de publicación de trabajos de alumnos en base a consignas de actividades de enseñanza.
- Lugar de participación de los alumnos en la vida institucional.

En lo referido a la enseñanza en el aula, varios sitios *web* y *blogs* de presentación institucional incluyen el plan de estudios y los programas de las materias. En algunos casos, además, se establecen hipervínculos a *blogs* de las materias en donde se presentan los contenidos de enseñanza.

---

[33] Reyes Angona, S. Fernández-Cárdenas, J. M. Martínez Martínez, R. (2013): "Comunidades de blogs para la escritura académica en la enseñanza superior. Un caso de innovación educativa en México", en: *Revista Mexicana de Investigación Educativa* [online] 18: [Consultado 5/agosto/2013].

[34] Almudena Martínez Gimeno, A. y J. M. Hermosilla Rodríguez.(2010): "El blog como herramienta didáctica en el espacio europeo de educación superior", en: *Revista de Medios y Educación*. Pixel-Bit. Nº 38 Julio, pp. 165-175.

[35] En el caso de la Ciudad de Buenos Aires, la búsqueda se organizó por los nombres de las materias, pero no fue posible acceder a sus blogs. Entonces se realizó la búsqueda por escuela en base a la información descripta anteriormente respecto de la oferta educativa del ciclo superior del nivel medio.

La Provincia de Buenos Aires cuenta con un portal en el que es posible acceder a los sitios *web* de las escuelas[36] que se encuentran organizados geográficamente, pero sin considerar el nivel educativo y el sector (público/privado). Por lo tanto, a través de buscadores de Internet, fueron relevados *blogs* para la enseñanza de la Comunicación en el nivel secundario según el nombre de la materia, definida en el Marco General para el Ciclo Superior. Sólo de Comunicación, Cultura y Sociedad fueron relevados más de treinta blogs.

Del análisis de los *blogs* construidos por los profesores podemos diferenciar tres modalidades privilegiadas de apropiación de esta herramienta. Estas formas no son ni exhaustivas ni excluyentes ya que en un mismo *blog* puede presentarse más de un modo.

El blog *como material educativo*

Los materiales educativos pueden ser definidos como los textos en diversos soportes que se utilizan en las prácticas educativas con el fin de favorecer el aprendizaje de los sujetos. Estos materiales se incluyen con el fin de ampliar las fuentes de información, las actividades, las formas de presentar los temas que se quieren trabajar o para favorecer la comprensión de un tema complejo.

Los materiales educativos son habitualmente denominados "recursos". Una de las acepciones de este término que brinda la Real Academia Española es "medio de cualquier clase que, en caso de necesidad, sirve para conseguir lo que se pretende". Así, los recursos son vistos como medios, canales o herramientas para lograr objetivos de aprendizaje. Sin embargo, aquí los denominaremos "materiales" educativos, en vez de "recursos", porque nos interesa enfatizar el valor de la textura, de los dispositivos gráficos y audiovisuales y las formas y organización material (tamaño, secuencia de navegación, arquitectura) en la construcción del sentido del texto.

El *blog*, en su modalidad de material educativo, se utiliza para establecer hipervínculos o embeber otros materiales de la red. La intertextualidad es su característica más predominante. Muchos *blogs* incluyen textos expositivos

---

[36] http://www3.abc.gov.ar/escuelas/sitiosweb/

para la presentación de contenidos. Otros seleccionan viñetas, historietas, audiovisuales que adquieren un nuevo sentido en el marco de la intencionalidad comunicativa constituida por el material en su conjunto.

El blog *como material didáctico*

Los materiales didácticos pueden ser definidos como los textos que han sido producidos específicamente para enseñar un contenido a un destinatario. Por lo tanto, en los materiales didácticos, como los libros de texto o los materiales multimedia para la enseñanza de contenidos escolares, está presente la intención de enseñar algo a alguien.

Muchos blogs responden a la estructura canónica del libro de texto en la que se presentan contenidos (a través del discurso verbal escrito, que en algunos casos son textos producidos por el profesor, en otros se desconoce el autor y en otros corresponde a libros digitalizados disponibles en Internet como los publicados en *Scribd*) y al final se propone una actividad de aplicación de dichos contenidos.

Otra modalidad en la representación del contenido está constituida por el material audiovisual, que en forma casi exclusiva corresponden a videos embebidos de *Youtube*. En general, se trata de fragmentos de films o entrevistas de televisión realizadas a personalidades destacadas que presentan posteriormente una propuesta de análisis. En algunos casos, además se solicita no solo un análisis del contenido sino de la forma en que se articulan los distintos modos semióticos.

En algunos casos, estos espacios se utilizan para la presentación de trabajos de los alumnos en base a una consigna. También se utiliza como lugar de interacción a partir de una propuesta desarrollada por el profesor.

Las fronteras entre los materiales educativos y los materiales didácticos no son claras. Más aún en estos espacios en los que coexisten distintas propuestas en un mismo dispositivo. En algunos casos, se observan movimientos desde la reproducción hacia la producción: en las primeras entradas se observan links, textos, videos o imágenes copiados o embebidos. Luego el docente ilustra un texto o agrega escritos realizados por él. Es decir, el proceso se origina en la copia para paulatinamente apropiarse del dispositivo como un espacio de producción textual.

Mariana Landau

Los blogs *como espacio para la presentación del punto de vista*

Se trata de un material producido por el profesor para presentar su punto de vista sobre el campo comunicacional. Dado que generalmente se denomina *web* o *blog* del profesor a los espacios que presentan propuestas de enseñanza, se optó por denominarlo *el punto de vista del profesor*.

Aquí el autor del blog se perfila desde la producción (y no simplemente como reproductor de un contenido a transmitir): elabora textos que trascienden la producción pedagógica. Es decir, la propuesta didáctica se enmarca en un contexto en el que el profesor sienta posición en el campo. Pueden estar relacionados con el *blog* de una institución educativa, pero más allá de eso, constituyen una unidad en sí mismos.

Algunas de sus características de estos textos es que:

• Utilizan nombres metafóricos o su nombre personal para identificar al blog

El encabezado tiene por función identificar el sitio. Allí se encuentra el nombre del espacio que generalmente presenta una imagen y la denominación del sitio. Este último no suele corresponderse con el de la materia sino que se recupera un concepto del campo o expresiones del sentido común que iluminan una problemática comunicacional. Algunos optan por poner el nombre y apellido del autor del *blog*.

• Son explícitamente multimodales[37]

Los autores de estos textos utilizan la escritura para compartir su mensaje. Sin embargo, más allá del componente verba,l se construyen significados a través de otros modos semióticos, como la imagen fija, el audiovisual y la tipografía, entre otros. El diseño ocupa un lugar destacado a través del uso del color.

---

[37] Krees, G. R. y Van Leeuwen, T. (2001): *Multimodal Discourse: the Modes and Media of Contemporary Communication*. Edgard Arnold, Londres.

• **Presentan una organización marcada del espacio de las entradas**

Los *blogs* presentan tres dimensiones o categorías: una central (las entradas) y dos marginales (el encabezado y la columna, generalmente ubicada en la derecha)[38].

En general, el espacio de las entradas constituye la columna de mayor tamaño. La reducción de su tamaño indica la menor relevancia de este espacio. Es la categoría con mayor dinamismo conunicativo ya que allí es donde se ubican las entradas o *posts* que sube el autor del *blog* y los comentarios que introducen los seguidores a estas entradas.

En general, se ubica en el lado izquierdo de la pantalla que en la semiótica del espacio visual corresponde a la "información dada", es decir, aquella que se asume que el lector conoce, que es parte de la cultura y que constituye el punto de partida del mensaje.

En el caso de nuestro corpus, la mayoría de los *blogs* están desarrollados en Blogger, es decir, con la herramienta de Google para la construcción de blogs, cuya característica más sobresaliente es que presenta como dominio blogspot.com y la columna de las entradas se encuentra a la izquierda. El resto, realizado en Wordpress u otros, se encuentra a la derecha.

Más de la mitad de los *blogs* analizados presentan la columna de las entradas en el espacio de la derecha. Se trata de un espacio marcado que se corresponde con la información nueva.

• **Organizan la información en la columna de la derecha**

Muchos *blogs* utilizan la columna de la derecha para incluir links a sitios relevantes vinculados a la Comunicación. En muchos de estos sitios se utilizan como categorías que permiten orientar la navegación al interior de la página. De este modo, se propone una nueva secuencia de lectura que irrumpe en la linealidad secuencial característica del *blog*.

---

[38] García Asensio, M. A. y Palomeque Kovacs, C. (2012): "El blog multimodal: la potencialidad comunicativa y de representación de la imagen en interacción con sonidos y texto", en: *Revista Electrónica de Estudios Filológicos Tonos*, N° 22.

- **Hacen referencia a *blogs* o sitios *web* de otros profesores**

Como se afirmaba anteriormente, la intertextualidad es una característica intrínseca al *blog*. Aquí, además de establecerse vínculos con otros sitios creados por profesores.

4. A modo de cierre

En las últimas décadas, el campo comunicacional se ha ampliado exponencialmente acompañando la reflexión en torno de las transformaciones culturales que han atravesado las sociedades signadas por la expansión de los medios de comunicación. En este marco, la enseñanza de la comunicación se ha constituido como objeto de enseñanza, delimitando sus fronteras, estrategias y contenidos privilegiados.

Es posible visualizar algunas experiencias en el ciclo superior de la enseñanza media en la década de los '70. Allí lo nacional se orienta a la aprobación de planes de estudio de escuelas bajo su jurisdicción. Con la reforma educativa de los '90, se establecen nuevas matrices organizativas entre lo nacional y lo jurisdiccional. En este marco, la enseñanza de la comunicación emerge como área dividida en dos campos: por un lado, articulada con las Artes, los lenguajes y las formas de representación de la información y por otro, como parte de las Ciencias Sociales y Humanidades.

En los planes de estudio, se puede observar que la recontextualización curricular desde lo nacional a lo jurisdiccional no recorre trayectorias lineales. Las provincias y la Ciudad de Buenos Aires, en los distintos momentos políticos, adoptaron, reformularon o ignoraron las iniciativas nacionales. La enseñanza de la comunicación no solo respondió a la especificidad de su campo sino a la dinámica del sistema educativo en su conjunto.

A fines de la década del 2000, a nivel nacional, la enseñanza de la Comunicación adquiere un nuevo valor constituyéndose como un área específica a partir de la creación de los bachilleratos con orientación en comunicación. Esta jerarquía del área se encuentra atravesada por varios aspectos, entre los que se destacan la Nueva Secundaria, impulsada por la Ley de Educación Nacional, y los Acuerdos del Consejo Federal, que intentan otorgarle nuevos sentidos al ciclo superior de la educación media que, entre otros aspectos, pasa de ser un trayecto optativo a uno obligatorio. Por otro lado, estos cambios se vieron influidos por el debate y la sanción de la Ley de Servicios Audiovisuales N° 26.522, más conocida como "Ley de Medios".[19]

Desde la década de los '90, las TIC aparecen en los planes de estudio como un contenido propio de la orientación en comunicación. En forma simultánea, los docentes se apropian de los distintos recursos semióticos disponibles en el medio social con el fin de enriquecer sus propuestas de enseñanza.

En este trabajo se analizó los modos de apropiación de los *blogs* por parte de los docentes. Se identificaron tres modalidades preponderantes: como material educativo, como material didáctico y como espacio para la presentación del punto de vista del profesor sobre el campo comunicacional.

Una extensa literatura ha resaltado el carácter innovador de la web 2.0 por el hecho de estar constituida por una serie de herramientas que favorecen el intercambio, la producción de contenidos y la colaboración entre los distintos usuarios. Los *blogs* constituyen uno de los primeros instrumentos de este conjunto que se mostraban como superadoras del estilo "broadcasting" de la Web 1.0.

Sin embargo, este trabajo se propuso realizar un aporte al campo a partir de una perspectiva de análisis distinta: de las posibilidades del medio (en este caso los *blogs*) a las apropiaciones locales que realizan las escuelas y los docentes de estos instrumentos. Se trata de un producto cultural que está atravesado por dos imperativos: por un lado, el de la política educativa orientada al uso de las tecnologías digitales en la enseñanza y por otro, el del mercado a través de las empresas que ponen a disposición este recurso. En la trama local, estos movimientos se articulan con historias personales y colectivas en las cuales las iniciativas estatales y mediáticas pueden ser recreadas, ignoradas o promovidas. Entendemos que esta perspectiva permite comprender y analizar los dispositivos que median en la enseñanza y por lo tanto, indagar en la construcción de los nuevos significados que emergen.

De esta forma, las distintas modalidades que asume la construcción de *blogs* y su uso en las aulas aparecen como una prácticas de producción y reproducción cultural de los contenidos curriculares y constituyen una perspectiva superadora del punto de vista generalizado de que lo digital y lo escolar

---

[19] Véase capítulo XX de este libro.

constituyen espacios contrapuestos. Lejos de esa mirada dicotómica, estos *blogs* son ejemplos concretos de espacios de encuentro en el marco de una diversidad de formas posibles.

Nuevos modelos productivos en la industria cinematográfica argentina (1994-2011). El tránsito hacia las tecnologías digitales

Pablo Messuti[1]

¿Qué es el cine en la era digital? La centralidad de la producción

En el transcurso de la última década, la adopción de las tecnologías digitales en el campo audiovisual y las posibilidades inéditas de registro y manipulación de las imágenes que implican estos nuevos desarrollos han desatado numerosas elaboraciones teóricas que involucran no sólo el análisis de la naturaleza específica de estos nuevos formatos y soportes sino también la redefinición de ciertas tradiciones y debates muy anclados en los estudios cinematográficos. Tal como sucede en la actualidad con la irrupción de los formatos digitales en el cine, el advenimiento del video también había generado en su momento fuertes rechazos por parte de técnicos y realizadores (Godard llegó a sentenciar la muerte del cine) y celebraciones acaloradas de los promotores de las compañías que desarrollaron estas tecnologías, y también de algunos directores, entre los que se cuenta George Lucas. Este reacomodamiento de las perspectivas de los actores y de las prácticas ligadas a la incorporación de novedosos desarrollos técnicos nos lleva a preguntarnos si el arte cinematográfico se ciñe a

---

[1] Pablo Messuti nació en Buenos Aires en 1978. Estudió la carrera de Comunicación Social y obtuvo la licenciatura en Sociología en la Universidad de Buenos Aires. Se graduó como Magister en Sociología de la Cultura en el IDAES-UNSAM y actualmente cursa el Doctorado en Ciencias sociales en la UBA mediante una beca del CONICET. Integra el grupo de investigación *UBACYT : Prácticas cinefotográficas y comunicación audiovisual en la etapa de las tecnologías digitales"* (programación 2011-2014). Ha presentado diversas ponencias en congresos nacionales e internacionales sobre temáticas relacionadas con la introducción de las tecnologías digitales en el campo del cine argentino.

un espacio institucional y una industria en la que florecieron determinadas corrientes y tradiciones estéticas o si, por el contrario, el cine es un terreno abierto a las innovaciones y un campo en constante mutación. Es decir, un arte que se nutre de otros medios al incorporar modelos narrativos, estéticas y tecnologías que germinaron en universos ajenos al propio campo (el teatro y el vaudeville en sus inicios, las redes sociales y los videojuegos en la actualidad).

En determinados períodos históricos, ciertos inventos e innovaciones no hallaron un espacio social e institucional en el que pudieran prosperar, independientemente de las aplicaciones concretas en ciertos ámbitos reducidos. En otros períodos, las nuevas técnicas fueron introducidas inicialmente en un medio determinado, y luego migraron hacia otros universos y esferas en las que la reapropiación de los desarrollos se dio en función de la dinámica propia y las características singulares de cada una de las formas expresivas. Por ejemplo, el video, que en un principio tuvo como campo de aplicación prioritaria la televisión, fue posteriormente incorporado a las producciones documentales de los colectivos militantes y a los films en primera persona o *homemovies*. En la década del ochenta, fue muy empleado también en las artes plásticas y al videoarte. Una vieja técnica como el 3D (incluso el IMAX) ha sido reflotada en momentos en el que el auge de la exhibición y el consumo de cine vía VOD (Video on Demand) ha trastocado profundamente los hábitos del público, que debe ser seducido por otras opciones que potencien la experiencia sensorial dada en las salas tradicionales. Con el desembarco en el cine de los nuevos procedimientos basados en el creciente empleo de la computadora en la edición y registro de las imágenes sucede algo similar en la medida en que ciertos patrones de procesamiento informático muy utilizados en la publicidad, videogames o videoclips musicales han gravitado fuertemente durante los últimos años en algunas producciones cinematográficas recientes (films basados en videojuegos, como *Resident Evil*, películas que incorporan elementos de los videoclips musicales, como *Eternal Sunshine of the Spotless Mind*, o cintas inspiradas en comics, como *The Warriors*).

Todas estas migraciones entre medios, soportes y campos artísticos nos remiten a la idea de convergencia multimedial, una noción muy aludida en los últimos tiempos dentro de los estudios orientados al análisis de la incidencia de las nuevas tecnologías tanto en los modos en los que las industria audiovisual redefine sus estrategias de valorización como en la diversificación de las ventanas de exhibición de sus productos. ¿Pero qué significa hablar de convergencia y qué implicancias tiene abordarla desde el punto de vista del reacomodamiento de la relaciones entre sectores y empresas productoras al interior de las industrias culturales? Una primera definición refiere a todas aquellas formas expresivas y productos artísticos cuyo soporte físico confluye en una única tecnología, la computadora, cuyos algoritmos permiten condensar el contenido de las obras artísticas en combinatorias de ceros y unos[2]. En el caso del cine, la imagen ha pasado a estar integrada por unidades mínimas (pixeles), un soporte material que difiere en gran medida del grano propio del celuloide o del barrido que definía las tecnologías videográficas. Lo mismo sucede con la música, sobre todo a partir de la popularización de formatos de compresión (MPEG layer 3, MPEG-4, Flac), y también con las artes plásticas, en las que se ha incursionado en la creación de imágenes e instalaciones a partir de algoritmos y protocolos provistos por softwares de pintura digital[3].

En segundo término, la convergencia refiere a la creciente intervención y participación de empresas que tradicionalmente operaban en el sector de las telecomunicaciones (operadores de redes y de telefonía) en la producción de contenidos audiovisuales[4]. Tradicionalmente, la radiodifusión y el sector de las telecomunicaciones fueron durante mucho tiempo regulados por normativas específicas que contemplaban cada una de las ramas industriales: para los primeros, las políticas tenían un corte netamente industrial y económico en tanto los operadores de redes no eran productores de contenidos. Para las segundas, en cambio, las acciones desde el Estado estaban dirigidas a garantizar la pluralidad y diversidad de las producciones culturales y simbólicas[5]. Con el advenimiento de las TICS y la Tercera Revolución Industrial, el panorama de las regulaciones y de las políticas públicas dirigidas a ambos sectores se modificó completamente: en nuestro país, por ejemplo, los cambios operados en la legislación (Ley de Emergencia Económica y Reforma del Estado) en torno de la participación de las compañías de las telecomunicaciones en la radiodifusión en general y en el sector audiovisual en particular dio lugar a la creciente intervención de empresas como *Telefónica de Argentina* en la generación de contenidos (a través de su canal asociado, *Telefé,* que también ha

---

[2] Levis, Diego (2009): *La pantalla ubicua.* Ed. La Crujía, Buenos Aires.
[3] Jenkins, Henry (2008) *La cultura de la convergencia de los medios de comunicación*, Madrid, Paidós.
[4] Dantas, Marcos (2002): *A lógica do capital-informação: A fragmentação dos monopólios e a monopolização dos fragmentos num mundo de comunicações globais.* Contraponto Editora, São Paulo.
[5] Dantas, *op. cit.*

producido films y miniseries). En Estados Unidos, por ejemplo, el sitio de exhibición de films vía Streaming *Netflix* también ha incursionado en la producción de series y miniseries (*House of Cards* y *Arrested Development*, entre otras). Un capítulo aparte merece la evolución de las tendencias marcadas en torno de la conformación de conglomerados mediáticos integrados vertical y horizontalmente[6]. Si bien el recambio tecnológico ha permitido la generación de espacios de producción alternativos en los que el abaratamiento de los medios de producción van de la mano del acceso masivo a tecnologías cuya difusión se veía restringida a un sector pequeño de la población, el proceso de concentración multimedial y la generación de monopolios y oligopolios en el sector cultural no ha mermado durante los últimos años. Sobre todo por la fusión de grupos de medios con operadores de redes de telecomunicación y productores de contenidos: el caso más citado en la bibliografía académica es la operación multimillonaria de fusión entre AOL y Time Warner, que implicó 350.000 millones de dólares[7].

La convergencia también refiere a la diversificación de pantallas de exhibición y dispositivos en los que se difunde un contenido determinado. Por ejemplo, un "tanque" de Hollywood se presenta al público no sólo bajo el formato de una película sino que puede consumirse en otro tipo de dispositivos y medios: videogames, aplicaciones para tablets y celulares, VOD (video on demand), parques temáticos focalizados en el producto, merchandising, juegos de rol, historietas, libros, series de televisión, todos eslabones de franquicias multimillonarias que vuelcan un contenido en diversas pantallas y medios. Desde ya, las condiciones de producción varían según el medio específico al que está dirigido un contenido determinado: no son las mismas las propiedades visuales (contraste, exposición, profundidad de campo, escalas cromáticas, claridad y grano, plano focal) de una imagen rodada en 35 mm que los atributos de la misma en una pantalla de LED de un monitor, en una tablet, o en una Smart TV Full HD[8]. La naturaleza del medio al cual está

---

[6] Potolsky, Glenn (2010): "Continuidades, desplazamientos y transformaciones de las políticas de comunicación en Argentina", en Sel, Susana (comp): *Políticas de comunicación en el capitalismo contemporáneo. América Latina y sus encrucijadas*, CLACSO, Buenos Aires.

[7] Bustamante, E, (2004): "En la transición de la era digital. Políticas de comunicación y cultura: nuevas necesidades estratégicas", en: *Questiones Publicitarias*, Vol 1, N° 9, pp. 9-31.

[8] Levis, Diego, "El futuro es inaprehendible: usos sociales de las pantallas electrónicas y los límites de la prospección técnica y cultural", en *Comunicologia - Revista de Comunicação e Epistemologia da Universidade Católica de Brasília*, Vol. 1, N° 7 (2010) ISSN 1981-2132.

destinada cualquier producción cultural incide significamente en el modo en el que están dispuestos los recursos expresivos y en las formas en las que se conciben las obras y se plasma la imagen en un producto artístico determinado. En definitiva, la convergencia refiere tanto a la migración entre soportes como a la diversificación de un producto en numerosos medios y a la participación de nuevos "players" en la producción de contenidos simbólicos.

En cuanto a las mutaciones dadas por la introducción de las nuevas tecnologías en el campo cinematográfico concretamente, es importante señalar que la terminología que se suele emplear para dar cuenta de estas transformaciones no está exenta de sobreentendidos y equívocos en la medida en que la indefinición de conceptos claves como producción, forma y tecnología ha sido un lastre en la evolución de los estudios sobre nuevos medios. Incluso la misma idea de cine se ha revelado como elusiva desde el momento que las características que lo definen varían según la concepción que alberga cada autor sobre lo que debería ser el arte cinematográfico, independientemente de aquello que se mantiene constante a lo largo de la historia. Así, para Kracauer, por ejemplo, el cine se define esencialmente por ser un medio que permite el registro directo de la realidad física[9]. Para otros autores, en cambio, el acento está puesto en las modalidades que asume la exhibición en una sala oscura. En esta línea, Peter Kiwitt, desde una perspectiva basada en la centralidad de los elementos que definen la producción, antes que la recepción, sugiere que lo que distingue al cine de otras artes que emplean como materia prima a las imágenes en movimiento es el modo variable en el que plantea la relación entre los conceptos de forma, medio y tecnología. Separar claramente los dos primeros términos de los dispositivos y aparatos empleados para crear, transmitir o manipular las imágenes habilitaría una definición centrada en las formas que asume la producción en vez de focalizarse en la tecnología empleada o en los cambios en la exhibición. Redefinir al cine en estos términos supondría conceptualizarlo como una "forma de expresión compuesta por imágenes en movimiento, rodadas en vivo y sujetas a procesos de edición en las que se enfatiza, idealmente, las formas y contenidos artísticos"[10].

---

[9] Kracauer, Siegfried, (1989): *Teoría del cine. La redención de la realidad física*. Paidós, Barcelona.
[10] Kiwitt, Peter (2012): "What is cinema in a digital age? Divergent definition from a production perspective", en *Journal of Film and Video*, Vol. 64, Nº 4 (Winter 2012), pp. 3-22, University of Illinois Press.

De las elaboraciones de Kiwitt se desprenden una serie de interrogantes que nos obligan a revisar la validez o improcedencia de las sentencias apocalípticas acerca de la muerte del cine, o la fusión del arte cinematográfico con otras formas expresivas en las que se emplea como materia prima las imágenes en movimiento. ¿Cuál es el denominador común o el elemento distintivo que atraviesa la práctica cinematográfica a largo de la historia, y que nos permitiría acuñar una definición ya no dependiente de las relaciones variables dadas entre tecnologías, formas expresivas, medios de exhibición y modelos de producción? Retomando las hipótesis de Kiwitt, podríamos pensar, en esa misma línea, que a pesar de estos distintos puntos de contacto entre el cine y otros medios audiovisuales, espacios de exhibición o tecnologías y procedimientos originarios de otros campos (videojuegos, instalaciones, animación), el arte cinematográfico ha mantenido un modelo de producción que incluye distintas etapas y operaciones concretas, las que se mantienen relativamente constantes en el tiempo. La sensible modificación de cada uno de las rutinas productivas, los tiempos de trabajo o el alcance de cada uno de las fases (posproducción y rodaje) dada por las innovaciones en las técnicas no debería llevarnos a concebir al cine como un arte que resulta indisociable de otros medios en los que se emplean imágenes en movimiento (instalaciones, videojuegos, series de TV, videoarte). La práctica cinematográfica ha mantenido su especificidad a lo largo de la historia, a pesar de la exhibición de los films en TV, el empleo de tecnologías videográficas en el rodaje y en la posproducción, e incluso la retroalimentación con otros universos estéticos como los del comic, el teatro, la fotografía o la literatura.

La evolución de las técnicas

El tránsito desde las tecnologías analógicas hacia los formatos digitales ha supuesto distintos eslabones y etapas en las que coexistían procedimientos mixtos y técnicas híbridas basadas en la combinación de rutinas y operaciones propias de cada uno de los paradigmas. La historia de los avances y desarrollos técnicos que auguraron la conversión de todas las fases involucradas en la producción de un film a los estándares propios del digital es extensa e imbricada, aquí sólo nos limitaremos a realizar un breve sumario de algunas innovaciones significativas que modificaron el modo en que se encaró el registro y la etapa de posproducción.

Un acontecimiento sumamente relevante en esta historia de los distintos entrecruzamientos y determinaciones establecidas entre técnicas, tecnologías y modos de ver y representar la realidad es sin duda la difusión del video a principios de la década del setenta, un dispositivo cuyo espacio de circulación en sus inicios era principalmente el ámbito de la televisión. Posteriormente, emergieron equipos más compactos, portátiles y de bajo costo, que no requerían grandes habilidades técnicas para su uso, puesto que ya no había necesidad de procesamiento en los laboratorios, eran cintas reutilizables y tampoco requerían de una iluminación especial. Tanto la duración del rollo (treinta minutos frente a los once de las cámaras de 16 mm), como la posibilidad de exhibir el material rodado simultáneamente al proceso de registro repercutieron notablemente en los planes de rodaje, el trabajo con los actores y la relación entablada con el mundo a representar, posiblemente más directa e inmediata a partir de estos desarrollos novedosos[11]. Posteriormente, con el advenimiento de las tecnologías digitales de registro (las pequeñas cámaras), junto con nuevos formatos (HD), estos cambios y transformaciones dieron un salto exponencial, no sólo en lo que respecta a la materialidad de la imagen, ahora plasmada en pixeles, sino también por las nuevas posibilidades que conllevan técnicas hasta entonces desconocidas o poco difundidas, como las herramientas de pintura digital y sutura de imágenes fílmicas. De todos modos, esto último se observa con mayor frecuencia en el terreno de la ficción y animación, aunque estos procedimientos tampoco son extraños en algunos documentales.

La historia de la posproducción estuvo atravesada por la irrupción de nuevas tecnologías en cada uno de los momentos históricos, las que han trastocado sensiblemente los procesos, rutinas y prácticas (edición, sonido, efectos, grabación de diálogos), que debieron reacomodarse en función de los desarrollos que se impusieron en cada una de las etapas y de las diversas migraciones entre soportes. En 1917, Ian Surrurier creó un artefacto que será de suma importancia en la historia de los dispositivos utilizados para manipular las imágenes luego del rodaje: la moviola. Originariamente, esta

---

[11] Torreiro, Gómez, Casimiro; Cerdán, Josetxo, (ed. lit.), (2005): *Vanguardia y documental*. Ed. Cátedra, Madrid.

máquina fue desarrollada por Serrurier con el fin de mostrar a los ejecutivos las tomas rodadas durante el día, aunque posteriormente, en 1924, pasó a ser empleada en el proceso de montaje[12]. Inspirados en estos nuevos artefactos, surgieron las máquinas Steenbeck y las Kem, que mantuvieron su vigencia durante muchísimos años, incluso hasta la aparición del Avid, según McKernan.

En 1962, Ampex, la compañía que desarrolló la primera cámara de video en 1956, lanzó el primer sistema de edición videográfica, aunque sólo fue utilizado profesionalmente años más tarde, cuando surgió el modelo CMX600, muy utilizado en la televisión en sus inicios. Como señala McKernan, por primera vez la edición estuvo basada en la clasificación por códigos de cada uno de los cuadros en una línea de tiempo. A su vez, estas modificaciones dieron lugar a la edición "off line", es decir, no sobre el material rodado sino en una copia de menor calidad del mismo. En cuanto al procesamiento de la imagen, durante la etapa previa a la incorporación de las tecnologías digitales, existían numerosos procedimientos de laboratorio destinados a la corrección del color (flashing, ENR, bleach bypass, cross processing), pero ninguno de estos permitía realizar las operaciones de manipulación, retoque y composición que habilitan las nuevas herramientas informáticas. No obstante, la generación de efectos digitales sobre las señales analógicas a través de máquinas como "Questech Digital Video Effects", entre otras, preanunciaron lo que luego serán las sofisticadas técnicas de pintura digital, generación de efectos especiales y grafismos propios de las herramientas que proporcionan los softwares de edición digital como el Avid o el Final Cut Pro[13]. En un primer momento, en un modelo que consistía en la conversión del registro fílmico en un archivo que posteriormente sería sometido a una serie de manipulaciones a través de los programas de edición (Film – digital – film), el procedimiento estándar de posproducción consistía en la impostación de las imágenes capturadas en soportes fotoquímicos a un formato adecuado para el procesamiento informático mediante dos técnicas principales: el telecine y el escáner. Debido a la naturaleza diferencial de los dos

---

[12] Mkernan, Brian, (2005): *Digital cinema; the revolution in cinematography, postproduction, and distribution.* McGraw-Hill, USA.

[13] Rubio Alcover, Agustín: *La posproducción cinematográfica en la era digital: efectos expresivos y narrativos,* en http://www.tesisenred.net/bitstream/handle/10803/10457/rubio.pdf?sequence=1

tipos de imágenes (una compuesta por grano, otra integrada por pixeles), resulta imposible equiparar los dos tipos de registros bajo estándares comunes. Aun así, la resolución conocida como 4K (4096 pixeles horizontales por 3112 verticales, 12.756.752 puntos por fotograma) resultó ser la más fiel a la calidad y definición de una cinta registrada en un soporte fotoquímico[14]. Es importante destacar que la rebaja en la calidad de las copias resultantes de la migración de soportes ha sido un problema durante el gradual proceso de introducción de estas nuevas herramientas en la Argentina y en Latinoamerica. Este ocurre porque la resolución en 2K, fijada durante los noventa en base a un cálculo que sopesa las limitaciones tecnológicas con una calidad mínima, supone una pérdida considerable, casi del 75% de la información contenida en el negativo[15]. En la Argentina, el proceso gradual de migración hacia los nuevos soportes y formatos se ha dado no sin sobresaltos. Sólo en los últimos años, gracias a la digitalización de salas, se ha contemplado la posibilidad estrenar directamente en DCP, sin la necesidad de transferir un film a 35 mm, lo que resulta muy costoso.

La industria del cine argentino: el recambio tecnológico en el espacio de la producción

Gran parte de los estudios orientados al análisis de la incidencia de estas nuevas técnicas en los procesos productivos que se dan en la industria cinematográfica argentina han tomado como insumo para construir sus esquemas teóricos a los procedimientos empleados en Hollywood (en donde la etapa de la posproducción resulta central y la animación digital es una técnica muy transitada). Basar el análisis de las transformaciones dadas en la producción cinematográfica local en categorías operativas para un modelo

---

[14] Stephen Prince enumera las diferencias estructurales entre los dos tipos de registros: la imagen digital es extremadamente clara, debido a la falta de grano, aunque la emulsión que da como resultado la imagen analógica confiere a la imagen una luminosidad especial y vívida. Prince, Stephen (2004): "The Emergence of Filmic Artifacts: Cinema and Cinematography in the Digital Era", en: *Film Quarterly*, Vol. 57, N° 3, pp. 24-33, University of California Press.

[15] Gonzalez, Roque (2010): Cine *latinoamericano y nuevas tecnologías audiovisuales*. Fundación del Nuevo Libro Latinoamericano, Cuba.

que dista en muchos aspectos de la dinámica propia y las características singulares de la economía argentina supondría importar esquemas teóricos cuyo correlato empírico no puede ser asimilable a lo que sucede en nuestro país. En efecto, la escala, el tamaño, la rentabilidad y la diversificación de una industria como la de Hollywood, que recupera los costos dentro de Estados Unidos –con lo que la taquilla obtenida en otros países en los que exporta sus films resulta en una ganancia neta–, tiene pocos puntos de contacto con el funcionamiento del mismo sector en un país periférico como la Argentina. La producción cinematográfica nacional mantiene una dependencia histórica de los subsidios y de los créditos otorgados por organismos como el INCAA, concedidos debido a la imposibilidad de sostener una industria que, si no fuera por la acción concreta del Estado a fin de garantizar una rentabilidad media y preservar la producción local frente a la injerencia de los grandes conglomerados extranjeros, desaparecería por completo.

Esa limitación estructural, dada por lo marginal de una industria definida por el acceso desigual no sólo a los bienes de capital sino también a los conocimientos y las tecnologías requeridas para que prospere[16], condiciona el tamaño, la escala y los recursos con los que cuentan cada una de las productoras, entre las cuales sólo unas pocas cuentan con personal técnico y equipamiento propios. Sólo empresas de tamaño considerable, como Patagonik Films, BD Cine, Haddock, o algunas productoras medianas como Rizoma, cuentan con un personal técnico estable, un porcentaje elevado de equipamiento propio, no alquilado, o instalaciones y estudios. La mayoría son emprendimientos muy pequeños, en general conformados por dos socios que alquilan los instrumentos requeridos para el rodaje, contratan temporariamente técnicos para cada proyecto en particular, muchos de los cuales realizan aportes tecnológicos (cámaras, computadoras para realizar el proceso de edición y filtros para las cámaras, etc.). Gran parte de las productoras que participan de proyectos cinematográficos en la Argentina terciarizan la posproducción a empresas especializadas en ese rubro, las que cuentan con la tecnología adecuada para realizar las tareas involucradas en la edición, *after effects*, etalonaje, sonidos, que culminan en el DCP final.

---

[16] Sel, Susana (2011): "Tecnología, cine y sociedad. Repensando las prácticas en tiempos digitales", en Sel, S.; Pérez Fernández, S. y Armand, S. (comp.) *Recorridos. Del formato analógico al digital en el campo audiovisual*. Prometeo, Buenos Aires.

De todos modos, dependiendo de la rama de la producción cinematográfica y la fase o instancia en la que se dé el proceso de recambio tecnológico, variará la estructura de costos y el beneficio o el perjuicio en cuanto a los supuestos beneficios que conlleva la incorporación de las nuevas tecnologías. Así, para el exhibidor, por ejemplo, la adaptación de las salas al nuevo estándar supone una inversión muy cuantiosa que no todos están dispuestos a asumir[17], mientras que para el productor podría redundar en la flexibilización del trabajo y en la reducción de los costos que implica adquirir el material fílmico, aunque las computadoras empleadas para las fases de posproducción requieren de una capacidad de procesamiento y memoria que no están al alcance de todos. Por otra parte, las distintas migraciones de soportes, formatos y estándares –el más común, del fílmico al digital para la edición o la inclusión de efectos, versión que luego será convertida otra vez al fílmico para su exhibición en 35 mm, según las resoluciones vigentes en torno del otorgamiento del subsidios– implicaron durante muchos años el encarecimiento del proceso de posproducción. Aun así, existe un consenso extendido dentro de los estudios sobre el impacto de las nuevas tecnologías en lo que atañe a la fuerte reducción de costos y a la eliminación de fases enteras del proceso productivo que trajo aparejado la introducción de las nuevas herramientas digitales de registro y procesamiento de las imágenes. Los procesos químicos realizados en los laboratorios, ligados al sistema de copias, ya no resultan imprescindibles para realizar un film, lo mismo sucede con la necesidad de adquirir insumos técnicos que ahora resultan ociosos dada la alta sensibilidad de las nuevas cámaras (parque de luces, por ejemplo). Sin duda, esta posibilidad de filmar a partir de presupuestos reducidos ha favorecido la realización de rodajes más flexibles y elásticos, lo que contribuyó en gran medida a que muchos realizadores accedan a filmar su ópera prima. Esto último se observa sobre todo en las nuevas opciones y recursos que proveen las tecnologías digitales, los que promoverían, según algunos enfoques, un trabajo "artesanal" a partir de un material muchos más maleable y dúctil (asimilable, como diría Manovich[18], a los procedimientos empleados en artefactos como el fenaquistoscopio y el praxinoscopio en los comienzos del cine, en

---

[17] Sel (2011), *op. cit.*
[18] Manovich, Lev (2006): *El lenguaje de los nuevos medios de comunicación.* Paidós, Buenos Aires.

los que las imágenes se pintaban a mano, al igual que con los softwares actuales). Entablar un paralelismo entre el cine "digital" y los enfoques más laxos y personalizados implícitos en la vieja concepción de cámara-stylo de Alexander Astruc resultaría mucho más procedente en la actualidad que en el momento en que se acuñó esta terminología, cuando no existían software de edición disponible para todos ni cámaras digitales de fácil uso.

El alcance de la introducción de las tecnologías digitales en el ámbito de la producción de cine puede analizarse también en función de las políticas de fomento vigentes, la legislación en la que se reconocen los films completados en digital, y la incidencia de las subvenciones al sector por parte del Estado.

Desde la sanción de la Ley del cine 17.741, en 1994, la industria cinematográfica de nuestro país ha experimentado un crecimiento sostenido que puso fin a una etapa signada por el desfinanciamiento del sector, la merma de los recursos de las arcas públicas y el desinterés por un cine cada vez más alejado de las expectativas del público. Así, para el año 1994 se habían estrenado solamente once films que apenas habían conseguido recaudar 323.513 entradas, con una tasa de retorno de un 1,8% de la facturación global. Esta situación se revertió parcialmente con la nueva legislación sancionada en aquel año, en la que se preveía la creación de un nuevo subsidio destinado aquellos films que habían sido proyectados en otros medios[19]. Esta normativa permitió que las empresas productoras perciban unos ingresos suplementarios si sus films, declarados de "interés simple" o "interés especial", eran exhibidos en medios electrónicos, siempre y cuando hayan sido estrenados.

El aumento del número de películas exhibidas y el crecimiento exponencial de la producción durante el período 1994-2011 se debió también a la apertura de nuevos canales de financiación y ayudas públicas que discurrían por fuera de los mecanismos y cauces institucionales que propicia el INCAA. Algunos productores pequeños y medianos han optado por solicitar asistencia, financiamiento y apoyo a inversores extranjeros y fundaciones creadas en el marco de importantes festivales de cine o de organismos estatales dependientes de gobiernos extranjeros. Fundaciones como *Hubert Bals* de Holanda, la norteamericana *Sundance*, la francesa *Fond Sud Cinema* o la española *Ibermedia*, entre otras, han jugado un papel crucial en el apoyo y la financia-

---

[19] Perelman, Pablo y Seivach, Paulina (2004): *La industria cinematográfica en la Argentina: entre los límites del mercado y el fomento estatal.* Disponible en www.cedem.gov.ar.

ción de películas de bajo presupuesto o rodadas bajo esquemas que requerían bajos costos de producción. A su vez, la creación de un polo audiovisual en la isla Demarchi y el reconocimiento del cine como una actividad industrial a través del Decreto 1528/2012, el que promueve diversos beneficios y exenciones para el sector a través de "las políticas de promoción productiva, generales o específicas, vigentes o que se establezcan en el futuro"[20], inauguró una nueva etapa en la que las productoras de cine y audiovisuales dejarán en breve de ser consideradas como un comercio. Esto último supondrá toda una serie de beneficios en los que concierne a la adquisición vía importación de bienes de capital y también en ciertas exenciones impositivas incluidas en los regímenes de promoción industrial vigentes

Durante este período, la introducción de los primeros formatos digitales (Beta Digital, DV y Mini DV-High Definition) ha favorecido el acceso a los bienes de capital necesarios para emprender proyectos no muy costosos, aunque la necesidad de transferir en una primera instancia las realizaciones completadas en un soporte digital al formato fílmico conspiraba durante esta etapa contra el pleno aprovechamiento de las posibilidades dadas por el formato escogido. Es importante recordar que el grueso del cine de ficción producido durante este período debía ser finalizado en 35 mm para percibir los créditos y subsidios del INCAA, con los costos asociados que esa migración de soportes implicaba. Esto continúa hasta la actualidad, aun cuando el proceso de digitalización de salas esté en marcha y que la posibilidad de exhibir "en 35 mm o superior" estipulada en la resolución de fomento permita que se interprete al formato digital como un soporte de mayor calidad que el fílmico[21].

Sólo en 2004, con el reconocimiento de la producción digital en su formato original a través del Decreto 657/04 de 2004, el cine producido bajo otras modalidades cobró un nuevo impulso[22]. Posteriormente, la Ley 26.522 de Servicios de Comunicación Audiovisual, sancionada en 2009, dio lugar a una serie de modificaciones en lo que concierne a los instrumentos de fomento, sobre todo por la implementación de los concursos federales, la incorporación de

---

[20] Decreto 1527/2012.
[21] Res. 151-13 INCAA.
[22] Sel, Susana, 2008: "Del cine a las industrias de la comunicación en el capitalismo actual. Repensando tecnologías y políticas públicas en Argentina desde los '90", en: *Imágenes, palabras e industrias de la comunicación. Estudios sobre el capitalismo informacional contemporáneo*. La Tinta Ediciones, Buenos Aires.

los canales de TV a la producción de films y la exhibición de estos nuevos contenidos producidos en diversos polos audiovisuales repartidos a lo largo del país en distintas regiones geográficas[23]. El nuevo escenario está signado por la incursión en la producción audiovisual de cooperativas, colectivos militantes y asociaciones informales beneficiadas por los premios otorgados en los concursos federales. En los concursos nacionales, por el contrario, la Argentina es considerada como una única región, y las bases y condiciones para acceder a este instrumento contemplan solamente a productoras con antecedentes o que cuentan con cierta trayectoria.

Las nuevas normativas reconocen ahora explícitamente el formato digital y destacan los "presupuestos más bajos, la facilidad de manipulación del montaje, la agilidad en el tratamiento y facilidad de introducción de técnicas de síntesis digital" y que el digital ofrece una calidad de imagen "que iguala y mejora la de un *transfer* de digital a 35 mm", mientras que la necesidad de ampliar a 35 mm implicaba "sucesivas pérdidas de resolución, determinando que al momento de la proyección en sala, la calidad de proyección sea inferior a al formato de proyección Y2K"[24]. De todos modos, hasta el día de hoy, solamente los documentales que sean presentados para las vías uno y dos del plan de fomento serán incluidos como excepción a la conversión a fílmico (estas realizaciones pueden ser exhibidas en DCP2K)[25]. La tercera vía, por el contrario, incluye la posibilidad de exhibir las realizaciones completadas en digital.

La resistencia inicial a la adopción de las nuevas cámaras digitales, debido a la baja resolución de los modelos originarios y al todavía muy incipiente desarrollo en aquel entonces de una tecnología que no había madurado hasta

---

[23] La difusión de las nuevas series fue garantizada mediante el Plan Operativo de Promoción y Fomento de Contenidos Audiovisuales Digitales para TV, y se canalizó a través del Banco Audiovisual de Contenidos Universales Argentino (BACUA).

[24] Res. 151-12 INCAA.

[25] El INCAA, además de proveer ayuda, distribuir y comercializar los films (promoción, mercadeo, transporte de copias), contempla tres vías de subsidios, según los antecedentes. La primera vía está dirigida a aquellas películas cuya empresa productora haya estrenado entre tres y cinco películas a lo largo de los últimos cinco años. Para acceder a los subsidios contemplados en la segunda vía, el productor y director deben haber realizado por lo menos un film. La tercera vía, tradicionalmente escogida por aquellos productores o directores que solicitan asistencia y financiamiento para sus óperas primas, está orientado a quienes todavía no han estrenado ningún film, pero sí tienen antecedentes en la producción de contenidos audiovisuales (series, telefilms, etcétera).

alcanzar los estándares actuales, dejó paso a la incorporación gradual de los nuevos modelos, cuya definición se acerca cada vez más a la que se podía obtener con el soporte fotoquímico. De todos modos, gran parte de los films realizados por fuera de la estructura del INCAA o que apuntaban a percibir los subsidios previstos en la tercera vía de fomento fueron rodados con cámaras pequeñas y portátiles, como la Sony 3D, de calidad media, con ayuda de amigos y familiares, y bajo un modelo de producción comandado por un director-productor que llevaba las riendas del proyecto. La coproducción y los acuerdos entablados entre productoras pequeñas y otras de mayor envergadura generaron las condiciones para que muchos realizadores nóveles estuvieran en condiciones de acceder a las vías de fomento que estipulaban montos más elevados de subsidios, de acuerdo con los antecedentes del productor y director.

La posibilidad brindada por las tecnologías de registro y almacenamiento de importar al disco rígido los "rushes" y visualizarlos en simultáneo al momento del rodaje ha incidido en los tiempos que insume cada una de las rutinas laborales previstas en la concepción de un film, aunque esto último ya se vislumbraba cuando surgió el video y la imagen electrónica. El adelantamiento de algunas tareas que correspondían a la posproducción (montajes previos) y el solapamiento entre la etapa de registro y el momento del visionado del material seguramente condiciona el modo en que se disponen los recursos expresivos, dadas las nuevas opciones y funcionalidades que surgen como consecuencia del trabajo con una materia prima mucho más plástica y que puede ser manipulable fácilmente. Inversamente, algunas decisiones que correspondían al momento del rodaje (corrección óptica con lentes, iluminación,) ahora se resuelvan en la etapa de posproducción gracias a la gama de opciones para calibrar los colores y definir la iluminación que ofrecen las nuevas herramientas de procesamiento digital de la imagen.

A diferencia de lo que perecería indicar un sentido común muy instalado sobre la eliminación de ciertos rubros técnicos y la desaparición de oficios ligados al trabajo con la imagen fotoquímica (el más notorio, el de los eléctricos), el recambio tecnológico ha dado lugar a nuevas tareas, que requieren de oficios que antes no existían. Por ejemplo, el operador HD, quien calibra la cámara según los designios del director de fotografía, o el *data manager*, el que se encarga de almacenar y procesar la información. El alto valor de la cinta virgen y la relativa irreversibilidad de los procedimientos llevados a cabo sobre el rollo de acetato exigían cierto rigor en la etapa de rodaje (en la actuación, la fotografía, la captura). Eso no significa que con las cámaras digitales y con las nuevas herramientas digitales no se planifique profesionalmente el rodaje ni se prevea cada una las escenas y diálogos con minuciosidad. Lo que ocurre es que la posibilidad de realizar numerosas pruebas sin el riesgo de que se arruine el film trastoca no sólo las temporalidades previstas en rodajes, cada vez más dinámicos, sino también la concepción global de la obra, en tanto las competencias, atribuciones y vínculos entre los técnicos se reacomodan según las nuevos patrones de tratamiento de la imagen (como ya advertimos, la posibilidad de visualizar los rushes en simultáneo al registro de la imagen incide seguramente en la relación y el alcance de las tareas del director de fotografía, el editor, o el iluminador).

Consideraciones finales

A lo largo de la historia del cine en particular y de las artes visuales en general, la incorporación gradual de distintas técnicas, dispositivos y herramientas creadas para moldear las imágenes ha permitido actualizar y redefinir diversas problemáticas ligadas no sólo a la representación y a la generación de estéticas sino también referidas a las modalidades que asume la producción. De ahí que la incidencia de las técnicas en las prácticas artísticas casi nunca implica, como señala Dubois, hacer una *tabula rasa* con los desarrollos previos, sino que, por el contrario, los legados estéticos, teóricos e ideológicos se inscriben en el nuevo contexto planteado por la emergencia de estos nuevos dispositivos redefiniendo el modo en el que se plasma la creación artística en un objeto terminado (en nuestro caso, el film)[26].

La llamada "democratización" del acceso a los bienes de capital necesarios para llevar adelante cualquier emprendimiento y la posibilidad de recibir capacitación y entrenamiento en las destrezas que supone el manejo de las nuevas herramientas se han cumplido sólo parcialmente (el cine continúa siendo una empresa muy costosa, que no está al alcance de todos). Al mismo tiempo, el lamento reiterado por la desigualdad en el acceso a las nuevas tec-

---

[26] Dubois, Phillippe (2000): *Video, cine, Godard*. Libros del Rojas, Buenos Aires.

nologías presupone la inexorabilidad del avance de las innovaciones técnicas, cuya neutralidad jamás es puesta en entredicho. Quienes adscriben a estos supuestos basados en la vieja separación entre el empleo (bueno o malo) de las técnicas y la naturaleza incuestionable de las mismas parecerían desconocer que el mismo artefacto condensa propósitos, sentidos, símbolos e ideas que trascienden su dimensión instrumental. La fascinación por el constante recambio tecnológico, publicitado por sus más entusiastas promotores, reproduce aquella máxima ilustrada según la cual el progreso de las ciencias y la técnica, junto con la difusión de estos avances, traería aparejado necesariamente el progreso en todas las esferas de la sociedad.

Si bien la novedad no es garante *per se* de nuevas dinámicas productivas, el planteo conservador que desestima cualquier transformación dada por las innovaciones digitales debe también matizarse en tanto no contempla las nuevas posibilidades y recursos que ofrecen las nuevas tecnologías desarrolladas para la posproducción (animaciones, luces, color, *after effects*), las que necesariamente repercuten en los debates clásicos sobre la estética del cine y el audiovisual en general. Por ejemplo, el problema del nexo indicativo de la imagen[27], los grados de manipulación del material[28] y las anamorfosis ligadas a una tradición de vanguardia[29]. Rubio Alcover señala al respecto:

> ... los usos de lo digital no son tanto efectos directos de la asunción de las nuevas tecnologías como ejemplos o síntomas de propuestas de aprovechamiento de éstas, a partir de los cuales es posible remontarse a los cánones en que se insertan: lo digital es atravesado por impulsos, tendencias y líneas de experimentación industriales e ideológicas, expresivas y temáticas[30].

En cuanto la contraposición entre el registro automático de la realidad física y la creciente intervención humana en la composición a partir de estas nuevas herramientas y la creación de realidades *sui generis* mediante técnicas

---

[27] Lefevre, Martin y Furstenau, Marc (2005): "Digital Editing and Montage: The Vanishing Celluloid and beyond", en *Cinémas: revue d'études cinématographiques / Cinémas: Journal of Film Studies*, Volume 13, numéro 1-2, pp. 69-107.

[28] Manovich, *op. cit.*

[29] Machado, Arlindo, (2000): *El paisaje mediático. Sobre el desafío de las poéticas tecnológicas*. Libros del Rojas, Universidad de Buenos Aires, Buenos Aires.

[30] Alcover Rubio, *op. cit*, p. 839.

provenientes de la animación, hasta el día de hoy todavía se continúa con un modelo de producción en el que el captación directa de la realidad sigue siendo central, sobre todo en la Argentina y en Latinoamérica en general, países en los que ciertos géneros, como la ciencia ficción, el terror, o el cine infantil, no han sido muy transitados. Si bien cada vez con mayor frecuencia se incorporan procedimientos y esquemas que originariamente se desarrollaron en el ámbito de la animación, sería erróneo extremar este paralelismo y concluir que el cine en la actualidad ya no se basa en el registro de la realidad física, o que se ha fusionado completamente con el audiovisual (instalaciones en museos, obras interactivas, televisión, videojuegos). Finalmente, la industria cinematográfica ha mantenido en su larga historia un modelo de producción que incluye distintas etapas y procedimientos relativamente constantes a lo largo del tiempo. La ligera modificación de cada uno de las rutinas productivas, los tiempos de trabajo o el alcance de cada uno de las fases (posproducción y rodaje) no debería llevarnos a concluir que el cine resulta indisociable en la actualidad de otros medios y formas expresivas porque comparten una misma tecnología y un medio de exhibición.

De miles a millones: la TDA y la exhibición de la producción del cine nacional

Gustavo Bulla[1]
Glenn Postolski[2]

La extensión creciente de la infraestructura de Televisión Digital Abierta (TDA) por todo el territorio nacional significa, además de la prestación del servicio universal de televisión por primera vez en su historia, la oportunidad de multiplicar por millones los espectadores del cine digital argentino, venciendo así a los obstáculos planteados por la estructura concentrada de distribución y de salas de exhibición, así como también a las limitaciones a la diversidad de formatos y géneros impuestas por la lógica comercial.

Hacia un modelo inclusivo

La instalación del sistema de televisión digital terrestre en nuestro país tiene una historia marcada más por los tiempos políticos que por los tecnológicos. Durante el gobierno neoliberal de Carlos Menem, la iniciativa de comenzar las experimentaciones con televisión digital terrestre estuvo a cargo del sector privado, impulsado por la Asociación de Teledifusoras Argentinas (ATA). En julio de 1997, la Secretaría de Comunicaciones crea la Comisión de Estudio de Sistemas de Televisión Digital, ampliada en 1998 a Comité

---

[1] Lic. en Cs. de la Comunicación. Profesor de Políticas de Comunicación UBA/UNLZ. Ex director Nacional de Supervisión y Evaluación de la AFSCA.
[2] Lic. en Cs. de la Comunicación. Profesor de Políticas de Comunicación UBA/UNLZ. Director de la Carrera de Comunicación, Facultad de Ciencias Sociales, UBA.

Consultivo sobre Televisión Digital, con el objetivo de evaluar los sistemas vigentes y proponer normas técnicas provisorias[3].

En 1998 la Argentina fue uno de los cuatro primeros países que decide adoptar la norma ATSC de los Estados Unidos. Más allá de los argumentos esgrimidos, la veloz decisión estuvo orientada, entre otras razones, por la estrategia de los radiodifusores nacionales para conservar su posición dominante en el mercado como productores audiovisuales, controlando el nuevo servicio.

Suspendida durante el gobierno de la Alianza, aquella apresurada decisión fue finalmente desestimada. El primer paso se dio durante la presidencia de Néstor Kirchner, cuando comenzó a impulsarse un cambio de postura del Estado en torno de las políticas comunicacionales. A través de la Resolución N° 4/06 de la Secretaría de Comunicaciones, se creó la *Comisión de Estudio y Análisis de los Sistemas de Televisión Digital*. Esta debía recomendar, mediante un dictamen "no vinculante", el estándar técnico más conveniente para la República Argentina.

Cuando el conflicto en torno de la Resolución ministerial N° 125 de retenciones móviles se instaló en el debate público, durante la primera presidencia de Cristina Fernández de Kirchner, el Gobierno asumió una política activa en el plano comunicacional. La postura tomada por las grandes corporaciones mediáticas y el destrato a la figura presidencial llevó a instalar en el centro del debate el rol del sistema de medios de comunicación en la conformación de una sociedad democrática. Esto derivó en la elaboración del proyecto y, finalmente, en la sanción de la Ley de Servicios de Comunicación Audiovisual en octubre de 2009.

El debate en torno de la LSCA adquirió un nivel de virulencia por parte de los grupos comunicacionales concentrados como nunca antes se había dado. Así, la confrontación con las corporaciones mediáticas implicó una trascendencia social atípica para un texto normativo. La movilización y participación social en torno del proyecto fue un claro contraste en relación con la caracterización sesgada que realizaron los principales medios de comunicación. La radicalidad de la discusión permitió, por contrapartida, que la problemática comunicacional se transformara en un tema de debate cotidiano.

---

[3] Conformaron esa comisión: Secretaría de Prensa y Difusión, el Comité Federal de Radiodifusión (COMFER), la Asociación de Tele radiodifusoras Argentinas (ATA), la Asociación de Televisión por Cable (ATVC) y la Cámara Argentina de Aplicaciones Satelitales (CADAS).

La Ley 26.522 tiene como punto de partida la defensa de la multiplicidad de voces, de la diversidad de opiniones, de la producción nacional y regional, de la no concentración de medios, de la democratización de la audiencia potencial, de la defensa de los contenidos infantiles y de la protección de la dimensión social por afuera de los fines de lucro. Su discusión y aprobación modificará cualitativamente la postura del Estado que, a partir de ese momento, va a implementar una política pública integral para el ámbito comunicacional que tendrá en la televisión digital un eslabón estratégico.

La adopción de la norma

En agosto de 2008, la Argentina firma un protocolo para la cooperación técnica con Brasil a través de un acuerdo de los ministros de Comunicaciones del país vecino, Helio Costa, y el de Planificación, Julio De Vido. En 2009, la Secretaría de Comunicaciones a través de la Resolución N° 171 anuló la adopción de la norma ATSC –norteamericana–, y convocó a realizar nuevas pruebas en un proceso impulsado por Radio Televisión Argentina (RTA) y el por entonces organismo de aplicación Comité Federal de Radiodifusión (COMFER).

El COMFER planteó al respecto que debía "priorizarse una norma digital que permita optimizar la utilización del espectro, tanto en alta como en baja potencia, como así también la implementación de repetidora de un único canal". El informe técnico de la Universidad Nacional de San Martín indicó "los principios del estándar ISDB-T –japonesa–, con sus mejoras introducidas y disponibles, resultan los adecuados para la creación y posterior implementación del Sistema Argentino de Televisión Digital Terrestre".

Más allá de las leves diferencias tecnológicas entre las cuatro opciones existentes (estadounidense, europea, china y japonesa), sobre todo su impacto es político y económico. Con la elección de la opción, se potencia el desarrollo industrial que se puede lograr en función de esa norma. En el caso de ISDB-T, la estrategia de Brasil fue realizar una modificación al sistema original japonés, y con eso logró proteger su industria de fabricación de equipos de televisión.

Oficialmente, la Argentina adopta la norma SBTVD (Sistema Brasileiro de Televisão Digital) o también ISDB-Tb (ISDB-T japonés estándar, versión brasileña) en agosto de 2009, en el marco de la *Cumbre Unasur*, cuando la presidenta de la Argentina, Cristina Fernández de Kirchner y el presidente de Brasil, Luiz Inacio Lula da Silva, anunciaron el acuerdo entre ambos países.

Esta voluntad implicó una diferencia sustancial en el proceso de adopción tecnológica en la historia de nuestro país. Cuando se produjo la incorporación del sistema color en el mercado televisivo, a finales de los años setenta, tanto Brasil y Chile como la Argentina lo hicieron a partir de tres sistemas diferentes: *PAL M*, *NTSC* y *PAL N*. Lo cual marcaba el grado de dependencia con respecto a los centros de poder industrial. Treinta años después, tres gobiernos democráticos, Brasil, la Argentina y Chile, han unificado la norma impulsando al resto de los países del sur a volcarse decididamente a la utilización de la misma. Eso pasó: se sumaron Perú, Costa Rica, Paraguay, Bolivia, Ecuador, Venezuela y finalmente Uruguay, que modificó su decisión inicial a favor de la norma europea. Esta sinergia potencialmente impulsa una estrategia de desarrollo tecnológico y de exportación de contenidos al interior de la región.

La Argentina se ve favorecida con este consenso, ya que tiene un rol de liderazgo, tanto en la producción de contenidos como en la posibilidad de su desarrollo industrial, lo cual le permite diversificar sus bienes exportables con conversores, multiplexadores, trasnmisores, moduladores, etc. Paraguay fue el primer país de destino para la venta de conversores argentinos y Venezuela, recientemente, recibió la instalación de trece antenas transmisoras de TDT, con tecnología íntegramente desarrollada en nuestro país.

La dimensión política y social

La expansión de la televisión digital implica tanto a las cuestiones de infraestructura, como también a las vinculadas con los contenidos. A través del Decreto N° 1148, promulgado en agosto de 2009, la presidenta de la nación decidió la creación del Sistema Argentino de Televisión Digital Terrestre (SATVD-T), basado en el estándar ISDB-T (Integrated Services Digital Broadcasting Terrestrial), más las mejoras introducidas por la versión brasileña SBTVD-T y estableció un plazo de 10 años para realizar el proceso de transición de la televisión analógica a la digital, estableciendo como fecha del apagón analógico el año 2019.

Para la implementación del SATVD-T, el mencionado decreto crea el *Consejo Asesor del Sistema Argentino de Televisión Digital Terrestre*, el cual depende del Ministerio de Planificación Federal, Inversión Pública y Servicios, el que se encuentra conformado por un representante de cada uno de los siguientes organismos públicos nacionales: Jefatura de Gabinete de Ministros, Ministerio del Interior, Ministerio de Relaciones Exteriores, Comercio Internacional y Culto, Ministerio de Economía y Finanzas Públicas, Ministerio de Producción, Ministerio de Trabajo, Empleo y Seguridad Social, Ministerio de Desarrollo Social, Ministerio de Educación y Ministerio de Ciencia, Tecnología e Innovación Productiva.

El objetivo del Consejo Asesor, enunciado en el decreto, es realizar la planificación de la extensión de la TDA. Esta tarea fue encomendada a la empresa nacional de telecomunicaciones de propiedad mixta ARSAT. Con la promoción de la inclusión social, de la diversidad cultural, y del idioma nacional a través del acceso a la tecnología digital también se busca democratizar la información; facilitar la creación de una red universal de educación a distancia; estimular la investigación y el desarrollo; fomentar la expansión de las tecnologías e industrias de la Argentina relacionadas con la información y la comunicación; planificar la transición de la televisión analógica a la digital con el fin de garantizar la adhesión progresiva y gratuita de todos los usuarios; optimizar el uso del espectro radioeléctrico; contribuir a la convergencia tecnológica; mejorar la calidad de audio, video y servicios; alentar a la industria local en la producción de instrumentos y servicios digitales; y promover la creación de puestos de trabajo y la capacitación de los trabajadores en la industria tecnológica.

La TDA está conformada por TV Digital Terrestre (TDT) y la TV Digital Satelital. La TDT es la señal de aire gratuita a la cual acceden los usuarios a través de un receptor digital así como también desde dispositivos móviles tales como celulares, TV portátiles, tablets, etc. El usuario puede acceder a través de la TV Digital Satelital en aquellas zonas que por cuestiones geográficas y/o de baja densidad poblacional se encuentran fuera del despliegue de TDT, donde la señal proviene desde un satélite de comunicaciones hacia las antenas parabólicas receptoras. Esta es la situación de escuelas rurales, semirrurales, de frontera y parajes rurales de todo el país. Por lo tanto, el objetivo de la TDT junto a la TDS es lograr la maximización de la cobertura a nivel nacional, garantizando por primera vez una ciudadanía comunicacional plena a todos los habitantes del territorio nacional de manera igualitaria.

La compresión de la señal digital permite a su vez una explotación intensiva del espectro logrando que, donde antes se transmitía una única señal por canal en forma analógica, ahora se puedan transmitir hasta cuatro señales en formato estándar (SD) y unificar, si el contenido es relevante, en una señal de alta definición (HD). Esto permite la multiplicidad de emisores, aprovechando todas las posibilidades de (re)utilización del espectro.

En octubre de 2010, se anuncia el Plan Nacional de Telecomunicación *Argentina Conectada*, del cual la TDT es parte, orientado a proveer acceso a Internet y Televisión digital terrestre gratuitos en todo el país. En el mismo año, la Plataforma Nacional de Televisión Digital Terrestre fue declarada de interés público por medio del Decreto N° 364/2010 del Poder Ejecutivo Nacional.

Se crea el programa Mi TV digital para la instalación de antenas en el territorio nacional. Actualmente, se cuenta con 68 Estaciones Digitales de Transmisión en funcionamiento, lo cual asciende a una cobertura del 82% de la población nacional. El programa lleva entregados más de 1.100.000 conversores digital-analógicos necesarios para poder ver la TDA en los receptores analógicos. Se transmiten más de veinte señales de diferente contenido cultural, que son vistas a nivel nacional, además de las señales locales y provinciales que las complementan.

Se definió una política pública que se propone garantizar el acceso universal a la televisión digital de aire de modo gratuito. Para evitar que sectores desprotegidos de la sociedad quedaran marginados del sistema de TV digital, el Estado nacional argentino decidió la entrega gratuita de decodificadores para ser utilizados con televisores comunes. Se adquirieron 1.200.000 conversores para distribuir entre los sectores más vulnerables.

Los principales destinatarios son: establecimientos estatales, organizaciones civiles sin fines de lucro, cooperativas y fundaciones que tengan como finalidad el desarrollo de actividades sociales, culturales, educativas y/o de promoción de contenidos audiovisuales; beneficiarios de pensiones no contributivas (pensión a la vejez, madres de 7 o más hijos, invalidez/discapacidad); beneficiarios de la Asignación Universal por Hijo (AUH); jubilados y/o pensionados con haberes mínimos nacionales y/o provinciales; quienes perciban planes y/o programas sociales a nivel nacional, provincial o local; aquellos integrantes de hogares en situación de vulnerabilidad que no se encuentren contemplados en los mencionados anteriormente.

El Plan Operativo "Mi TV Digital Satelital" complementa al plan de implementación de TDT, en el cual se posibilita el acceso gratuito al kit satelital necesario para la sintonización de la señal de TDA. El despliegue de este plan se lleva adelante conforme al avance de la instalación de la infraestructura de transmisión de la Plataforma Nacional de TV Digital Terrestre.

Estos conversores, conocidos como Set Top Box (STB), pueden adquirirse en comercios de productos electrónicos para el hogar y conectarse a cualquier televisor, o bien pueden venir ya integrados dentro del televisor, como ocurre con los nuevos modelos de fabricación nacional. También existen receptores USB que pueden ser conectados a cualquier computadora de escritorio o portátil. Otra opción es utilizar directamente receptores de TV portátiles o teléfonos celulares que cuentan con la funcionalidad ya integrada.

El gobierno nacional administra cuatro frecuencias UHF: los canales del 22 al 25, que contienen algunos canales de producción propia como Encuentro, Paka Paka, INCAA TV, DXTV y Tecnópolis TV. Estas frecuencias son comunes a todo el territorio nacional. Por otra parte, cada ciudad cuenta con la posibilidad de agregar canales locales en otras frecuencias.

Una política de inclusión de manera integral no se agota en la mejora de la calidad de la imagen y el sonido de la TV, sino que implica una efectiva política de producción de contenidos diversos y federales. Fomentar la participación ciudadana y generar nuevos puestos de trabajo y potenciar a los productores independientes son también sus objetivos.

La acción positiva encarada por el Estado la podemos caracterizar en las siguientes directrices políticas:

- Promover el acceso universal a los potenciales servicios digitales a nivel geográfico, cultural, económico y político.

- Promover criterios de maximización en la utilización del espectro actual atribuido a la radiodifusión conservando sus frecuencias.

- Promover los formatos estándar frente a los de alta definición

- Promover la participación mediante oferta de nuevos servicios de radiodifusión abierta de recepción gratuita, convocando a nuevos operadores mediante reserva explícita de frecuencias para emisores no comerciales.

- Proteger la permanencia de los servicios no onerosos de *television* y *radio* en la oferta y la recepción audiovisual digital.

- Revertir el ficticio destino de servicio complementario oneroso de las frecuencias UHF y liberarlo para radiodifusión digital.

Un nuevo mercado televisivo

La televisión digital mejora las condiciones de accesibilidad a la televisión abierta, tanto desde lo geográfico como desde lo social; incorpora la posibilidad de que las personas con discapacidad, especialmente sordos y ciegos, puedan también sumarse al uso de este medio; federaliza contenidos y abre mercados profesionales y laborales en virtud de esta posibilidad; permite la interactividad entre el receptor (antes pasivo) y el emisor; abre más espacios en el espectro radioeléctrico de que los que nunca hubo: desde 1951 a la fecha, se generaron en todo el país 44 canales de televisión abierta. De ellos, 33 son de gestión privada-comercial, uno universitario y diez públicos. La llegada de la nueva norma permite implementar una verdadera democratización del espectro. Si bien los llamados a concursos para otorgar nuevas licencias vienen atravesando diferentes aplazamientos, en un momento cercano podrán integrarse más de doscientas nuevas licencias de TDA. El impacto que ese proceso produce sobre la posibilidad del ingreso a los sectores no vinculados con el lucro, como organizaciones sociales, pueblos originarios, iglesias o sindicatos para que puedan hacer televisión, era algo inimaginable. La diversidad del espectro radioeléctrico es el umbral para la pluralidad de voces, en lo que es la diferencia en la calidad de la información, del entretenimiento y de la cultura.

Las políticas sobre contenidos audiovisuales las diseña e implementa el Consejo Asesor de Televisión Digital, enmarcado dentro del Plan Estratégico para la implementación del Sistema Argentino de Televisión Digital Terrestre (SATVD-T). Trabaja a través del Plan Operativo de Fomento y Promoción de Contenidos Audiovisuales Digitales (tanto para la TDA como para Internet y redes móviles).

Entre las iniciativas del Consejo Asesor, se pueden mencionar el '*Banco Audiovisual de Contenidos Universales Argentino*' (BACUA), el '*Árbol de Conte-*

nidos Universales Argentino' (ACUA) y los '*Contenidos Digitales Abiertos*' (CDA). Para disminuir las asimetrías productivas locales / regionales, el Consejo Asesor también trabaja con las universidades nacionales en el desarrollo de Polos Audiovisuales Tecnológicos.

El *BACUA* es un espacio federal de intercambio audiovisual y un repositorio de obras intelectuales audiovisuales en formato digital orientado a socializar los contenidos que representen la diversidad socio-cultural del país. En el mes de junio de 2011 fue declarado de interés público.

En el BACUA, pueden ofrecer sus obras los intelectuales, los productores independientes, organismos gubernamentales y no gubernamentales, las universidades, las agrupaciones sociales, las señales comunitarias y señales públicas. A su vez, los contenidos de BACUA pueden ser utilizados por las señales con licencia AFSCA, canales de TV pública y canales de gestión privada sin fines de lucro.

El Consejo Asesor también impulsa la creación del *ACUA*, un espacio multimedial que busca difundir los contenidos audiovisuales de alcance universal producidos por los actores del ámbito comunicacional de nuestro país. *ACUA* se orienta a contenidos de adultos mayores (*ACUA MAYOR*), de identidad musical argentina y latinoamericana (*ACUA MÚSICA*) y de producciones de cooperativas, televisoras comunitarias y escuelas de cine e instituciones de todo el país (*ACUA FEDERAL*).

El Consejo Asesor también está trabajando sobre los *CDA*, es decir, contenidos que se articulen y complementen con el uso de las nuevas tecnologías digitales (Internet, redes móviles, Set Top Box o NETCAST). Se espera que estos contenidos abiertos se articulen con BACUA y ACUA para alcanzar un mayor diálogo, participación, inclusión e integración interregional.

El Programa Polos Audiovisuales Tecnológicos se concreta desde 47 universidades que conducen el proceso de producción de contenidos. Se organiza a través de nueve Polos Audiovisuales Tecnológicos, que cubren todo el país: NOA, NEA, Cuyo, Patagonia Norte, Patagonia Sur, Área Metropolitana, Buenos Aires Centro, Centro. Se convoca desde la universidad a los realizadores de la zona o de la región, el Estado los equipa, les proporciona capacitación, y se realizan concursos para financiar la producción de formatos.

Nuevas pantallas

El formato digital permite pensar en nuevas formas de recepción por fuera del tradicional aparato del televisor. El modo de transmisión denominado ONE SEC (segmento de la frecuencia que llega a la telefonía móvil) tiene como destino a los celulares y otros dispositivos móviles. Esa miniaturización de los contenidos va a desarrollar, con el tiempo, un mercado nuevo.

Hoy existen más de cincuenta y cuatro millones de teléfonos celulares en la Argentina, en contraste con los doce millones de televisores que hay en las residencias fijas. Asimismo, está cada vez más instalada la práctica de acceder a los contenidos audiovisuales por medio de las computadoras, *netbooks* y de *laptops*, etc, cada vez con mayor penetración. El televisor deja de ser el exclusivo aparato receptor de contenidos audiovisuales.

La utilización de teléfonos celulares como terminales de propagación televisiva de aire obligará, más temprano que tarde, a la *miniaturización* de los contenidos, instalando nuevas prácticas y tiempos para la información y el entretenimiento, cuando se los consuma en diferentes circunstancias, generando un nuevo *prime time* en el uso móvil que estará vinculado con el tiempo de transición entre las distintas ocupaciones y el retorno al hogar. Hoy en la Argentina, la TV digital llega a más de 4 millones de personas, y en un futuro cercano, podrá ser el de la casi totalidad de los habitantes.

Como saldo sinérgico del conjunto de estas políticas podemos caracterizar:

- Se ha priorizado el derecho a la comunicación como organizador de las políticas públicas. Al definir la centralidad de la esfera político-técnica, se ha privilegiado el interés general y a las organizaciones de la sociedad como interlocutores.

- Se ha buscado la planificación y la construcción de acuerdos amplios y duraderos, articulando una estrategia regional y una agenda diferenciadora de las estrategias globales comerciales.

- Se supera la tradicional subsidiariedad de los sistemas públicos y estatales, otorgando un lugar de relevancia a los medios operados directamente por el Estado nacional, las provincias, municipios, pueblos originarios y universidades, primando una lógica estrictamente político/cultural.

Cine nacional por la TDA: millones de espectadores nuevos

El cine argentino vive su momento histórico más importante en la última década, si nos detenemos sólo en la instancia de la producción. Varios aspectos convergentes favorecieron esta suerte de *boom* de la producción de filmes nacionales: la aplicación de la Ley de Cine, la gran inversión estatal a través de los fondos administrados por el INCAA y la cantidad de jóvenes formados en cine –incomparable con otras latitudes–, todo sumado a la incesante innovación tecnológica que ha tornado mucho más accesible la realización cinematográfica a caballo de la digitalización.

Sin embargo, los más de cien largometrajes producidos en promedio por año en nuestro país no han redundado aún en la sumatoria de espectadores a lo largo y a lo ancho del territorio nacional. El pueblo que financia –aún sin saberlo– semejante producción audiovisual, prácticamente ignora los contenidos de la mayor parte de la misma. Es evidente que esta costosa y ponderable política cultural presenta algunas debilidades que, de no resolverse eficazmente, puede terminar echando por la borda un caudal de esfuerzos creativos y económicos para nada despreciable.

Nueve mil espectadores por película

En el año 2011, se estrenaron en la Argentina ciento cuatro largometrajes de producción nacional, cosechando poco más de tres millones de espectadores[4]. Los cinco filmes que fueron más vistos –*Un cuento chino, Viudas, Mi primera boda, Revolución: El cruce de Los Andes y Los Marziano*– acumularon aproximadamente dos millones cien mil espectadores. Esto significa que los novecientos mil espectadores restantes se distribuyeron entre los otros noventa y nueve filmes nacionales estrenados ese año: nueve mil espectadores en promedio. Cifra que se torna mucho más realista si se tiene en cuenta que las sesenta y cuatro producciones menos vistas van en orden decreciente de los tres mil a los tan solo doce espectadores.

---

[4] *DEISICA Nº 21* (2001), Departamento de Estudio e Investigación del Sindicato de la Industria Cinematográfica Argentina, Buenos Aires, 2001.

No es objeto del presente artículo profundizar en esta problemática que torna irracional a una política pública envidiable por la inmensa mayoría de los países como lo es el fomento al cine argentino[5].

No obstante, sorprende la desnaturalización de la auspiciosa política de subsidios y créditos que, a menudo, es aprovechada por los beneficiarios –productores y directores– para hacerse de los recursos imprescindibles para filmar, sin ningún tipo de preocupación por la repercusión en el público nacional. Es más, en el colmo de esa actitud, rayana con la malversación, es un secreto a voces que en muchos casos se concretan los estrenos en salas cinematográficas al mero efecto de embolsar el financiamiento público. Luego, la participación en algún festival internacional de vez en cuando abre la puerta a un recorrido en distintos soportes de la película –salas, TV, dvd, etc.–, y también de sus mentores. Esa es una explicación posible de por qué la amplia mayoría de las películas argentinas no sólo no aspiran a ser vistas por millones de espectadores, ni por centenas de miles, y ni siquiera por decenas de miles, sino que conviven sin mayores problemas a la vista con un puñadito de concurrentes a las funciones que, en algunos casos, no supera la cantidad de intervinientes en el propio proceso de realización del filme.

De lo que se trata es de vincular de manera virtuosa dos políticas culturales que, de ser aplicadas con criterios sinérgicos, deberían redundar en una enorme rentabilidad social, intangible desde una mirada economicista, pero con una contribución indudable a la construcción de identidades, a la diversidad cultural y hasta a la autoestima nacional. La referencia es para la convergencia entre la política de fomento del cine nacional y la implementación de la Televisión Digital Abierta (TDA).

La multiplicación de las pantallas para el cine nacional

Mientras se corrigen algunos de los defectos señalados en la aplicación de la política de difusión del cine argentino, el Estado cuenta con algunas herramientas fundamentales para generarle públicos masivos a las historias reales y ficticias que financia de manera decisiva.

---

[5] Bernades, Horacio: "Cantidades astronómicas de un producto con poca salida", en *Página/12* del 27 de diciembre de 2012, Buenos Aires.

El Artículo 67º de la Ley de Servicios de Comunicación Audiovisual (LSCA) promueve un nuevo canal de difusión del cine argentino a la vez que una vía de financiamiento privado alternativo y/o complementario al oficial:

> ARTICULO 67. - Cuota de pantalla del cine y artes audiovisuales nacionales. Los servicios de comunicación audiovisual que emitan señales de televisión deberán cumplir la siguiente cuota de pantalla:
> Los licenciatarios de servicios de televisión abierta deberán exhibir en estreno televisivo en sus respectivas áreas de cobertura, y por año calendario, ocho (8) películas de largometraje nacionales, pudiendo optar por incluir en la misma cantidad hasta tres (3) telefilmes nacionales, en ambos casos producidos mayoritariamente por productoras independientes nacionales, cuyos derechos de antena hubieran sido adquiridos con anterioridad a la iniciación del rodaje.
> Todos los licenciatarios de servicios de televisión por suscripción del país y los licenciatarios de servicios de televisión abierta cuya área de cobertura total comprenda menos del veinte por ciento (20%) de la población del país, podrán optar por cumplir la cuota de pantalla adquiriendo, con anterioridad al rodaje, derechos de antena de películas nacionales y telefilmes producidos por productoras independientes nacionales, por el valor del cero coma cincuenta por ciento (0,50%) de la facturación bruta anual del año anterior.
> Las señales que no fueren consideradas nacionales, autorizadas a ser retransmitidas por los servicios de televisión por suscripción, que difundieren programas de ficción en un total superior al cincuenta por ciento (50%) de su programación diaria, deberán destinar el valor del cero coma cincuenta por ciento (0,50%) de la facturación bruta anual del año anterior a la adquisición, con anterioridad a la iniciación del rodaje, de derechos de antena de películas nacionales[6].

Si tenemos en cuenta que un punto de rating en el área metropolitana (AMBA), que es donde hasta la actualidad se efectúan las mediciones regulares de audiencias por la única empresa que lo hace (IBOPE), equivale a unos cien mil espectadores, con los cuarenta largometrajes que se deben estrenar por año sólo en los cinco canales de aire –América, TV Pública, Canal 9, Telefe y Canal 13– se estaría más que duplicando la cantidad de espectadores del cine nacional de los últimos años.

---

[6] *Ley Nº 26.522*: www.afsca.gob.ar

Realizando un cálculo ultraconservador, serían cuatro millones de espectadores de películas argentinas los que se agregarían a los que concurren habitualmente a los estrenos en las salas cinematográficas.

Según las mediciones de IBOPE del día martes 25 de junio de 2013 –por tomar cualquier fecha al azar–, en el horario central –entre las 20 y las 24 hs.–, ningún programa de los cinco canales abiertos del AMBA marcó menos de un punto. En cada caso, los que menos marcaron fueron: *Lo sabe, no lo sabe* –5,1– (América); *Visión 7 Central* –1,5– (TV Pública); *Duro de domar* –3,6– (Canal 9); *Telefe Noticias 2ª edición* –9,2– (Telefe) y *Caiga quien caiga* –7,7– (Canal 13)[7].

Esto significa que el promedio de los programas menos vistos –según IBOPE– en el horario central de ese día se ubica en los 5,4 puntos de rating, algo así como quinientos cuarenta mil espectadores para cada uno: cifra que no suelen superar los largometrajes argentinos estrenados en salas cinematográficas a lo largo de un año. Extraordinariamente, son dos o, a lo sumo, tres realizaciones por año los que logran superar esa cifra de espectadores.

Esta especie de juego especulativo sobre las potencialidades que ofrece el nuevo marco legal audiovisual argentino respecto de la exhibición de la producción nacional en las pantallas televisivas cumple el rol de cimentar sólidas esperanzas en que el enorme talento, la poco comparable y reconocida creatividad de nuestros realizadores, pueda por fin eludir el *cuello de botella* que significa la concentración de las instancias de distribución y exhibición cinematográficas, y de esa forma reencontrarse con un público masivo, como hace seis décadas que no sucedía.

Por supuesto, a este juego hay que sumarle las distintas regiones del país: la duplicación de público descripta se recorta sólo con el pronóstico más pesimista posible a los cinco canales de aire del AMBA.

La LSCA promueve además el surgimiento de nuevos canales de TV abierta en todo el país. El inmenso territorio nacional, octavo en extensión en el concierto mundial, contaba hasta la actualidad con tan sólo cuarenta y cuatro canales de aire. La provincia de Catamarca, ninguno. Sólo ocho ciudades cuentan con más de uno. Las últimas licencias de TV abierta se entregaron en 1968. Toda una *política de Estado* al servicio de la TV paga. Por eso, no debe extrañar a nadie que la Argentina sea uno de los tres países de América más

---

[7] *Ratings del día martes 25 de junio de 2013:* www.television.com.ar

cableados. Si bien no hay estadísticas confiables, se estima que la penetración de la TV paga en Argentina —servicios de cable y satelital— hoy supera largamente el 65% de los hogares.

Esta promoción de la instalación de nuevos canales de aire, con titulares diversificados —públicos y privados con y sin fines de lucro—, que forma parte del espinazo de la LSCA, se enmarca de manera perfecta con las posibilidades que ofrece la digitalización de las transmisiones, ya que el menor uso de ancho de banda —dividendo digital— es utilizado en beneficio de la multiplicación de canales.

Como se describe en la primera parte de este artículo, estamos en los umbrales de una transformación radical de los modos de ver televisión en todo el país. La utopía comunicacional de la cobertura total del territorio está por primera vez en nuestra historia al alcance de la mano.

En este contexto, en un plazo relativamente corto, la producción del cine argentino estará en condiciones de alcanzar cifras hoy impensadas de espectadores. Pero además, con la calidad de recepción que le confiere la TV digital de alta definición (HD) y de forma gratuita.

Financiamiento complementario para el cine nacional

El artículo 67º de la LSCA no sólo significa, como destacábamos más arriba, la multiplicación de pantallas y la recuperación de un público masivo en todo el país para el cine nacional. También implica una nueva vía de financiamiento complementario al del INCAA. Ya que los derechos de antena para los canales de aire y las señales audiovisuales nacionales y extranjeras que incluyen en su programación un porcentaje superior al cincuenta por ciento de películas deben ser adquiridos antes del comienzo de los rodajes, por lo cual los convierte poco menos que en coproductores de los filmes.

El Decreto Nº 1225/10[8], reglamentario de la LSCA, especifica la aplicación del artículo 67º, indicando en qué horarios se deben exhibir los filmes, còmo programar sus estrenos a lo largo del año y cómo se deben ser abonados esos derechos de antena:

---

[8] *Decreto Nº 1225/10*: www.afsca.gob.ar

Artículo 67º.- Las películas de largometraje y los telefilmes nacionales podrán ser de ficción, animación o documentales.

Deberán exhibirse en la franja horaria existente entre las 21.00 y las 23.00 horas del día de estreno.

Los licenciatarios deberán distribuir los estrenos en igual proporción en los CUATRO (4) trimestres del año calendario. Cuando en UN (1) un trimestre se supere esa proporción, las diferencias se podrán compensar en el o en los trimestres sucesivos del mismo año calendario.

Cuando el licenciatario haga uso del derecho a compensación, deberá estrenar al menos una película por trimestre.

A los fines de facilitar la adquisición de los derechos de antena, el INSTITUTO NACIONAL DE CINE Y ARTES AUDIOVISUALES –INCAA– creará un registro de películas nacionales y telefilmes en condiciones de ser adquiridos, el que será publicado en su página web en tiempo real.

La adquisición no se podrá pagar en especies ni a través de canjes por espacios publicitarios. Deberá consistir en aportes dinerarios pagados durante la producción de la película o telefilme.

Los licenciatarios deberán informar a la Autoridad de Aplicación el cumplimiento de la obligación establecida en el artículo 67º de la Ley Nº 26.522 detallando el listado de obras audiovisuales adquiridas y el precio pagado por cada película o telefilme, acompañando el correspondiente contrato de adquisición.

Las productoras de las películas y telefilmes deberán reservar para si la titularidad de al menos el CINCUENTA Y UNO POR CIENTO (51 %) de los derechos de autor y de los derechos de comercialización sobre la obra audiovisual.

En caso de coproducciones con otros países, el porcentaje indicado se aplicará sobre la parte argentina de la coproducción.

Los derechos de antena se otorgarán en forma exclusiva hasta el estreno televisivo de la obra audiovisual.

Las obras adquiridas de conformidad con lo dispuesto en el mencionado artículo 67 podrán ser exhibidas en el canal creado por Resolución INCAA Nº 2589 del 27 de noviembre de 2009, en forma no exclusiva, sólo para el territorio argentino, una vez transcurrido el plazo de DOCE (12) meses a contar desde la fecha de su estreno televisivo.

Los licenciatarios sólo podrán exhibir las obras audiovisuales en el servicio o señal para el cual fueron adquiridas.

Los derechos adquiridos no podrán ser transferidos a otros licenciatarios.

A los fines de la determinación de la facturación bruta anual del año anterior, deberá estarse a lo dispuesto en el Título V, Gravámenes, de la Ley Nº 26.522.

Debe destacarse que el financiamiento por la compra de derechos de antena previa a la filmación implica una inversión de riesgo por parte de los directivos de los canales y señales audiovisuales[9]. Es muy fácil comprar éxitos de taquillas en las salas cinematográficas. Cualquier programador de TV hubiese aconsejado adquirir los derechos de transmisión de *El secreto de sus ojos*, sobre todo después de saber que más de dos millones de espectadores concurrieron a verla en salas de todo el país.

También reglamenta el período que debe transcurrir para que los filmes alcanzados por esta operatoria puedan ser estrenados posteriormente en todo el país a través del canal de TDA *INCAA TV*, que permitirá el acceso de los habitantes de todas las regiones a las películas que no hayan sido adquiridas para su exhibición por los canales de cobertura local.

De esta manera, se estaría garantizando un flujo constante de estrenos de cine argentino en la TV abierta –analógica y digital–, con sus diversas áreas de cobertura, en los servicios pagos a través de las señales audiovisuales nacionales y extranjeras distribuidas y en todo el territorio nacional, a través del canal público de cine incluido en la plataforma TDA.

El cambio de paradigma comunicacional

Somos contemporáneos de un cambio profundo del paradigma comunicacional en la Argentina, tras el predominio ideológico del neoliberalismo que se extendió durante tres décadas.

El compromiso presupuestario del Estado volcado a la producción audiovisual, pero también a la incorporación de las nuevas tecnologías de la comunicación, directrices innegociables de las reverdecidas Políticas Nacionales de Comunicación (*PNC*), hoy presenta un panorama absolutamente distinto respecto de la inclusión de las masas en los consumos culturales. Situación sólo comparable con la democratización cultural de raíz producida en la década posterior a 1946.

Una de las lecciones que nos dejó la aplicación sistemática de políticas neoliberales es que, cuando la incorporación de nuevas tecnologías de la comunicación y la información (*Tic's*) son dirigidas con criterios del *mercado*, el

---

[9] *Ley* 26.522, artículo 4°: Definiciones.

resultado es mayor exclusión para los más y superposición de consumos para los menos. La brecha entre los que acceden y los que no –como en general sucede con todos los bienes y servicios– se agiganta, confiriéndole características estructurales a las diferencias.

Cuando es el Estado el que toma las riendas de la conducción de estos procesos de innovación tecnológica y de incorporación de nuevos formatos y hábitos de consumos culturales, aun con los errores comprensibles en la aplicación de las políticas, hay garantías de que operen en sentido igualador y democrático.

En poco tiempo más, cuando los argentinos recordemos cómo durante treinta años se segmentó el consumo cultural, se excluyó a las clases populares del acceso a esos bienes y se mercantilizó hasta el hartazgo todo el espacio audiovisual, posiblemente creamos que se trató de una pesadilla absurda. Tan absurdo como hoy ya nos resultaría tener que concurrir a una pizzería para poder ver un partido de fútbol por televisión.

Transformación de las relaciones sociales y la política en la era digital. Experiencias venezolanas en redes

Oliver Reina[1]

Abordar temas tan dinámicos como las implicaciones de la revolución científico-tecnológica y las redes sociales con soporte informático siempre resulta un reto, particularmente en cuanto son muy diversos los estudios en la materia y muy amplias las dimensiones desde las cuales ésta se puede abordar. Así, el presente trabajo se plantea acercarse a las cada vez más omnipresentes nuevas tecnologías de la información y comunicación (NTIC) y sus implicaciones en la vida cotidiana, definiendo nuevos parámetros desde los cuales los sujetos fijan sus formas de convivencia, las maneras con las que entretejen nuevas relaciones sociales –con la resemantización de la política en primer plano– y las perspectivas ante los nuevos escenarios que emergen de la reconfiguración de la realidad social.

En este recorrido además nos acercaremos al caso venezolano desde una doble articulación: tanto desde proyectos implementados desde un soporte comunitario (proyectos en zonas remotas para la alfabetización tecnológica y la promoción del uso liberador y productivo de las redes informáticas) como desde formas de comunicación alternativas (promoción del acceso y uso de redes informáticas en la reconfiguración de la política nacional), expresiones que sumadas dan continuidad a la sostenida lucha entre las manifestaciones tradicionales del poder y las emergentes del contrapoder. Esa

---

[1] Sociólogo (Universidad Central de Venezuela), Maestrante de Comunicación Social (Universidad Central de Venezuela). Docente Investigador (Universidad Bolivariana de Venezuela y Universidad Católica Santa Rosa). Investigador del Centro de Investigaciones Sociales Carlos Enrique Marx (CISCEM). Actualmente desempeña investigaciones para instituciones estatales en el diseño de políticas públicas, de educación crítica para los medios y de derecho comparado en el área de la comunicación.

lucha, a ratos encarnizada, ha tenido y sigue teniendo como punto de inflexión la confrontación de los muy contrapuestos intereses entre quienes desean mantener concentrado el poder y quienes promueven a capa y espada su democratización.

Expositivamente, el trabajo sigue el siguiente orden: en lo general, 1) el despliegue de tecnologías informáticas y sus impactos en la redefinición del sujeto y de las relaciones sociales; 2) la naturaleza y perspectiva de las nuevas relaciones sociales, especialmente las relacionadas con la política y sus implicaciones sociales; y 3) las perspectivas ante los nuevos escenarios emergentes. En las particularidades venezolanas abordaremos, 1) proyectos asociados a NTIC y redes informáticas desde plataformas comunitarias (caso NUDETEL); 2) despliegue asociado a NTIC y redes informáticas desde plataformas alternativas (caso redes sociales y gobierno electrónico); 3) conflicto de poderes y lucha política desde las NTIC y las redes informáticas, como formas emergentes de expresión de lo político.

Consideraciones generales respecto de las NTIC, las redes informáticas y sus implicaciones en la redefinición del sujeto y de las relaciones sociales

1. Tecnologías informáticas y sus impactos en la vida particular y social

Imbuidos como estamos en la vorágine que algunos han dado en llamar la *sociedad de la información*, la vida social se encuentra en proceso de trasformación como consecuencia de la casi omnipresencia actual de las tecnologías de información y comunicación y muy particularmente, de las tecnologías informáticas. Las comunicaciones en tiempo real, hacia espacios ilimitados, sobre soportes multimedia, conjunto que busca dibujar un escenario de mayor comunicación, se encuentran con un gran dilema por delante: suele suceder que esa comunicación, en la misma medida que expande mediáticamente, se contrae humanamente.

Vivimos tiempos de muchas paradojas. La primera de ellas es que hoy coexisten las condiciones técnicas efectivas para garantizar globalmente y como nunca antes la comunicación amplia entre todas y todos los sectores sociales, pero también vivimos una era de una altísima incomunicación personal producto del ensimismamiento que en alguna medida es también una consecuencia de las mismas tecnologías. La segunda, que el uso de la tecnología necesaria para garantizarse un espacio en las formas de comunicación con soporte informático tiene un condicionamiento originario, que reposa en la capacidad de acceder a las mismas, ya a través de su compra, ya a través de servicios privados o públicos, lo que en la práctica termina siendo una primera razón desde la que se excluye precisamente a quienes ya se encuentran socialmente excluidos y, en tanto tal, quienes están más necesitados de comunicación. La tercera, que una vez logrado el acceso a la tecnología, ello no representa necesariamente un proceso de democratización, debido a que es precisamente el tipo de uso dado a las tecnologías lo que determina su impacto real. Una cuarta la observamos en los contenidos: a pesar de los bien intencionados esfuerzos por diversificar su tipo y forma, aún existe lo que pudiéramos denominar un monopolio ideológico en la producción y el uso, derivado de la aceptación de algunos contenidos sobre otros que realizan algunos usuarios, lo que en buena medida sucede por ajustarse a los parámetros hegemónicos, que no son otros sino los que rinden tributo a los modelos de dominación y que por su propia naturaleza promueven ideológicamente su preservación.

Al respecto, Silva nos señala que:

> El sistema de la dependencia actuaba sabiamente: junto a la enajenación material, fue formando en las mentes la enajenación ideológica: siempre dispuesto a traicionar cualquier impulso subversivo y siempre al servicio del capital material. Junto a la plusvalía material que era extraída de la fuerza de trabajo, el sistema de la dependencia fue formando progresivamente un mecanismo de producción de *plusvalía ideológica*, mediante el cual la parte no consciente de la energía psíquica de las gentes pasa a formar parte del capital ideológico imperialista, a sustentarlo, a preservarlo y a perpetuarlo.[2] (Cursivas en el original.)

---

[2] Silva, Luduvico (2009): *El sueño insomne: la televisión según Ludovico Silva*. El perro y la rana, Caracas.

Esta discusión de la hegemonía ideológica, la construcción de mensajes-mercancías[3] y su despliegue mediático monopólico en el marco de la crisis actual del sistema capitalista, es complementado por Daniel Hernández al señalar que:

> Estos monopolios mediáticos han desarrollado un gigantesco sistema de difusión de valores que determina en buena medida la orientación y contenidos que dan forma a las prácticas sociopolíticas y socioculturales de la actual sociedad. Asistimos a una etapa extraordinariamente compleja en la que coinciden una de las crisis más aguda, profunda y sistémica del capitalismo, que ha tornado a los grupos imperialistas mucho más agresivos ante la agudización de sus crisis y la amenaza a su hegemonía que representa el resurgimiento de las luchas de los pueblos del mundo, encabezados por la Revolución Bolivariana[4].

Como se asoma, una breve aproximación deja al descubierto un tinglado de paradojas que colocan cuesta arriba la posibilidad de considerar a ésta como la *sociedad de la información*. Existen las condiciones y pudiera serla, sí, pero las condiciones concretas parecen apostar en contra de ello, dejando al descubierto intereses más poderosos y a la vez menos democratizadores que se integran para obstaculizar nuevos parámetros posibles para el acceso, uso y producción de mensajes. Los estados asumen en muchos países medidas desfavorables para quienes intentan nuevas opciones que confronten la hegemonía comunicacional comercial y sus reglas de juego, las cuales se trasladan casi mecánicamente desde los medios radioeléctricos e impresos a los medios con soporte informático y las redes sociales. Señalaremos a continuación sólo algunas de estas reglas que se han tornado hegemónicas en el discurso dominante.

Espectacularización: una estrategia utilizada indistintamente por las TIC, las NTIC y las redes informáticas, consiste en presentar lo que se pretende informar o vender de una manera espectacular, enfatizando en sus formas y

---

[3] Silva también señala que los mensajes son comprendidos como mercancías para ser intercambiadas en el "mercado lingüístico", obteniendo con ello una ganancia en forma de *plusvalía ideológica*, reflexión soportada en la teoría marxista y desarrollada por el autor para referirse a los procesos de alienación cultural a los que se ven sometidos los sujetos sociales en el mundo contemporáneo. Silva, *op. cit.*

[4] Hernandez, Daniel (2010): *Ensayos críticos sobre comunicación, Vol.2*. Fondo Editorial Mihail Bajtin, Caracas.

muchas veces otorgando más importancia a tales formas que al propio fondo y con un carácter autorreferencial. Señala al respecto Debord:

> El espectáculo se presenta al mismo tiempo como la sociedad misma, como una parte de esta y como instrumento de unificación. En tanto parte de la sociedad, es expresamente el sector que concentra todas las miradas y todas las conciencias. Precisamente por estar *separado* este sector atrae la mirada engañada y la falsa conciencia; y la unificación que lleva a cabo no es otra cosa que el lenguaje oficial de la separación generalizada. El espectáculo no es un conjunto de imágenes, sino una relación social entre personas, mediatizadas a través de imágenes[5]. (Cursivas en el original.)

En este contexto, el debate se renueva: por un lado lo esencial, por el otro lo fenoménico como condición que permite emerger a la *falsa conciencia*. En la lógica espectacular, el primero sucumbe ante el segundo. Sigue explicando Debord que:

> Es allí donde el mundo real se transforma en simples imágenes, las simples imágenes se convierten en seres reales, en motivaciones eficientes de un comportamiento hipnótico. El espectáculo, como tendencia a *hacer ver*, a través de diferentes mediaciones especializadas, el mundo que ya no es directamente comprensible, suele encontrar en la vista el sentido humano privilegiado, como en otras épocas lo fue el tacto; el sentido más abstracto, el más mistificable, corresponde a la abstracción generalizada de la sociedad actual. Sin embargo, el espectáculo no es identificable a simple vista, ni siquiera combinado con el oído. Es lo que escapa a la actividad de los hombres, a la reconsideración y corrección de su obra. Es lo opuesto al diálogo. Allí donde hay *representación* independiente, el espectáculo se reconstruye[6]. (Cursivas en el original.)

La presentación y hasta la representación espectacular de los hechos se potencia desde la plataforma informática y las redes sociales. Posibilidades multimediáticas, estrategias hipervinculares, tiempo real, vulneración de los espacios… éstas y muchas otras características multiplican las posibilidades de espectacularización de los soportes informáticos, lo que sumado a la saturación de contenidos en forma de ráfagas incesantes de publicidades, propagandas,

---
[5] Debord, Guy (2008): *La sociedad del espectáculo*. La marca, Buenos Aires.
[6] Debord, Guy, *op. cit.*

farándula, especulaciones, rumores, falsas informaciones, exageraciones, tergiversaciones y, de manera marginal, alguna información casi siempre con una cierta orientación tendenciosa y algún contenido informativo. Resalta que cada uno de los adjetivos utilizados aplica a aquello que circula por la red, se trate de contenidos constructivos o destructivos. Evidentemente, en medio de esta tormenta de contenidos, el naufragio de lo importante o constructivo está a la orden del día.

Tendencia a la homogeneización de los gustos y pretensiones: una estrategia para garantizar el éxito de los modelos dominantes en la comunicación radioeléctrica e informática es lograr la homogeneización de los gustos y pretensiones, lo que se traduce en pingües beneficios para quienes apuestan por un efectivo control social para una mayor certeza en la planificación y aplicación de los contenidos. La batalla por estandarizar gustos y metas se vale de la existencia de un cuerpo social con una conciencia alienada a la que poco o nada importe sacrificar su identidad y asumirse oprimido, ello en pos de intentar alcanzar la tan ansiada como esquiva aceptación social. Sacrificar la identidad propia y asumirse como alguien ajeno de sí mismo para asumir un rol probadamente efectivo en el escenario social, conlleva una serie de costes y riesgos sociales importantes, pues imitar una identidad que no sólo es ajena sino que suele ser confrontada no implica que quien lo haga automáticamente sea aceptada o aceptado, abriendo una brecha donde en no pocas ocasiones el sujeto termina sacrificando su identidad para no ser nadie, claro está, dentro de la escala valorativa que ya hemos identificado como alienada.

Bloqueo de la reflexión y trastrocamiento del espacio-tiempo: el tráfago del mundo actual lleva a que tanto los tiempos para la reflexión sean cada vez más escasos como a que los espacios para ésta se encuentren cada vez más limitados. En el espacio de la web la situación no es tan disímil: espacio y tiempo se ven transformados y, si bien es cierto que el hiperespacio informático se dibuja como un espacio infinito, suele ser común que la reflexión termine perdiéndose ya sea entre frivolidades, ya sea entre sensaciones de pertenencia o de engaños de participación.

Si bien es cierto que en el espacio web es posible una mayor participación de sectores minoritarios, una comunicación más efectiva y rápida a través de correos electrónicos y chats y una ampliación de la presencia a través de redes sociales con soporte informático; la saturación de tiempos y temas, así como las participaciones fragmentadas y marginales ante el maremágnum de contenidos disponibles que crean y recrean la agenda diaria, propician un *intercambio* informativo en que la posibilidad de *ser* se subsume en un desenfrenado *hacer*. En este movimiento, las plataformas informáticas actúan alienando tanto a las relaciones sociales posibles como a la capacidad de abordar algunos temas con la seriedad y profundidad que algunos de ellos merecen, traduciéndose en una expresión de la alienación como sentido práctico.

Con los procesos reflexivos obstaculizados y en medio de un proceso abiertamente alienante, la comunicación se aferrará a mediaciones tecnológicas como huérfana de humanidad, dando espacio a otra paradoja de nuestra vida moderna: hoy, mientras se alardea de formar parte de un mundo interconectado, en la práctica humana las vidas se llenan de palabras en la misma medida en que se vacían de comunicación. Palabras que se aproximan más a una jerga vacía que a un mensaje firme, que son más una botella lanzada al mar que un mensaje directo, claro y efectivo. En definitiva, una comunicación que con demasiada y perturbadora frecuencia se aproxima más a una idea de incomunicación opresora que a una de comunicación liberadora, dificultando las posibilidades de avanzar cualitativamente en la liberación de las conciencias. Insiste en ello Silva al afirmar que:

> La existencia subjetiva de esa ideología en las masas ha sido -y va sin paradoja- el principal factor objetivo que ha frenado la participación de esas masas en muchos momentos revolucionarios decisivos. Y los revolucionarios que aún no han comprendido esto, son aún víctimas de esa misma ideología. Como en el fondo lo serían también si creyesen que de la noche a la mañana, con mítines y consignas, van a transformar radicalmente esa ideología sedimentada en las masas después de siglos[7].

Vulneración de la vida privada: soportado en lo anterior, los espacios públicos y privados se encuentran en una permanentemente deconstrucción y reconstrucción, en un proceso en el que las fronteras entre ambos tienden a diluirse y confundirse. La tendencia contemporánea a hacer pública la vida privada a través de las redes sociales con soporte informático, sumada a la de mediatizar la vida privada y difundirla principalmente a través de programación televisiva dedicada a revelar detalles de la vida íntima, tales como los llamados

---

[7] Silva, *op. cit.*

reality show o *talk show* (con su dificultad para definirse entre un producto profílmico –el que se ciñe a actuaciones inscriptas en un libreto– y uno afílmico –el que resulta completamente incidental, característico de los vídeos domésticos y de cualquier grabación no preparada–), los cuales se han vuelto muy populares en los últimos años, contribuyendo sobremanera a la dilución de esta frontera espacial, con sus correspondientes implicaciones sociales.

Respecto del género *reality show*, aplicables en alguna medida a los *talk show*, Fernando Andacht señala tres grandes características:

> En resumen, postulo tres dimensiones de sentido para analizar el atractivo comunicacional del subgénero del *reality show* Gran Hermano y sus variantes, para su audiencia global: a) *El golpe de lo real*: el apelativo indicial o *index-appeal* es la irrupción brutal e irreversible de indicios de lo real. Son signos contiguos al propio vivir de los participantes, quienes nacen como personajes de *sus hechos* ante las cámaras. El indicio incluye funciones excretoras, deseo sexual, llanto descontrolado, y hasta el pulso medido y graficado en pantalla o la intempestiva salida voluntaria de la casa (…) b) *La sugerencia de lo cualitativo*: la atracción icónica o *iconic-appeal* se basa en el aspecto cualitativo o icónico de la comunicación. Sugiere semejanzas y climas, lo que permite acceder a formas de expresión local más que nacional, a pesar del carácter estandarizado del *reality show*. La macdonalización del mundo televisivo no consigue apagar los sabores propios de cada comunidad donde el formato es producido y consumido. c) *la guía de lo simbólico*: la persuasión simbólica es el efecto de orientación ejercido por el símbolo. La guía consiste en instrucciones sobre cómo interpretar de modo genérico y adecuado lo que ocurre en la casa en palabras, gestos o secreciones humorales[8].

Naturaleza y perspectiva de las nuevas relaciones sociales: expresiones en la política

Los elementos que enumeramos en el apartado precedente comienzan a delinear cómo se produce una redefinición de la política y de qué manera las redes sociales con soporte informático potencian su resemantización y readecuamiento, replanteando sus tradicionales alcances y abriendo nuevos escenarios para su despliegue.

---

[8] Andacht, Fernando (2007): *El reality show: una perspectiva analítica de la televisión*. Norma, 2007.

La política ha visto trastocado su sentido orientado hacia la distribución y administración del poder social en la misma medida en que se han habilitado nuevos espacios de interacción y comunicación entre los responsables de funciones públicas y la sociedad a la cual se deben. Así, prácticas como el diseño de políticas, la consulta popular, el seguimiento de las funciones públicas y en general la mayor participación de la ciudadanía en los espacios que le competen, tienden cada vez más a ser permeados desde las tecnologías, con sus consecuencias derivadas. Algunos autores como Richard Davis señalan que la política está impedida de producir una verdadera democratización, en cuanto:

> 1) Ese conjunto de ciudadanos que con Internet participa ahora de manera mucho más enriquecida e intensa en la comunicación política y social, sigue siendo una minoría, probablemente coincidente con la misma minoría que por cauces tradicionales ya constituía el reducido *público atento* de nuestras artríticas democracias. 2) El porcentaje de esos internautas políticamente activos tenderá incluso a reducirse en medio del creciente conjunto de los navegantes incorporados al ciberespacio con fines puramente lúdicos[9].

Antes de proseguir, una necesaria salvedad: la transformación de la política significa incursionar en nuevas dinámicas de poder, llevando necesariamente a algún grado de confrontación entre el poder que ejerce la dominación y quienes aspiran ejercerla, lo que aplica también para el par que conforman quienes apoyan a un determinado poder político en ejercicio y a quienes lo rechazan. Las NTIC en general y las redes sociales con soporte informático en particular despliegan un abanico de posibilidades que desde el poder en ejercicio puede significar, por ejemplo, un frente para promover la participación ciudadana y las expresiones de cogobierno, para diseñar de manera más colectiva las políticas públicas, para promover el seguimiento de la gestión en aras de fortalecerla, para comunicar decisiones de Estado, para promover matrices de opinión orientadas a apoyar la gestión gubernamental y para abrir canales de comunicación directa entre las personas que ocupan responsabilidades públicas y quienes le eligieron, de una forma hasta ahora desconocida en la

---

[9] Citado por Dader, José Luis (2003): "Ciberdemocracia y comunicación política virtual: el futuro de la ciudadanía electrónica tras la era de la televisión", en *Comunicación política en televisión y nuevos medios*. Ariel, Barcelona.

democracia tradicional. Pero así como sirve al poder en curso, sirve también a las fuerzas que se le oponen, para organizar ataques sistemáticos contra las gestiones de gobierno, para organizar protestas con salidas tanto virtuales –mantenidas al seno de la propia red– como reales –las que se busca trasciendan el espacio de lo virtual y se traduzcan en movilizaciones de calle–, para fomentar matrices de opinión adversas al poder en ejercicio, para promover una función contralora con fines de denuncia y exposición de la incompetencia gubernamental, entre muchas otras formas de enfrentarse al gobierno de turno.

Sin embargo, ya sabemos que para que unas u otras puedan ejercerse, es necesario un preprerequisito fundamental: contar con el acceso a las tecnologías. Ello lo afirman aún quienes tienen una visión optimista sobre las posibilidades de inclusión y participación a través de Internet, como lo señala por ejemplo José Sanmartí:

> Internet sintetiza, pone en circulación todas estas ventajas del directo sin intermediación, gracias a lo cual ha originado «un espacio público global», el «ciberespacio», de alcance prácticamente mundial y con un número prácticamente ilimitado de agentes. Claro que lo que se universaliza deben ser los estándares, pero no los contenidos. Lo primero es la técnica, que permite la comunicación total e instantánea. Si la tecnología no se globaliza no hay comunicación integral (...)[10].

Y éste a su vez trae consigo una serie de limitaciones tales como la forma de su uso, los contenidos que por ellas circulan, las posibilidades de participación con condiciones favorables para la producción de contenidos y otros condicionantes, que fijan un clara realidad que podemos resumir en la siguiente tendencia: no basta con "tener" la herramienta, necesario es saberla utilizar.

El apogeo de las redes sociales, con el territorio latinoamericano como uno de los más feroces del mundo en ese sentido, ha dejado ver la importancia de este frente y su incidencia al seno de la política real, permitiendo además el surgimiento de nuevas vocerías que apoyen o contravengan a cualquier tendencia política.

---

[10] Sanmartí, José (2003): "Los nuevos agentes políticos en la comunicación televisiva", en *Comunicación política en televisión y nuevos medios*. Ariel, Barcelona.

Ciertamente, no es para nada nuevo este fenómeno que relaciona tecnologías con poder político (ya conocemos el papel histórico de las tecnologías y de su uso con fines bélicos, organizativos, propositivos, destructivos, difamatorios, etc.). La situación actual asume algunas particularidades novedosas que, dado su carácter emergente y su dinamicidad, justifica acercarnos a su análisis.

Las perspectivas ante los escenarios emergentes

Cuando se analiza lo hasta ahora expuesto y se mira con detenimiento cómo el condicionamiento de las tecnologías –y particularmente de las redes sociales con soporte informático– suele hacer el juego a una determinada concepción del mundo, surge una consideración fundamental: ¿cuál es la incidencia de los nuevos escenarios en la vida particular y cómo ellos inciden en la concepción general del mundo? ¿De qué manera las posibilidades tecnológicas comprometen la vida? Buscando estas respuestas, trataremos algunos ejemplos.

Una nueva generación: la generación del milenio

Aún están por verse en su complejidad y variedad las implicaciones personales y sociales que ha significado la emergencia de una *nueva* generación que han convenido en llamar *generación del milenio*[11] y que ha llevado hasta nuevos niveles aún desconocidos muchos aspectos importantes de su identidad, pero destacamos por su importancia e implicaciones sociales el fenómeno del culto a la personalidad. Tener un idea un poco más clara de estas

---

[11] Siguiendo un reportaje de Joel Stein publicado en la edición del 20 de mayo de 2013 en la Revista *Time* y titulado *Millenials: The me me me generation*, la generación que emerge actualmente y que desde el campo de la sociología, la antropología y la psicología han comenzado a convenir llamar como *generación del milenio* (nacidos aproximadamente entre 1980 y 2000), hereda las riendas de sus padres, quienes conforman la llamada Generación X (nacidos aproximadamente entre 1961 y 1980) quienes a su vez eran los hijos de los llamados *Baby Boomers* (nacidos aproximadamente entre 1943 y 1960). Cada una de estas sucesivas generaciones ha significado una superación a los límites de caracterización de su identidad que alcanzaron sus antecesores.

implicaciones podría abrir un camino que permita encontrar algunas determinaciones y, desde ellas, algunas explicaciones sobre la relación trenzada entre las tecnologías y los rasgos de personalidad emergentes.

En medio de un proceso caracterizado por una creciente fetichización atada a procesos tecnológicos expansivos, se consolida una idea que, sin ser nada nueva, da soporte al capitalismo aún hoy día: la idea de la posesión por la posesión en sí misma, sin menoscabo de su incidencia concreta en la transformación y desarrollo de la vida social. Ello, en el campo de las ciencias sociales, no es más que la prolongación de la pregunta de la Escuela de Frankfurt y sus estudios culturales, específicamente de la pluma de Erich Fromm: ¿tener o ser? La respuesta a esta interrogante conduce irremediablemente hacia un sujeto que termina siendo en la medida que tiene la tecnología pero, en realidad, termina siendo tenido por ella. La situación se agudiza en tanto que los desarrollos tecnológicos, y su incorporación a los objetos fetiches, crean artefactos sofisticados que terminan siendo subutilizados en su potencial de una manera inversamente proporcional a como son sobreutilizados en su capital simbólico.

En una expresión apenas cónsona con la fase neoliberal del capitalismo contemporáneo, hoy se produce una exacerbación del yo como referente que apunta simultáneamente hacia el *qué* ser y el *cómo* ser, en un proceso abierto y continuo de promoción del sí mismo, apalancado en el acceso y uso de las redes informáticas. Presentaremos a continuación algunos casos específicos que reflejan esta situación.

A las primeras señales de transformación de la manera de compartir lo que se piensa o hace soportadas sobre redes informáticas como Facebook o Twitter, siguieron aplicaciones como Foursquare o Placeme, diseñadas específicamente para aportar información sobre lugares visitados, siendo una herramienta que permite recabar información no sólo de aquello que los usuarios decidan compartir respecto de los sitios que visitan y *guiar* con estos datos a otros usuarios, sino que ofrece un menú pormenorizado de patrones de comportamiento a través de la recopilación de información sobre costumbres y hábitos que facilitan el seguimiento de rutas y tendencias que pudiera comprometer inclusive la seguridad tanto de quienes ofrecen información sobre las actividades regularmente realizadas como de quienes con ellos conviven, pues cuando se indica que alguien está en un determinado lugar, significa que no está en otro como por ejemplo su hogar o trabajo, pudiendo comprometer con ello la integridad de terceros.

Un segundo ejemplo de cómo las plataformas contemporáneas se inmiscuyen en la más profunda intimidad de los sujetos es el sitio web www.fitbit.com, el cual se compromete a sistematizar información sobre la salud del interesado a través del seguimiento pormenorizado de patrones de alimentación, indicadores de peso, consumo calórico, patrones de actividad física, ciclos de descanso y sueño y otros indicadores similares que permitan "mostrar una imagen global de tu evolución a lo largo del tiempo", los cuales se pueden hacer públicos y, en tanto tales, permiten compartir detalles que también se traducen en una abierta revelación de patrones de vida.

Mención aparte merece la página www.23andme.com, al ir mucho más allá en la intromisión en los espacios privados. Dicho sitio ofrece analizar información genética suministrada por el usuario para crear un perfil de salud y tratamientos médicos personalizados, analizando condiciones hereditarias que pudieran significar alteraciones en su salud, realizar un seguimiento de la composición cromosómica de sus ancestros como información que pudiera hacerse pública a voluntad, dando un salto aún mayor al ofrecer la realización de "actualizaciones en tu ADN a medida que avanza la ciencia". Como se observa, el nivel de intromisión y de potencial peligrosidad de páginas web como ésta en la vida social está por observarse, pues sin referencias previas que permitan compararle y con un potencial tanto positivo como negativo, todavía está por conocer, queda pendiente examinar cómo puede materializarse el compromiso de aportar elementos tanto en el sentido positivo respecto del compromiso con el mejoramiento de la salud de los interesados, como en el sentido negativo al ser el potencial germen de nuevas exclusiones, prejuicios y estigmas que terminen "determinando" biológicamente a un sujeto dentro de su grupo social.

Estos ejemplos apenas asoman un escenario por venir. La creciente transformación de la percepción de sí mismo, de las relaciones sociales en el marco del capitalismo neoliberal exacerbado y del imperio de las tecnologías de información y comunicación emergentes, arrastra consigo una serie de derivaciones y consecuencias personales y sociales. Los límites de lo que desde la psicología han comenzado a definir como *la epidemia narcisista* no hacen más que expandirse y sus nuevas fronteras e implicaciones están apenas por conocerse, abriendo todo un mundo de expectativas de los sujetos hacia sí mismos pero muy particularmente hacia los demás. La ya importante necesidad de aceptación social parece serlo más para la *generación del milenio* y hoy las condiciones para esta aceptación son cada vez más remotas, ya por la imposibilidad económica para hacerse con herramientas tecnológicas necesarias para mediar la comunicación y, por tanto, para promover la participación en las redes sociales; ya por la elevada tasa de expectativas creadas que son cada vez más difíciles de alcanzar y, por tanto, que terminan generando niveles elevados de insatisfacción consigo mismo, proyectando tal inconformidad hacia los demás.

Por otra parte, el riesgo implícito en la circulación de datos personales, que siguiendo nuestros ejemplos van desde las rutinas de comportamiento hasta la información genética de nuestros antepasados, deja entrever una posibilidad de poner fin a la intimidad tal como la conocimos y vivimos hasta hace muy poco tiempo. Y es que, desde la que pudiera denominarse una concepción apocalíptica de Reg Whitaker:

> Las nuevas tecnologías de la información han prometido muchas cosas, y han abierto incluso un nuevo universo paralelo: el ciberespacio. Tal universo paralelo es apasionante, pero también puede ser un espacio amenazador: oscuras torres de datos que generan el horizonte, en posesión de sombrías réplicas distorsionadas de las personas, réplicas que pueden poner en peligro a las personas reales, o ridiculizarlas en sus vidas cotidianas. Se trata de un mundo alienado, en el que los frutos de nuestra invención pueden volver para atormentarnos[12].

Las particularidades nacionales

En toda la región es una tendencia la incorporación de políticas comunicacionales de Estado asociadas a soportes informáticos y especialmente a las redes sociales, lo que en el caso venezolano se ha traducido en la necesidad de adecuar el marco jurídico vigente, lo cual se logró a través de la reforma a la Ley de Responsabilidad Social en Radio y Televisión (Ley RESORTE vigente desde 2004) para incorporar elementos específicos para los Medios Electrónicos (Ley RESORTEME, reformada en 2011). Desde esta realidad, examinaremos algunas características de las políticas, dividiéndolas entre

---

[12] Whitaer, Reg (1999): *El fin de la privacidad: cómo la vigilancia total se está convirtiendo en realidad*. Paidós, Barcelona.

aquellas asociadas a proyectos de comunicación comunitaria, en elementos emergentes particulares de carácter alternativo y en los conflictos de poder y lucha política soportadas en NTIC y en redes informáticas.

Proyectos de NTIC y redes asociados a plataformas comunicacionales comunitarias

A lo largo y ancho del continente, a pocos temas se ha dedicado tanto tiempo y discusiones en la región como a la democracia y su implicación aparentemente gemela, la democratización. En otra abierta paradoja, una y otra no conllevan necesariamente una interrelación aun a pesar de sus raíces comunes y de tratarse, la primera de ellas, de los procesos de toma de decisiones políticas, aceptada como el común denominador deseable de dirección política; mientras que la segunda se dedica a caracterizar el proceso mediante el cual se debe velar por el despliegue práctico de la primera, lo que no siempre sucede. Abordaremos con mayor detalle este último aspecto desde distintas razones, algunas de ellas desarrolladas a lo largo de este análisis.

Uno de los mayores riesgos que se corren —y de los errores que se cometen— al momento de abordar el tema de la democratización consiste en tratar indistintamente acceso con uso, lo cual es moneda común en nuestras sociedades cruzadas por una idea de propiedad que entroniza el capitalismo. La idea del acceso como condición suficiente para la democratización se vincula estrechamente con la idea según la cual la tecnología se basta por sí misma para alcanzar una genuina comunicación. Toda aproximación taumatúrgica a la tecnología trae consigo el riesgo de hacer creer que consigo misma se basta; herencia de cómo se ha colonizado el imaginario desde el capital haciendo creer que *tener* algo es condición suficiente para hacerse con ese *algo*.

Hecha esta salvedad, nos aproximaremos a analizar una experiencia de política pública orientada hacia la democratización en el acceso y uso de internet, específicamente en comunidades rurales e históricamente excluidas no sólo en materia de NTIC y redes informáticas sino en muchos otros aspectos. Será objeto de nuestra reflexión el analizar el referido proyecto como una política orientada a la democratización en su sentido más genérico, observándola como proceso tecnológico signado por particularidades educativas, culturales, políticas y ambientales.

Breve explicación del proyecto

El proyecto de conformación de Núcleos de Desarrollo Endógeno en Telecomunicaciones (NUDETEL), plantea la conformación de espacios orientados a promover nuevas dinámicas sociales desde soportes tecnológicos radioeléctricos e informáticos, con el objetivo primordial de utilizar dichas tecnologías para el estrechamiento de los vínculos intersubjetivos y el fortalecimiento societal de los lazos comunitarios. Esta definición se logró matizar a través de un intenso trabajo social diferenciado, adaptado a cada experiencia y respetando las particularidades culturales, ambientales y políticas de cada una de las comunidades –algunos de los proyectos se desarrollan en muy apartadas comunidades indígenas–. La sistematización de estos procesos de aprendizaje permitirá implementar cada vez más eficiente y contundentemente los proyectos planificados a futuro.

Desde la identificación de una comunidad rural con escasa o nula presencia de plataformas y redes informáticas y la ubicación de un inmueble dispuesto a conformidad del proyecto, el Estado nacional y los gobiernos regionales o locales proceden a dotar a esta infraestructura de los recursos tecnológicos necesarios, los cuales incorporan una emisora radial comunitaria, una sala de videoconferencia y reuniones, telefonía e internet –ambos por vía convencional o satelital, dependiendo de la ruralidad de la zona–, servidores, computadores y demás herramientas informáticas que, articuladas en un espacio físico de usos múltiples, facilitan el logro de la principal pretensión del proyecto: la profundización de la integración comunitaria, el fortalecimiento de lazos sociales orgánicos y, en general, coadyuvar a que la organización comunitaria, en un proyecto integral que, al tiempo que promueve la recreación y el fortalecimiento de las relaciones sociales, busca estimular y rescatar la convivencia comunitaria, los proyectos sociales de cada zona en particular, los procesos socioproductivos que en ellas se desarrollan y muy especialmente la comunicación humana, la cual sería diversificada a partir del acceso y uso de las tecnologías para la comunicación mediatizada. Reiteramos: el eje es siempre la comunicación directa e interpersonal, siendo las plataformas tecnológicas puestas a disposición meras herramientas que facilitan y hacen florecer –o dificultan y marchitan– las relaciones interpersonales, principal razón de ser del proyecto.

Las relaciones personales que se buscan estrechar desde este proyecto tienen al menos dos expresiones. Por un lado, a través de un proceso de socialización y acercamiento a la tecnología se promueve la construcción de nuevos contenidos relacionados con los modos de convivencia de cada sociedad particular, en un proceso de desarrollo de contenidos con difusión a través de señales radioeléctricas y de contenidos web, siempre acordes con las especificidades comunitarias. La segunda, que desde estos espacios de encuentro interpersonal se desarrollen contenidos de interés social que sean orientados y ejecutados por los propios sujetos que utilizan y se apropian de los servicios, abriendo una posibilidad de construcción de mensajes que respondan directamente a las necesidades particulares y locales, en un proceso que lucha por el rescate de la identidad y de los propios intereses.

Retos del proyecto

Dos retos de suma importancia se han encontrado durante la ejecución del proyecto NUDETEL. El primero de ellos es la lucha por lograr que cada comunidad se preocupe en utilizar las herramientas para fortalecer su identidad y satisfacer sus necesidades de producción y consulta de informaciones, en medio de la conocida saturación de contenidos que tienden no sólo a dispersar sino fundamentalmente a negar los esfuerzos locales emancipatorios en esta materia. Ha sido una lucha en algunos casos encarnizada, debido a la imposición práctica de un determinado uso de las redes informáticas como el *deseable* o el *lógico*, demostrando en la práctica la imperiosa necesidad de acompañar la formación en el acceso de las tecnologías con talleres de formación sociopolítica sobre las perspectivas y posibilidades emancipatorias que se encuentran potencialmente en su uso liberador.

El segundo de los grandes retos estriba en las posibilidades de sustentabilidad del proyecto. Sus primeros pasos sólo los podían dar en la medida que se aportara a un capital semilla, no retornable, con la esperanza que a través de la gestión colectiva de una organización productiva organizada como cooperativa local, garantice los servicios a la comunidad a precios que estén por debajo de los costos de mercado y que, por tanto, faciliten el acceso de la colectividad a las herramientas tecnológicas. Para ello, se brinda a las cooperativas administradoras talleres formativos en materia de organización, administración y prestación de servicios, en procura de aumentar las posibilidades de sustentabilidad de cada experiencia local.

Devenir del proyecto

La experiencia implementada desde el año 2005 permanece activa en medio de importantes dificultades por los dos retos señalados. El papel de *padrinazgo estatal* que se calculaba necesario originalmente sólo para la etapa de lanzamiento del proyecto ha debido mantenerse en forma de subsidio debido a las apremiantes dificultades económicas derivadas del cobro de los servicios prestados por debajo de los precios de mercado. Igualmente, la insistencia respecto de un uso de las tecnologías acorde con los objetivos planteados sigue siendo una deuda pendiente a los fines de defender los intereses y cultura locales y limitando los mensajes opresores y alienantes.

El compromiso original del proyecto sigue vigente y la lucha por mantener el espíritu de la comunicación humana utilizando para ello a las redes y las tecnologías como lo que son, herramientas para la comunicación, sigue pendiente de masificarse. Aplicar los correctivos aprendidos con la experiencia es asunto de primera importancia para aportar a la continuidad y expansión del proyecto y, por tanto, para continuar apostando por la emancipación de los pueblos.

Proyectos de NTIC y redes asociados a plataformas comunicacionales alternativas: herramientas informáticas, redes sociales y gobierno electrónico

Venezuela se ha caracterizado históricamente por ser uno de los países con mayor consumo de tecnologías de punta en la región, en buena medida por una suma de factores económicos –el país registró ingresos per cápita superiores a los 12.000 dólares en 2012– y especificidades culturales, con un imaginario social cruzado por referentes de estatus, por un apego a la tenencia y un uso de bienes suntuarios, herencia de la renta petrolera y de las lógicas sociales y societales que dicha peculiaridad promueve.

Esa suma conlleva a que la tenencia de tecnología de avanzada[13] sea una peculiaridad nacional, aun cuando en su inmensa mayoría estas tecnologías

---

[13] Según cifras de la consultora Flurry Analytics, en Venezuela se incrementó en 182% el número de *smartphones* y *tablets* entre enero de 2012 y enero de 2013, representando el 9° mayor creci-

dependen de la importación de bienes. Otros indicadores resultan reveladores de este estado de cosas, de los que destacaremos apenas un par: 1) la importancia de Venezuela en el mercado tecnológico internacional se mantiene elevada, debido al poder adquisitivo y el PIB nacional, y aun a pesar de las desventajas que para dichos consorcios significa la política de control de cambio del Estado, decisión implementada en Venezuela y otros países de la región con el fin de defender las economías nacionales ante la fuga de divisas; 2) el masivo crecimiento en el acceso a internet alcanza importantes cifras regionales[14] que han facilitado el uso de redes sociales y legitimado tanto su uso generalista como su uso político, facilitándose la creación de matrices opináticas y tendencias ideológicas por parte de voceros políticos y de militantes de cualquier ideología. Desde el sector gubernamental, las redes sociales han asumido un importante papel en la práctica de la política real, convirtiéndose en un espacio para la difusión de anuncios y la promoción de políticas, por citar sólo dos ámbitos de acción. Capítulo aparte en este tema merece el papel que jugó el presidente Chávez en la red social Twitter, tanto en la difusión de políticas públicas como en la promoción de la contraloría social y en el crecimiento exponencial de los usuarios de esa red de *microblogging* en particular.

Respecto de las formas de gobierno electrónico, el Estado venezolano ha venido incorporando herramientas informáticas de primer orden para optimizar trámites administrativos, procesos burocráticos, para incorporar oficinas virtuales de atención al ciudadano, para procesar sugerencias y denuncias y más recientemente, para publicar información respecto de los proyectos en sus fases de planificación, ejecución financiera y física y compromisos de culminación a los fines de promover un efectivo proceso de contralor popular.

---

miento del mundo y el 3° de la región, superado sólo por Colombia ý Chile que crecieron en el periodo 278% (1° del mundo) y 209% (6° del mundo) respectivamente. (Estadísticas consultadas en http://www.flurry.com/flurry-analytics.html el 01 de julio de 2013.)

[14] Según la Comisión Nacional de Telecomunicaciones de Venezuela, CONATEL, en el año 2012 el porcentaje de usuarios del servicio de Internet se ubicó en 42,17%, cerrando en el 6° lugar de la región, luego de la Argentina, Uruguay, Chile, Paraguay y Colombia. (Estadísticas consultadas en http://www.conatel.gob.ve/files/Indicadores/indicadores_2011_anual/usuarios_entidad_por_cada_100_habitantes13.pdf el 01 de julio de 2013.)

A modo de conclusión: cambios, perspectivas y posibilidades en la era digital

La sociedad está cambiando, a veces a pasos agigantados. Las relaciones sociales, desde las de mayor intimidad hasta las más abiertas a consideraciones colectivas, se han transformado de forma aparentemente irreversible. Un mundo digital aún emergente se encuentra en permanente renovación y reconstrucción, coexistiendo con el dominio de lo "analógico" y apuntando a su esencia. La esencia y su expresión fenoménica, dimensiones complementarias, interactúan en los espacios sociales y le obligan a reexaminar sus dominios y alcances, las categorías que le definen y los procesos desde los cuales se despliegan, en un proceso abierto y en desarrollo que muy lejos está de llegar a su fin.

Desde el optimismo más deslumbrador hasta el pesimismo más abrumador, el crisol de opiniones sobre el futuro de asuntos tan fundamentales como la concepción de sí mismo y las relaciones sociales privadas y públicas, siguen aumentando los deslumbrados y los abrumados, así como los sectores que en medio de estas posiciones toman o no postura y siguen adelante con sus vidas, que como las de todos nosotros, también se transforman radicalmente –y en apariencia permanentemente– en la era digital.

En medio de ese tráfago, la política adquiere nuevas dimensiones y se obliga a replantearse. Desde sus expresiones en nuestra vida cotidiana, esas que se refieren a los espacios del micropoder, hasta las de más amplio alcance como la toma de decisiones por parte de los poderes públicos nacionales, en sus dominios se dibuja un escenario abierto y en constante reconfiguración. Nuevos modos de ejercerla, nuevas formas de interacción entre decisores y ciudadanía y nuevos espacios de confrontación y lucha se debaten día a día, muchas veces aprovechando los vacíos legales que aún existen en muchos países o buscando las brechas que pueden tener las legislaciones existentes.

Desde los afectos hasta la seguridad personal y nacional: todos los espacios están al alcance de las transformaciones sociales integrales que hemos señalado. Desde nuestra condición de participantes de las NTIC y las redes informáticas, estamos llamados a participar activamente en las reflexiones y debates, aún más cuando su desenlace tiene implicaciones directas en cada persona. Esta participación activa a la que nos referimos se mueve entre un genuino protagonismo y su apariencia, estando en pleno desarrollo y siendo totalmente vigente y pertinente como tema de estudio. En este devenir de las NTIC y de las redes sociales falta mucho por avanzar y, por tanto, por conocer. Allí está el camino, franco, posible: es nuestro compromiso continuarlo.

Encuentros

La sección de entrevistas, habitual en nuestras publicaciones, contó en esta oportunidad con la coordinación de Hugo Lescano, realizador cinematográfico y miembro de nuestro equipo. Los encuentros abiertos con productores, realizadores, directores de fotografía e investigadores cinematográficos, planificados para esta compilación, contaron además con el aporte de investigadores de nuestro grupo y tuvieron lugar en la Facultad de Ciencias Sociales. El intercambio de miradas y reflexiones acerca de las modificaciones sobre el trabajo, roles, materiales, economías y posibilidades artísticas que el medio digital brinda en el quehacer cinematográfico fue un objetivo central de las entrevistas. A modo de introducción a las mismas, incluímos a continuación el texto de Hugo Lescano.

Los editores

Desde una carroza digital a los procesos de producción.
Entrevistas y testimonios

Hugo Alfredo Lescano[1]

"Esperar la carroza" connota una idea de final y, concretamente en el caso del cine, la ansiada meta de llegar a la exhibición en las salas cinematográficas comerciales. Y a pesar de que en los últimos tiempos el cambio tecnológico de lo analógico a lo digital viene transitando su recorrido sin pausa hacia un destino que parece no tener límites, en los hechos –al menos para la situación del cine nacional, la concurrencia del público y la permanencia en salas– esto ha traído solamente mejoras técnicas y operativas, pero no necesariamente se trasluce en la atracción exclusiva de la audiencia a las salas de cine, ya que el nuevo paradigma también ofrece otras alternativas de visualización.

El proceso de remasterización del formato analógico al digital implica, básicamente, mejorar la calidad del sonido y de la imagen de un film, tanto para brindar una copia mejorada y almacenada en un archivo digital como así también para su recuperación y restauración. Así se han reestrenado títulos que se han convertido en clásicos de la cinematografía mundial; tal es el caso de obras como *Metrópolis* de Fritz Lang (1927), *Casablanca* de Michael Curtiz (1942) o *El Padrino* de Francis Ford Coppola (1972), entre otras.

---

[1] Cineasta, Docente en la Carrera Ciencias de la Comunicación (UBA), Investigador (IIGG), cursó estudios cinematográficos en la Escuela Panamericana de Arte, y considera que su formación profesional se enriqueció en la industria cinematográfica. Trabajó en todas las ramas de dirección con prestigiosos directores, entre otros H. Olivera, M. Sábato, M. Antín, A. Doria, R. de la Torre, E. Calcagno, B. Kamin, T. Bauer, J. C. Desanzo, S. Obes, es autor de trece documentales, entre ellos: *La historia en la arena, La clínica de los santos, El colectivo sexológico* y el largometraje argumental *El regreso*. Con sus obras participó de diversos certámenes nacionales e internacionales, obteniendo premios y menciones.

En el ámbito nacional, podemos mencionar hasta el momento como único reestreno comercial una película que, como pocas, despiertan tanta adhesión en el público: *Esperando la carroza*, la comedia del director argentino Alejandro Doria (1936-2009), estrenada en 1985 y cuyo soporte original es en fílmico 35mm[2]. En 2012 se reestrenó en salas locales en versión digital 2D[3].

En 1985 fui convocado para participar en este film, que posteriormente se convertiría en un clásico, para desempeñar el rol de *script*: traducido a la jerga profesional argentina, es el continuista o primer ayudante de dirección. Por aquella época, aún no se había producido el cambio tecnológico, y las herramientas con las que contaba para desempeñar mi rol –que consistía en controlar el *raccord*[4] para aportar coherencia al montaje de las escenas– eran fundamentalmente mi memoria visual, un guión impreso, lápices, marcadores y alguna fotografía en papel, de la cual esperaba ansioso su revelado uno o dos días después de haberse capturado la imagen. No había computadoras, ni impresoras, ni cámaras digitales, ni celulares. Todo el trabajo se realizaba en forma artesanal y con el estrés que generaban los posibles errores que se conocerían –o no– el día después del rodaje, cuando se visualizaban los *campeones* o *dailies*[5] en 35mm. Esto se hacía, después de una ardua jornada de filmación, en el Laboratorio Cinecolor Argentina, el mismo en el que veintisiete años después se digitalizó la película. Más allá del involucramiento personal de quien escribe estas líneas, la distancia en el tiempo y la posibilidad de analizar en perspectiva nos permite no sólo vivenciar el rescate con tecnologías actuales de obras que han sido realizadas en una etapa diferente, con los resultados acordes con el contexto histórico, social, tecnológico y económico, sino plantear interrogantes éticos acerca de las posibilidades que surgen. Esto independientemente de la mera indagación en torno

---

[2] 35mm ha sido, a lo largo de la historia del cine, el estándar para el cine comercial estrenado en salas. Durante un lapso se utilizó la película de 70mm de ancho para las producciones de pantalla ancha.
[3] Se impone la aclaración, ya que, como es de público conocimiento, la denominación cine digital se emparenta con la novedad de la proyección 3D. Pero ambas características pueden ir por carriles distintos. Existe el cine en soporte fílmico en 3D, y el cine en soporte digital tiende a ser el sistema a prevalecer comercialmente, independientemente del efecto estereoscópico.
[4] Un término del ámbito profesional para referirse a la *continuidad*.
[5] *Campeones* y *dailies* son dos términos para designar a las muestras reveladas de las tomas filmadas el día anterior y que se proyectaban para su evaluación.

del proceso de remasterización del film, que básicamente consistió en un escaneo digital de los fotogramas, la corrección de color y los procesos de restauración digital de imagen y sonido que limpiaron las imperfecciones del fílmico original causadas por el tiempo y la manipulación. Aquí se impone también indagar acerca de las modificaciones estéticas y de significado, si es que las hubo, que produjo dicho proceso. Por estas cuestiones es que incorporamos en las páginas que siguen a esta introducción el testimonio de la productora de la película, Diana Frey, que relata sus intenciones y objetivos al encarar este cambio de soporte y problematiza sobre el alcance y la concreción de esas metas.

Si bien iniciamos esta exposición con el término "esperar la carroza", el peso simbólico acerca de la restauración de esta obra emblemática del cine argentino nos permite acercarnos a cómo la producción íntegra en el formato digital afecta también decisiones, en muchos casos, de corte ético. Por este motivo, las impresiones del director de fotografía Hugo Colace, y el lugar que su rol ocupa hoy en el proceso de producción cinematográfica, en comparación con etapas de producción netamente en fílmico, nos llevan a abordar en qué medida se respetan las decisiones de su labor profesional. Es decir, preguntarnos sobre quién se permite —o no— intervenir en ese trabajo por sobre el profesional, y cómo se adaptan las prácticas en función del mercado productor de dispositivos, encuadrando también el reacomodamiento de este mercado a las exigencias no sólo del campo cinematográfico, sino de la especificidad de la especialidad, como es el caso de la dirección de fotografía.

Estos roles que definen lugares, facultades e injerencias son también los que permiten la colaboración y confianza entre director de fotografía y director cinematográfico. En este aspecto, tuvimos la oportunidad de contar con las vivencias, visión y consideraciones de Juan Bautista Stagnaro, realizador de larga trayectoria en el cine nacional, con films que llevan la carga de la ambientación de distintas épocas y la responsabilidad de transmitir la vida de quienes han sido considerados como héroes (y también la de científicos e inmigrantes que arrastran historias para muchos desconocidas y que, sin embargo, merecen una trascendencia que Stagnaro otorga desde el despliegue emocional de la ficción). Los niveles de influencia y las modificaciones que han generado los dispositivos de rodaje y posproducción en los presupuestos, los plazos de producción, economías y la decisión del tipo de proyecto son sólo algunos de los ejes temáticos que se despliegan en el intercambio

Hugo Lescano

que presenta, además, el valor agregado de un viaje por distintas etapas de la historia del cine argentino.

Otra de las facetas que la etapa digital ubica en una suerte de gran tablero para su evaluación es la posibilidad de acceder al material audiovisual digitalizado con el fin de nutrir producciones de investigación documental ubicadas en diferentes archivos digitales, algunos de acceso público a raíz del aporte de usuarios que espontáneamente suben material a la red de redes, o bien a través de otros archivos. El aspecto más preocupante es que, a pesar del avance tecnológico, la preservación es escasa y muchos archivos han desaparecido. En este carril, el realizador Hernán Gaffet nos habla de su experiencia y de un trabajo doble: la búsqueda de material de archivo en medio de este contexto para su producción documental, y la lucha a nivel legal para establecer un paradigma de defensa de los archivos. Estos testimonios nos brindan un panorama actual, pero también obligan a trazar una perspectiva que nos permite evaluar conductas y acciones a nivel histórico.

A modo de análisis introductorio con el fin de contextualizar las entrevistas que siguen, y regresando a *Esperando la carroza*[6] como referente simbólico en cuanto a las etapas fílmica y digital, resultan valiosos los aportes de Alberto Acevedo y Lucas Guidalevich, gerente cinematográfico y gerente de operaciones de CinecolorDigital, respectivamente, del Laboratorio Cinecolor Argentina:

---

[6] A modo de anexo, una ficha técnica de la restauración de *Esperando la carroza*: Susana González, Liliana Musial, Norma Quiñones, Claudia Torreiro, gerente cinematográfico: Alberto Acevedo, gerente de química y sensitometría: Inés Cullen; corrección de color en Spirit Data Cine: Roberto Zambrino en el Área de Restauración como supervisor del Área: Gustavo Gorzalczany y participaron Federico Andrade, Lucas Méndez Aymar, Natalia Martínez, Juan Ignacio Bousquet, Ana María Amor, Valeria Dávila y Laura Gómez. El equipo de Arte Digital a cargo de su directora de Arte: Paula Núñez y su equipo: Gustavo Saliola, Leonardo Quartieri y Alejandro Perri. Conformado: Ignacio Concilio y asistente de conformado: Milagros Cimadevilla, Scanning 2K Northlight: Georgina Pretto, Sebastián Savocay, Ignacio Chaves. Data Manager: Evangelina Montes. Generación y Copias DCP. Gerente técnico: Mario Zambrino y su equipo: Rafael Martilotto; Claudio González y Ramón Cuevas. Gerente de operaciones: Lucas Guidalevich, supervisor de post producción: Victor Vasini.

Desde una carroza digital a los procesos de producción. Entrevistas y testimonios

En Cinecolor Argentina realizamos la remasterización y restauración de la Gran Película *Esperando la carroza* del director Alejandro Doria, comedia argentina filmada en 1985.
Diana Frey, productora de *Esperando la carroza*, se acercó a Cinecolor Argentina con la idea de remasterizar la película. Se evaluaron diferentes flujos de trabajo. Finalmente, se optó por el mejor proceso que era realizarlo íntegramente en 2K. En Cinecolor Argentina tenemos la ventaja de contar con un laboratorio (foto/químico) que nos permite manipular y restaurar material fílmico con gente con muchísima experiencia. Una vez que el negativo original estuvo preparado para cargar en scanner, se digitalizó el material en un scanner Northlight cuadro por cuadro en dpx 10 bits logarítmico (13MB por fotograma). Terminado este proceso, la película completa se cargó en el Scratch (software especialmente diseñado para corregir color) donde nuestros coloristas y Diana retocaron el color de la película toma por toma con el objetivo de recuperar el look original del material sin que perdiera el carácter de la época.

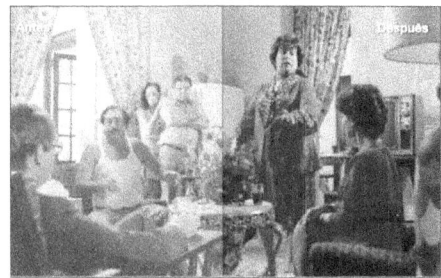

Un antes y después de la restauración digital de Esperando la carroza.

Finalizada la corrección de color, se volvieron a generar los títulos de inicio y final copiando los originales y se insertaron en la imagen. Los archivos digitalizados y con corrección de color pasaron a nuestra área de restauración digital, donde con software dedicados para estos procesos se trabajó durante varios meses reparando rayas, roturas de negativo, limpiando puntos, pelos y cualquier imperfección que se pudiera visualizar.

El sonido fue digitalizado y restaurado por José Luis Díaz (sonidista original de la película), que realizó un trabajo de masterización increíble.

Una vez terminados los procesos de masterización, realizamos un DCP (Digital Cinema Package), que permite proyectar la película en salas digitales comerciales en 2K y con sonido 5.1.

A modo de conclusión: otras necesidades, otras decisiones

En la entrevista a Diana Frey que sigue en las próximas páginas se aborda el aspecto de la manipulación del material original. ¿Es esto bueno? ¿Es esto malo? Todo depende del objetivo que se tenga. *Esperando la carroza* es una película que, desde su diseño de producción, estuvo dirigida al gran público y, por ende, toda mejora técnica o estética que no alterase el espíritu de la obra original de Alejandro Doria ha sido bienvenida.

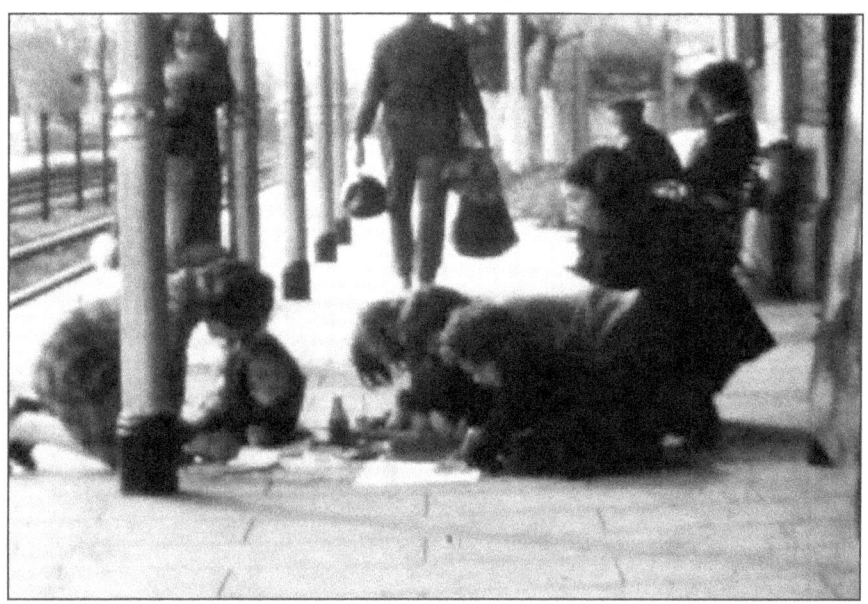

La experiencia de A la gente de Soldati.

Sin ánimo de pecar de autorreferencialidad, este autor se siente tentado a citar un caso muy diferente en lo que refiere a qué camino tomar a la hora de la preservación de un material fílmico de acuerdo con su contenido. En este caso, se trata de una experiencia documental en la cual quien escribe estas líneas participó en calidad de co-realizador en 1977, junto a Rodolfo Durán y Nancy Vera. Este documental versa sobre una experiencia artístico pedagógica de educación por el arte que se llevó a cabo en un barrio popular, Villa Soldati, y estuvo a cargo de un grupo de estudiantes y egresados de la escuela de Bellas Artes Manuel Belgrano de la ciudad de Buenos Aires. Teniendo en cuenta el marco histórico de la época del rodaje, hoy se considera a este cortometraje rodado en S8 reversible[7], y al tema que documenta, como de resistencia cultural a la dictadura cívico-militar iniciada en 1976. Durante años, este material permaneció al resguardo, conservándose el original en un estado de deterioro que no permite su proyección en el formato original sin el riesgo de ser destruida.

El Super 8 es un formato analógico fotoquímico utilizado en el cine *amateur*, que por su bajo costo y versatilidad era usado también por cineastas noveles y estudiantes de cine para hacer sus primeras experiencias creativas. La desventaja residía en la endeblez del material en comparación con sus hermanos mayores, el 35mm y el 16mm que a su vez, por ser formatos profesionales de cine, requerían de una tecnología analógica más compleja, y por lo tanto más costosa, razón esta última por lo cual *A la gente de Soldati* fue filmado en S8.

En el año 2012, transcurridos ya treinta y cinco años de la filmación del documental, se organizó un acto en la Escuela de Arte Manuel Belgrano con el fin de homenajear a los ex alumnos desaparecidos durante la *noche oscura* del llamado Proceso de Reorganización Nacional que asoló al país. Una de las propuestas de los organizadores fue exhibir la película para que formara parte del evento, pero debido al tiempo y los acontecimientos trascurridos, los integrantes de aquella experiencia artístico documental nos encontrábamos dispersos. En mi caso particular, fui localizado muy cerca de la fecha del homenaje a través de una red social, otro paradigma de la era digital que aquí se vincula con la realización, la difusión y una suerte de combinación de público y privado que merece otro abordaje.

---

[7] La sigla pertenece a la abreviatura que denomina al formato fílmico Súper 8, de un ancho de 8 mm pero con la posibilidad de agregarle una pista magnética de audio. No dependía de negativo previo, por lo cual su revelado ya implicaba tener un positivo.

Hugo Lescano

Como se mencionó antes, el estado de la copia era desastroso, y aquel material no estaba en condiciones de ser proyectado mecánicamente. Es así como se tomó la decisión de digitalizarla para que durante el acto homenaje pudiera ser nuevamente vista. Una primera revisión del material en el laboratorio Cinecentro de Buenos Aires arrojó un panorama desolador: suciedad, perforaciones rotas, empalmes en mal estado, la banda de sonido magnética desprendida, y ruidos indeseables. Una restauración del material resultaba prácticamente imposible por no contarse con negativos (al ser material reversible nunca los hubo), y las cintas de sonido original se habían perdido hacía tiempo. Una opción que se planteó fue la de digitalizar la imagen en una isla de edición con el software adecuado, restaurarla en sus máximas posibilidades y reestructurar el sonido, volviendo a grabar la música y la locución. Esto traía aparejado un costo extra y exigía además una inversión de tiempo considerable como para llegar puntualmente a la fecha de proyección. Sin embargo, lo más frustrante en este caso era que el film, con esa manipulación, perdería su esencia y se transformaría en algo que nunca había sido parte de su estética original; por lo tanto, su valor documental perdería verosimilitud. Finalmente se decidió digitalizar el material en el estado en que se encontraba, con todos sus defectos, para poder ser exhibida de esa forma como testimonio de una experiencia rescatada a pesar de las dificultades. Salvando las distancias –en cuanto al tipo de producción, condiciones y objetivos que involucraban la razón de ser de ambas realizaciones–, se trata de una experiencia totalmente inversa a la ocurrida con *Esperando la carroza*.

Frecuentemente vemos cómo la tecnología en la postproducción "envejece" materiales recientemente grabados para darles un barniz antiguo: todo lo contrario a lo que ha sucedido con *A la gente de Soldati*. Actualmente, el documental se exhibe en escuelas y centros culturales, donde se valora su propuesta gracias a que el formato digital, ahora sí, permite su exhibición.

Diana Frey[1].

¿Cómo era producir en el año 1985 una película con las características de *Esperando la carroza* y cómo es ahora?

Bueno, en el año 1985 tendríamos que poner en tono quién era el director, porque resulta muy importante en este proceso de producir un film cuál es la característica de ese director, y cómo ese director tiene el mando y la claridad del rodaje. Entonces una película tan compleja como *Esperando la carroza* con una actuación coral podía ser dominada y filmada en los tiempos en que se rodaban ocho horas diarias. No hacíamos horas extras –lo cual es impensable hoy día–. Es decir, no siempre lo tecnológico está facilitando las cosas, aunque yo creo que la revolución tecnológica digital absolutamente facilita, porque visionar el monitor en el momento, aunque esto ya hace muchos años que se puede hacer, ahora es algo establecido, permanente. Se puede apreciar una calidad cercana a la estética que tendrá finalmente, salvo en aquellos casos en que el resultado dependa de una post-producción muy determinante que manipule, altere mucho la imagen y la transforme en otra cosa. Si es una película naturalista, uno puede ver en el monitor el resultado de lo que está haciendo casi en un ochenta por ciento en cuanto a la cercanía con lo que se verá al final del proceso.

---

[1] Diana Frey es productora y directora de cine argentino. Entre sus trabajos como productora se destacan *Esperando la carroza* (Alejandro Doria, 1985. Producción de la restauración digital en 2012), *Darse cuenta* (Alejandro Doria, 1984), *Cien veces no debo* (Alejandro Doria, 1990), *Paco Urondo, la palabra justa* (Daniel Desaloms, 2004), los telefilms *¿Dónde queda el paraíso?* (Beda Docampo Feijóo, 1993), y *Locos de contento* (Beda Docampo Feijóo, 1993). Como directora ha realizado el documental *El cielo y la tierra* (2004), que también cuenta con su producción. Tiene una extensa trayectoria como productora asociada, productora ejecutiva, jefa de producción y asistente, habiendo intervenido en películas como *El fondo del mar* (Damián Szifrón, 2003), *Plata quemada* (Marcelo Piñeyro, 2000), *La república perdida* (Miguel Pérez, 1983), *La lección de tango* (Sally Potter, 1997), *Pubis angelical* (Raúl de la Torre, 1982), *Juan que reía* (Carlos Galettini, 1976) y *La Raulito* (Lautaro Murúa, 1975).

Equipo UBACyT

Yo creo que la tecnología digital ha facilitado por uno y otro lado: se ha creado esta democratización –para utilizar un término que está de moda–, en cuanto a la participación en el set, teniendo en cuenta que antes, en la etapa fílmica (y sin uso del monitor) el único que accedía a la imagen era el cameraman, es decir que sólo él sabía cómo estaba saliendo por cámara y era él quien pedía o no una nueva toma, siempre que fuera por motivos técnicos y no por motivos actorales, donde entraba la autoridad del director para pedir una toma más. Entonces yo veo que no se filma en menos tiempo y tampoco pienso que se filme con menor costo. Con esto quiero decir que la tecnología ayuda, y me atrevo a decir que la principal revolución de lo digital está en la post-producción: ahí es donde está el centro de "la cosa", ya que cambió mucho el acceso a la información con respecto a los procesos anteriores, cuando nosotros clasificábamos la película. Cuando hablamos de clasificar, hablamos de que la película terminada se mostraba en un video analizador cuyos gráficos, aunque todos nosotros éramos profesionales, no comprendíamos, ya que era el dominio del técnico que nos informaba: "bueno, aquí le agrego más magenta… acá va a salir de esta manera…", y nosotros no sabíamos qué es lo que estaba haciendo esa persona. Después, cuando salía la primera copia, nosotros podíamos darnos cuenta de qué era lo que nos estaban explicando anteriormente. Pero en el video-analizador no lo sabíamos leer, ni él creo que lo sabía leer; es decir que iba por aproximación y hacía distintas pruebas para acercarse a lo deseado. Yo creo que, desde ese lugar, la digitalización es un avance extraordinario pero siempre depende del factor humano. El cine es una gran conjunción entre tecnología y personas que la ponen en acción y ahí diría que depende mucho de con quién uno está trabajando. La presencia de un visionado digital en el set puede facilitar o embrollar. Si varios miembros se pasan todo el día discutiendo encima del monitor, por ir sin claridad al rodaje, y van a "buscar", en una película industrial, resulta un despropósito.

A partir de tu mirada sobre la "democratización" en la post-producción: ¿no creés que haya grandes cambios con la tecnología digital en cuanto a la modificación de tiempos de trabajo?

No. En realidad se tarda mucho más. Nosotros empezamos *Esperando la carroza* el cinco de marzo (si no fue un cinco fue un seis, o muy cerca de esa fecha). El cinco de junio estábamos estrenando. Eso no existe más, y yo quiero aclarar –quizá no interpreto bien la pregunta–, que la democratización en el set –y no en la post-producción– , puede llevar a un debate que no siempre ocurre. Pero esto depende de las personas, de los profesionales del equipo y la determinación de un director que es el que te va a marcar cómo se trabaja. Y si el director es un tipo inseguro seguramente va a entrar en ese debate, comienza la discusión con el director de fotografía, *"¿por qué no así? ¿por qué no asá?"*. Y esta manera de trabajar es una pérdida de tiempo enorme. Ahora bien: si el director es determinado y seguro, y tiene claro que no le gusta lo que hizo, pide dos, tres o diez tomas más porque él tiene la convicción de que no se ha logrado lo que deseaba, pero no por el condicionamiento de todos los que están observando "para dónde va el barco". Por eso relativizaba el valor de la "democratización" en cuanto al acceso de la imagen en la etapa de rodaje.

Por otro lado, sin duda ha facilitado procesos: al "ver en el momento" lo rodado, ya no esperamos al otro día para ver la copia o ir al laboratorio, lo que implicaba un viaje considerable ya que el laboratorio siempre quedaba muy lejos, para ver la copia del día anterior, el *campeón*. Desde ya, y manifestando esto, no dudo de que el digital es extraordinario, pero no necesariamente se produce más rápido gracias a él si los realizadores contrapesan esta velocidad con el tiempo que se toman o pierden. Pero en muchos aspectos, como los que destaco, se gana velocidad. Existe otro agravante: no sabemos cuánto soportan el paso del tiempo los materiales de soporte digital, es decir: sabemos que el fílmico dura cien años, y ¿el digital? Pensemos que ha muerto el "U" Matic[2]. Qué sé yo todo lo que ha muerto, muchos formatos, todo lo que murió después de la década del ochenta.

¿No creés que todas estas facilidades que ha producido el digital, sobre todo en el rodaje, han relajado un poco el trabajo y que se ha perdido cierto rigor en el mismo, pensando que antes se corrían muchos riesgos con el negativo?

No tengo, digamos, un estudio, un análisis; sí parto de mi intuición, y sigo insistiendo que el director es esencial. El digital ha facilitado el acceso a realizar

---

[2] El "U-matic" era un formato profesional de registro en video que se utilizó en televisión durante la década del ochenta e inicios de los noventa. Fue sustituido rápidamente por el Betacam, que luego tuvo su versión de registro digital sobre cinta magnética.

Equipo UBACyT

una película para cualquier persona. Antes se trataba de algo verdaderamente "clasista", por decirlo entre comillas, de un sector "iluminado" –a veces, muy mal iluminado–, porque en muchos casos salían cosas que no eran buenas, pero digamos que se trataba de un sector que accedía a los medios para poder hacer una película. Ahora puede hacerla cualquiera, hasta con una camarita de un teléfono celular. Pero el cine industrial es otra cosa; no tiene nada que ver con el cine entre amigos, el cine de los estudiantes que hacen experimentación. El cine industrial es rigor y ahí es donde respondo a la pregunta. El cine industrial, en el cual un minuto cuesta un montón de dinero, es militar, piramidal, porque debe existir un orden dentro del rodaje, hay un mando y depende mucho del director que puede aceptar cosas o no de la gente que lo rodea. No está mal que la gente –el equipo– sugiera, o que el actor sugiera. Lo que no puede, y lo que no se debe permitir, es habilitar a que los actores "manden". Es frecuente que ellos planteen un parecer, una opinión, una propuesta, a lo que el director tiene la facultad de responder: "no me interesa, esa idea no me interesa" y se terminó. Ahora bien, si esa persona sigue insistiendo y plantea un tema de autoridad, entonces sí es un desorden dentro del set. Y en ese punto, no se trata de una cuestión acerca de si el cine es digital o no digital. El cine industrial es de autoridad y de orden, y no se "conversa" en el set, ni se hacen pérdidas de tiempo. Están todos conectados, enchufados. Lo otro, en cambio, es "medio de amigos".

¿Y en este momento existe ese cine en la Argentina?

Existe todavía. Poco, pero existe. Las películas producidas por Suar (Adrián) o Patagonik, todas las que se realizan alrededor de Patagonik[3] con distintos directores o las películas que está haciendo en asociación con Telefe[4] o K&S[5], son películas industriales.

---

[3] Productora cinematográfica dirigida inicialmente por Adrián Suar.
[4] Empresa multimedia licenciataria del Canal 11 de televisión de Buenos Aires (llamado Telefé), la cual se lanzó a la producción y co-producción cinematográfica.
[5] Referencia para Kramer Sigman films, productora cinematográfica comercial responsable, entre otras, de películas como *Los Marziano* (Ana Katz, 2011) y *El último Elvis* (Armando Bo (n), 2012).

Diana Frey

Volviendo a *Esperando la carroza* y a su proceso de remasterización: ¿Cómo surge la necesidad de restaurar y remasterizar la película para que vuelva a las pantallas?

Bueno, aquí el fenómeno con *Esperando la carroza* es que se trata de la única película (argentina) que se mantuvo vigente los veintisiete años desde su estreno. Esto es una cosa insólita, y lo que es insólito es que se mantuvo viva y a través de todas las generaciones porque aquel que la vio cuando tenía diez años o quizás ocho, la conoció no en el cine, sino que la empezaron a ver mucho en video y en televisión. Hoy son personas que tienen más de treinta años, y quizá tienen hijos de ocho o diez años, con los cuales ven la película y la comentan con ellos. Se mantuvo viva en el imaginario durante todos estos años. El costo de remasterización es muy alto. Para tomar la decisión de hacerlo y estar dispuesto a afrontar el costo, tiene que justificarse, y en este caso lo decide el hecho de tener una película que esté en el imaginario popular. Lo más importante de todo es que apareció el desarrollo tecnológico para hacerlo, que además es relativamente reciente, porque ciertamente esto no se puede hacer desde hace diez años, sino que desde hace mucho menos tiempo –al menos con las mayores facilidades que hay ahora–, ya que ha habido restauraciones –desde ya que las hubo siempre–, y sin duda en fílmico se restauraban las películas, pero yo creo que nos movilizó la enorme velocidad que cambió todo el advenimiento de lo digital, y el hecho de que estaba viva la película, era como una fruta madura que está por caer del árbol. Entonces viene el distribuidor y me dice "hay una idea", que surgió de una secretaria de él, quien leyendo el catálogo de ventas de sus películas miró que estaba *Esperando la carroza*: "¿por qué no la digitalizan?", dijo aquella chica que al parecer tenía tres meses de antigüedad en su puesto y nunca había trabajado en cine, con esa libertad que a veces tienen las personas que están ajenas al tema. Y como se había reestrenado *El Padrino*, y había hecho sesenta mil espectadores aproximadamente, en base a eso... Creo que no terminó ni la frase y dije: ¡Cómo no se me ocurrió a mí! Es decir que estaba esperando que sucediera algo que iba a motivar esa decisión. Lo primero que pensé fue: si *El Padrino* hizo sesenta mil espectadores, nosotros sesenta mil tenemos que hacer –no comparando calidades–, ya que *El Padrino* es una genialidad pero también interesaba a un círculo quizás más exclusivo, más de cinéfilos. En cambio, *La Carroza*... era enormemente popular.

Equipo UBACyT

¿Cuántos espectadores hizo la versión remasterizada de *Esperando la carroza*?
Hizo ciento seis mil espectadores

Casi la duplicó.
Y podría haber hecho más porque nos sacaron de cartel, porque en la sala 2D no contábamos con todas las funciones diarias, sino sólo las nocturnas (las dos últimas), ya que a la tarde van las películas para niños en las salas digitales. Ese es el otro tremendo problema al cual nos referiremos después. Pocas son las salas que te brindan todas las funciones; en cuanto aparece una para chicos, y si es norteamericana, te dicen: "te damos la noche", y entonces te quitan espectadores.

¿Cuánto tiempo estuvo en cartel?
Estuvo casi cinco semanas, en otras cuatro, en otras tres, en otras una; porque además, cuando se empieza a girar por el interior dura una semana, ya que te dan la sala, no te digo de favor, pero te la ofrecen si no tienen otra cosa fuerte, de lo contrario no te la dan. Y lo que nos ocurrió, por ejemplo, es que inmediatamente estrenaron una película de terror y volamos rápidamente.

¿Creés que la digitalización mejoró la distribución de las películas?
Sí, la mejoró absolutamente, porque ya no dependemos de un paquete de veinticinco a treinta kilos girando, y con el peligro de que además el proyectorista se distraiga y ponga el acto uno, luego el tres y después el dos, que me ha ocurrido en la proyección de *La Carroza* y en otras películas, es decir que alteran la obra. Pensemos que cuando se proyectaba en Flores, y en otra salita que quedaba por la calle Avellaneda, la moto iba y venía con los rollos. Eso que hoy todos vemos como un disparate, en contraste con las posibilidades de hoy, nos muestra un panorama actual fantástico. En términos de distribución, por ejemplo, vos le das a la sala un DCP, y la sala lo replica en todos los de su cadena; yo le doy a Cinemark un DCP y voy a diez salas de ellos porque del servidor de esa empresa lo distribuye a sus salas.

Entendemos como DCP, el Máster.
Sí, es un data, un disco rígido que va en una valijita muy grande pero con un disco que es pequeño. Es una cosa extraordinaria: ellos lo cargan en su

servidor y lo ponen en todas sus salas, pero no lo pueden emitir hasta que vos no le des la llave; la llave es el horario y el número que tiene la máquina, entonces vos le informás a Cinecolor⁶ (el laboratorio) *"va a la sala cinco del Village Recoleta, va a la sala tres del Village Caballito, a la sala "tal no sé cuánto" del Cinemark"* y ellos mandan por mail un código, porque ya saben qué servidor hay en cada sala, y qué máquina, ya que cada una tiene un código, y para cada una se autoriza la proyección durante siete días, y a los siete días tenés que renovar la llave, porque tras ese lapso te informan si seguís en la sala o no seguís. En verdad allí hay una facilidad extraordinaria, y además no pesa, y si hay que enviarlo al interior del país, el costo del flete es mucho más económico porque se trata de una cosa pequeña.

Cuando hablábamos antes de la entrevista, vos dijiste que esto estaba cambiando muy rápidamente mientras nos revoloteaban las moscas en la cabeza. Desde que iniciaste este proceso de remasterización digital y distribución de la película, ¿se ha incorporado algo nuevo?

Bueno, por lo pronto en las salas aparecieron nuevos proyectores, algo que se suponía que iba a durar. Primero el gran problema es la inversión que tienen que hacer las salas para digitalizarse, que son ciento cincuenta mil dólares o más, a lo mejor tecnológicamente un poco más.

¿Ciento cincuenta mil dólares por sala?

Cada aparato con toda la parafernalia y no sé qué más les obliga a más tecnología, requieren aire acondicionado porque emiten mucho calor esas lámparas, entonces tienen un sistema de ventilación, pero no sé si es lo más caro. En todo el aparataje (porque la sala es 2D y 3D) sé que hay nuevos equipamientos. No es que de noviembre a ahora haya una revolución más, pero uno viene sabiendo que esto no dura ni cuatro años, como toda la tecnología que manejamos. Cambian: los hacen más pequeños, más finitos, más chatos, más no sé qué... Por ahí va a calentar menos el proyector, o por ahí no sé lo que le van a inventar, pero va a cambiar; es muy rápido y eso es malo. ¿Entonces qué sucede? Las salas hicieron un arreglo a nivel mundial, "las *majors*". Crearon un canon que la sala paga si la película se proyecta en digital que se llama VPF

---
⁶ Laboratorio cinematográfico argentino y empresa de pos-producción audiovisual.

Equipo UBACyT

(Virtual Print Feet). Ese VPF cuesta entre seiscientos cincuenta y ochocientos dólares; no está claro por qué te dicen siete cincuenta, seis cincuenta… Entonces la distribuidora tiene que pagar por permitir que su película se exhiba en esa sala, a la sala le tiene que pagar por pantalla. ¿Qué sucede con nosotros en la Argentina? No lo puede pagar el distribuidor, lo paga el productor. A nivel de "las majors" lo paga la distribuidora de cada país. ¿Por qué lo pagan? Porque le prestan el dinero para digitalizar las salas, entonces "las majors" le prestan a las salas el dinero, para que digitalicen, y la cuestión es que la sala cobra un VPF. ¿Por qué? Porque tiene que descontar el acuerdo que hizo (con "las majors") en un banco. El banco le presta los cincuenta mil o doscientos mil dólares y ellos compran el proyector, ese fue un acuerdo que se hizo entre las distribuidoras mundiales extranjeras llamadas "Majors" y los exhibidores. Aparentemente ha sido firmado en muchos países. En la Argentina, el Instituto de Cine, el INCAA, está dando unos créditos a través del BICE (Banco de Inversión y Comercio Exterior), a las salas independientes y a todas las salas que lo tomen para digitalizarse, con lo cual no justificaría que paguen el VPF, porque es el INCAA el que les está dando el dinero para hacerlo. Como esto en la Argentina recae sobre el productor, ¿cuál es el argumento? Ahora no tenés que hacer más una copia de 35mm que cuesta mil trescientos dólares, pero bueno, tenés que pagar el DCP, tenés que pagar por cada sala ese valor y tenés que pagar las llaves, al final estás pagando casi mil dólares, comparado con los mil trescientos.

Y, además, las salas lo recuperan….

Es que la sala ya cobra el cincuenta por ciento, el cincuenta y cinco y el sesenta, según le ha ocurrido a todo el cine argentino. Entonces yo digo: es como si vos entraras en un local que vende zapatos y el tipo te dice "entraste al local, bueno ahora me tenés que pagar un canon porque yo redecoré todo esto y le puse las computadoras nuevas y no sé qué nuevo". Y ahí viene la comparación con el cine mudo cuando tuvieron que reconstruir todas las salas y transformarlas en sonoras, realmente era una inversión muy grande para la época, estaba entre dieciseis mil y veintiseis mil dólares en 1926, que era mucho más que ciento cincuenta mil dólares de ahora, y era una inversión que había que hacer; si no, no tenían las películas sonoras que eran lo que el público demandaba. Entonces esto es una cosa para mí incomprensible: es ¿vos querés tener más público? Bueno, vos modernizate y punto.

Diana Frey

¿A vos como productora te cobraron este royalty?
Me he enterado que Cinemark fue la única que no pidió crédito al BICE a diferencia de los Village y los Hoyts[7] que sí lo hicieron.

Ahora se va a dar una nueva forma de distribución que es "vía satélite" ¿Cómo lo ves?
Todo lo nuevo me gusta, no me gusta esa posición de que aparece algo nuevo y entonces yo le desconfío y "no yo no uso", y después "no, qué celular, año noventa y tres, noventa y cuatro"... Y resulta que después estás hablando por teléfono con dos celulares a la vez, al mismo tiempo. Esas resistencias no me interesan, yo creo que estas cosas son siempre positivas. A lo que yo me refería es: ojo, no pongamos todo el acento en que te va a salvar. Lo importante acá es lo que hace el hombre con esa herramienta, que te facilita enormemente, te ayuda, pero podés hacer una película en el doble de semanas si no estás bien organizado, o que te cueste el doble y estás con todo digital, la cámara, el monitor, el no sé qué, la post-producción. Desde ya que es muy positivo lo satelital, por supuesto que concentra más desde el punto de vista capitalista; y esa concentración es altísima, pero ya está instalada: las distribuidoras más importantes no son nacionales, son internacionales, es un hecho como lo es el dominio americano sobre todo el cine mundial, así que no va a empeorar, va a ser igual. De hecho está el dominio americano sobre todo el cine mundial, así que no va empeorar, va a ser igual. Entonces que el Instituto satelice también las salas independientes es muy bueno, porque van a poder ser salas con posibilidades de proyectar cine europeo, cine argentino con una gran facilidad. Después, algo que yo no dije antes que me parece muy importante de lo digital, y es que la película se ve mucho mejor. Yo jamás vi *Esperando la carroza* en el estreno como vi la película en la remasterización. En la sala, porque la película ya salía lasti-

---
[7] Cinemark, Village y Hoyts son tres cadenas de capitales norteamericanos y australianos –luego vendidos permitiendo la integración de capitales chilenos y argentinos en la región–, que mantienen un alto porcentaje de la exhibición de los filmes en la Argentina, determinando cuál será la oferta en las pantallas. En el momento de escribir estas líneas trascienden noticias sobre la compra de Hoyts por parte de Cinemark.

Equipo UBACyT

mada por el laboratorio, o porque la cámara rayó el negativo, o porque el laboratorio manipuló mal algo, o porque había basura en el proceso de la copia y había puntos, rayas, empalmes rotos que si se pegaban... Bueno, lo hemos visto ahora al digitalizarla, cuadro a cuadro, todos los defectos que tenía. Eso estaba en la pantalla y por supuesto el sonido era malo porque en esa época no había Dolby[8] ni tecnología buena en las salas de sonido. Entonces ahora, entre que la imagen mejoró y que la calidad del sonido mejoró –no lo digo por el Dolby; en el digital no pagás derechos de Dolby porque no se usa, porque no estás mezclando en base a Dolby–, pero la sala está equipada con los mejores parlantes y con una acústica adecuada porque son salas nuevas, se pensaron para que se escuche bien, entonces estás viendo la película de una manera fantástica. Por otro lado, retomando lo del satélite, el tema de la piratería es muy grave para nosotros. En el DCP ya es difícil que te la puedan robar porque yo doy la llave y se proyecta los días que yo quiero, no es que la película está deambulando y no sé por dónde; además, si no se proyecta en ese proyector no se acciona la proyección, la podés cargar pero no la podés ver. Todo el tema de la piratería surge por la circulación en festivales, cuando empieza a dar vuelta por los festivales, es ahí donde ocurre. Pero ahora es muy difícil que te la pirateen antes; si va en satélite, menos que menos, porque pasa por máquinas, no pasa por ningún lado físico. Y cuando termine el DVD y pase a ser *Pay per view* cien por ciento, o video *on demand*[9], donde vos pedís la película y a qué hora la querés ver, y a las ocho de la noche la proyectan en estreno, tampoco va a haber chance de bajarla fácilmente, entiendo yo. Aunque no sé con los *hackers*, que tienen una habilidad para eso... Pero creo que no va a ser tan simple.

---

[8] Sistema de sonido originalmente estereofónico, que luego se convirtió en digital. La empresa genera convenios con los diferentes productores cinematográficos, además de intervenir en el equipamiento de salas cinematográficas. El sistema de sonido digital THX se complementa con el sistema Dolby Digital, tanto en la exhibición en salas como en la masterización de DVDs y Blue Rays.
[9] *Pay per View* y *Video On demand* son dos denominaciones para diferentes sistemas de consumo de películas en el hogar: desde alquileres de video online a pedidos de películas específicas previamente pagas a la empresa proveedora de televisión por cable

Volviendo al proceso de remasterización, supongo que ha sido bastante complicado meterse en el mundo digital, a pesar que recurriste a los especialistas. Pero para vos como productora tradicional ha sido bastante complicado, tuviste que meterte en un mundo…

No, a mí lo técnico… Yo debería haber sido directora de fotografía.

Sos fotógrafa.

Porque yo soy fotógrafa. Cuando quise ser directora de fotografía no pude, porque en el '74, cuando empecé yo, me acerqué a Miguel Rodríguez, que era un gran director de fotografía, y me dijo que sí, que me tomaba como meritoria[10], pero yo no podía no trabajar, yo tenía una condición muy humilde y tenía que trabajar. Meritoria… ¿y de qué vivo? Aparte no era meritoria en una película, era ¡meritoria por años! Hasta que te daban un puesto. Cuando quise entrar a trabajar, dije: bueno, producción, porque venía de una carrera que me era afín –estudiaba Ciencias Económicas–, y me dijeron NO: modista, maquillaje o peinado. Entonces imaginate lo que era ser asistente de dirección de fotografía para las mujeres. Hasta el noventa y pico no existió. Pero respondiendo a lo que me preguntás: no me resultó difícil. Primero, yo no me imbuí de la finura de la tecnología, yo iba al laboratorio y es más, la clasifiqué yo a la película; por supuesto, con el operador, podemos hacer esto que cuesta tanto, podemos hacer esto otro que cuesta tanto y ahí yo tomaba la decisión. Y en este caso sucedió una desgracia con suerte, que fue que primero la digitalizamos, hicimos un transfer[11], en el *spirit*. El negativo estaba un poquito curvado por el paso del tiempo, es decir, no quedaba plano sino un poco combado, entonces le saltaban los cuadros laterales, cuando querían proyectar bien había un problema técnico. Entonces me dijeron: "vamos a hacer la digitalización cuadro a cuadro", el escaneo cuadro a cuadro, que no es lo mismo que un *transfer*, nada que ver. Y yo les dije: "no lo puedo pagar". Me respondieron: "no, no, no, va a nuestro cargo, queremos hacer la experiencia". Y a ellos le sirvió para, en la próxima película, poder decir: "no hagan esto porque si es viejo el negativo va a haber problemas". Digamos que no se puede hacer de esa forma más barato, vía transfer, hay que pasar por el escaneo cuadro a cuadro.

---

[10] Término que refiere a una colaboración de una especialidad dentro de un rodaje, en condición ad honorem.

[11] Término que se utiliza para la transferencia de soporte fílmico a digital (hoy directamente llamado digitalización) como a la inversa. Se ha utilizado mayormente para hablar de la transcripción de video digital a soporte fílmico.

Equipo UBACyT

Estamos hablando de Laboratorios Cinecolor.
Sí.

¿Y hasta esta experiencia ellos no sabían esto?
No. Ellos sabían porque habían trabajado con negativos de 1917.

***La Revolución de Mayo*, de Mario Gallo.**
Pero esto es distinto, no sé ni cómo estaba ese negativo. Probablemente escanearon directo y ahí ni pasaron por el *transfer*. Pero con *Esperando la carroza*, que es del año '85, pensaron que se podía hacer un *transfer* –se hacen siempre los *transfer* de los negativos–, pero no soportó.

¿Y cómo siguió el proceso?
El proceso, después del escaneo cuadro a cuadro, pasó a un software, que también permite trabajar cuadro a cuadro. Entonces pasan cada cuadro, que son 24 por segundo, y lo retocan los técnicos. Se retocó en dos máquinas, después se hizo la clasificación de color[12] y después se le agregó el sonido, que fue otro tema. Yo que conservé todo de todo, debe haber sido en una de las veces que hice el Beta digital[13] o que hice *transfer* de esta película, primero a U Matic, después a Beta, y después a Beta digital. En el último yo llevé las cintas de audio y me las olvidé de retirar, y las hice en algún lugar que creo que era Metrovisión[14]. Las pedí y no existían, estoy segura, porque tenía la banda internacional de la película, pero no tenía las cintas de audio original, entonces se sacó parte del negativo óptico y parte del Beta digital, según en qué estado estuviera cada uno. Lo tenían en computadora con las dos gráficas del sonido y elegían de cada una las partes que estaban mejor, y para todas las roturas de audio que había en la película –que había muchas, porque la tecnología de esa época no permitía hacer nada mejor–, tuvimos la suerte de tener el mismo director de sonido que era el original. Yo le decía: "no te podés quejar, si encontrás algo mal hecho es tuyo". Entonces él me contestó: "las voca-

---
[12] Proceso de clasificación de colores para poder ser trabajadas, equilibradas y dosificadas en la post-producción.
[13] Sistema de registro en video de calidad Broadcasting, que graba una señal digital en un soporte magnético. Evolucionó del anterior sistema Betacam.
[14] Productora audiovisual.

les tienen sexo y las consonantes no". Yo le digo: "¿Cómo es eso?". Me responde: "SSSS... puede ser de un hombre o una mujer". Entonces él iba corrigiendo con un micrófono todas la eses rotas que había, las volvía a decir, las colocaban en el dibujo de la gráfica y la película suena muy bien. Todas las consonantes rotas las volvía a grabar él.

¿Y cuánto tiempo llevó el proceso de remasterización?
Tres meses más o menos, un poquito más también.

¿Y la gente que se ocupaba era gente de cine o especialista en software?
Eran de cine, especializados en software. Cinecolor es uno que viene haciendo todas las películas, y ahora está especializado en la parte digital. Los laboratorios y productoras más pequeñas también, porque ¿sabés qué pasa? Que esto de lo que hablábamos, de lo comparativo entre el fílmico y el video, ahora las películas en fílmico igual las llevás a digital, y ese proceso dura muchísimo. Tienen dos meses, a veces tres, para hacer el escaneo del negativo, y esta gente participa de las dos partes, porque llegaba a sus manos un negativo fílmico y terminaba digitalizado. Es gente de cine también, y hay otros que no, son sólo operadores que retocan la imagen. De hecho, están ligados porque las películas tienen daños en el fílmico, entonces cuando hay un daño en el fílmico te dicen "retocame esto" y ese fragmento lo retocan.

Hablando de la preservación: las películas que se filman en formato digital, donde no hay negativo, en algunos países se están pasando a fílmico porque se sabe, como vos dijiste antes, que el fílmico dura por lo menos ciento veinte años. En el caso de *Esperando la carroza*, que va a pasar a la historia del cine argentino –ya pasó, no es cualquier película–. ¿Cómo vas a preservar ese original?
Por ahora está el DCP[15] y está el LTO[16], que es la data digital de la película. El LTO es una manera de preservar en cinta. Por ahora, aparentemente, es la

---

[15] Sigla en inglés para Digital System Process, procesamiento digital de señales. Permite preservar, e incluso modificar y mejorar el material audiovisual, mediante un sistema de algoritmos.
[16] Sigla de Linear Tape Open, un sistema de almacenamiento de datos en soporte magnético desarrollado principalmente durante la década de 1990. Posteriormente ha tenido varias versiones que continúan hasta el momento de redactar estas líneas.

Equipo UBACyT

única y última conocida para preservar. Habrá más cosas, yo desconozco, y se irán haciendo en la medida en que se vayan creando. Creo que vamos a tener que acompañar este proceso, *a priori* no te lo puedo decir. Qué sé yo lo que van a inventar dentro de diez años y si yo voy a estar aquí. Si no estoy, no me preocupa, que se arregle el que se quede con la película. Pero creo que no se puede ir más rápido porque no se sabe y tampoco yo soy la persona para responder eso. Te diría que en realidad creo que lo técnico habría que consultarlo con gente entendida, yo te puedo contar mi experiencia hasta aquí y mi mirada, y es que lo digital, que lo veo como un gran progreso, no es lo único. Es importante remarcarlo, porque hay una ilusión de que esto facilita. Sí, facilita; pero te podés pasar perdiendo el tiempo y el dinero con lo más último de lo último.

Del equipo original de *Esperando la carroza* ¿quiénes participaron en el proceso de remasterización?

José Luis Díaz, el sonidista, y yo. De la parte de imagen, nadie.

¿Eran consultados personalmente o eran notificados de alguna cuestión?

No tenía la necesidad de contar nada, te voy a decir por qué: porque el director de fotografía, en su momento, no hizo la clasificación de la película, no la hizo porque estaba ocupado. Debe ser el primer caso que yo conozco, y justo eligió *Esperando la carroza*. Entonces yo no lo voy a llamar para hacer lo de ahora, si no lo hizo en su momento.

¿Y por ejemplo algunos retoques?

Hay dos cosas que se hacen, fundamentalmente: la herida del negativo que se tiene que restaurar (y lo hacen ellos, los del laboratorio). Creo que estuve dos minutos mirando eso, porque es aburridísimo, están con el lapicito tocando... Es más, después, en la proyección en la sala decíamos "acá", y entonces marcaban en la máquina el fotograma y decían: "a retoque, porque se les pasó". El tema es que te mareás de tanto fotograma y de que son parecidos. Hicieron cosas de restauración importantes que tenían que ver con la rotura del negativo y tuvieron que empalmar bien la unión de una acción física con otra. Tenían un trabajo técnico muy importante, pero eso es específicamente de ellos. Lo que sí requería de una mirada estética era la clasificación de color o de luces, como se llamaba. Ahí sí yo me apoyaba en el operador, que decía "un poquito más magenta", o no; después, que tiene que mantener una continuidad: no podés saltar de un tono a otro. En una escena había un problema pero ya era del original, en que la toma estaba más oscura y justo con Mónica Villa, la actriz, que es cuando se para y grita cuando les reclama arrodillada frente a la familia. La diferencia es que estaba más oscura en ese plano que en el plano general. Hubo que ver cómo se emparejaba ahí. Yo no puedo decir "tocá tal botón", eso no lo sé, yo le digo mi mirada desde lo estético; después, la parte operativa la tiene que hacer el técnico, que en ese caso también aportó artísticamente porque era una persona sensible y de conjunto pudimos hacer que mantenga una unidad lumínica de color, de estética. Igual, no queríamos que se alterara con el original, queríamos que se mantuviera la misma estética y no transformarla en otra cosa.

¿Se mantuvo?

Sí, se mantuvo mejor porque está más luminosa, más limpia, con más definición. Cosas que yo no había visto o no le había prestado atención. Por ejemplo, el personaje de Darío Grandinetti tiene la camiseta de Boca, tiene un diez hecho con una birome que él mismo se dibujó. Pobrecito, ese chico, que es de una ternura… no tenía ni para pegarle un número diez y entonces el número diez estaba hecho con birome. Si mirás el DVD viejo, no tiene presencia; acá, porque se ve mejor, lo mirás y ves que tiene ese pobre diez atrás.

Recordaba cómo habíamos vivido en el equipo esta película que fue una de las pocas o casi la única donde cada uno de sus integrantes, en su totalidad, seguía la historia.

Vos decís que estaba conectado con lo que sucedía en la escena.

Exactamente. ¿Viste que el equipo a veces prepara lo suyo y se va? Aquí, en cambio, la gente se quedaba.

Y eso tiene que ver mucho con esta maravilla de gente que se convocó, que yo creo que es mérito de Alejandro Doria, por supuesto. No hay actores actuales que puedan hacer esa misma película de nuevo. Es más, hicieron "la 2" y ni Betiana, ni Mónica, ni Beto Brandoni[17] están bien como están en ésta, no sé si es la iluminación o es el texto.

---

[17] Refiere a *Esperando la Carroza 2*, estrenada en abril de 2009, con dirección de Gabriel Condron, y a las actuaciones de Betiana Blum, Mónica Villa y Luis Brandoni.

Equipo UBACyT

Vos sabés que esto me dispara algo con lo que entré a pensar, a volar y a comparar. Vos recordás que en *La guerra de las galaxias* hay un personaje que se llama Yoda, esa especie de viejito orejudo, que primero era un muñeco y después se digitalizó. Yo pensaba, comparando con *Esperando la carroza*, que teníamos a Antonio Gasalla, que tenía muchas horas de maquillaje, y que ahora la caracterización no lo hace igual, no es el mismo maquillaje y esto es producto de mi fantasía ¿Vos te imaginas, si se hiciera una Mamá Cora digital, si sería el mismo efecto o cambiaría?

¿Pero con qué objeto?

Con el objeto de que se haga una película nueva. Viste que se habla de que se pueden digitalizar (o clonar digitalmente) actores que ya no están...

Mirá, yo no sé. Lo que te digo es que esta película es una combinación genial de guión –texto, te diría más que guión, aunque el guión fue importante también–, el texto de Jacobo (Langsner) era extraordinario, una adaptación de Alejandro (Doria) –y casi te diría que fue una idea de él–, que el público fuera cómplice de que la vieja vivía y que ellos (la familia) eran unos tarados que estaban armando todo ese lío y en realidad ella estaba enfrente cuidando un niño.

No la veían.

Esa conjunción de elenco extraordinario, hasta la viejita que viene al velorio es un hallazgo total. La encontramos en la Casa del Teatro, es un hallazgo total de *casting*, como se dice ahora. Vos me preguntás si haría... ¿y con qué texto? Yo te digo: si me encontrás otro texto igual, desde ya. Igual, no en el sentido de que digan lo mismo, sino que tenga esa extraordinaria brillantez; entonces sí, yo te digo que sí. No es que yo sea una consumidora de cine digital, pero me encantan las películas para chicos porque me parecen, te diría, los mejores guiones que yo he visto, y he sido espectadora en la vida... No hay guiones mejores que los guiones de *Toy Story* y de todas estas películas, porque vos las mirás y decís: ¡no lo puedo creer! Son genios los tipos, encima son genios para diseñar, para realizar, para animar, entonces están mejor esas películas que el resto, con guiños para los adultos, con cosas para los niños, son impresionantes. No sé si encontrás un texto así. Yo digo: ¿Por qué no nos jugamos? Pero no está Jacobo (Lagsner). Mejor dicho, está, pero no en condiciones de escribir otra cosa así.

¿Querés redondear algo más sobre algo que nos haya quedado en el tintero?

Reiterar que uno debe estar abierto a lo nuevo, pero con un sentido común, "el menos común de los sentidos", y es como eso que es una herramienta. Uno le puede sacar el mejor provecho y descartar aquello que es trivial de esa herramienta, que muchas veces nos pasa con las cosas digitales: "che, hay una nueva tecnología del teléfono". No sé, realmente, estar jugando un rato sí no tiene un uso, un requerimiento decisivo… Pero en lo nuestro es verdaderamente interesantísimo todo lo que ha ocurrido en la medida en que lo usemos bien. Es más, te diría como reflexión: yo creo que el cine en sala no se ve con buen futuro –no sé, a lo mejor me equivoco, porque también dijeron de la televisión y del teatro que iba a morir uno con el otro, que aparecía el cine y mataba el teatro, y que la televisión mataba al cine–. Yo digo: los chicos ven la computadora, no ven televisión. Si ustedes prestan atención a los hijos propios o ajenos –yo no tengo hijos, pero veo lo que sucede– los chicos no miran la televisión, miran los programas o lo que le interesa por Internet. Eso es un cambio, ahí sí nos vuelan las moscas arriba de la cabeza a los argentinos, no sé si a los otros; no estamos prestando atención a esto que sí es nuevo. En una de esas vamos a encontrar que el cine que tenemos que hacer va a ser un cine que se transmita por internet y que se convoque por internet la manera de producirlo, la parte financiera, se establezcan formas que puedan producir, independientemente del Estado. Para mí sería lo ideal. Lo ideal sería que uno pudiera llegar al público, eso sí es una cosa que hay que explorarla y transitarla. Yo, generacionalmente, no tengo margen ya, pero deberían los jóvenes estar preocupados en vez de estar pensando en el 35mm, que para mí es un tema terminado, estar pensando de qué manera se puede abaratar. Ahí hablamos de lo que la herramienta tiene de aspecto interesante, porque la tecnología en internet no requiere de una máquina complejísima que haga que se tenga que invertir cien mil dólares en una cámara, o pagar el alquiler de una cámara de cien mil dólares. Hablamos de cómo se te facilitan las cosas, pero, sacándole el jugo y el provecho, yo creo que tenemos que trabajar sobre la base de internet como vehículo de comunicación; de hecho hay gente que lo hace, pero, digo, de poner el énfasis.

Ya hay películas que se distribuyen por internet.

Nosotros tenemos que empezar a prestar atención, porque de pronto te miran *de un saque* fracasando por internet, cuatrocientas mil personas, o un

Equipo UBACyT

millón, o treinta y cuatro millones… Depende de lo que estás haciendo. De hecho, vos entrás en *Esperando la carroza* (en algunos de los sitios de Internet que refieren a la película) y hay alrededor de novecientas mil visitas en uno solo de los sitios; hay muchos sitios.

¿Sitios donde se puede ver la película?
Sí, donde ves la película. Yo encontré uno que dice "película entera": novecientos sesenta mil. Qué sé yo cuánto tienen ahora; como a veces pasan dos o tres semanas que no miro, imaginate lo que es una película recontravista y revista y revisitada mil veces. Yo digo una película de jóvenes que atraiga, de género, que es interesante eso. De repente vos encontrás casos, o hacer cortos donde te sumen, porque la atención del monitor es de otro tipo, por ahí no estás una hora y media mirando la película. Cambia la manera de ver: era una hora y media porque era cine y porque tenías que salir de tu casa. Ahora, en tu casa y con el monitor, a lo mejor con quince minutos, media hora, te alcanza, o media hora te alcanza como comunicación.

También tenés que tener una infraestructura que te permita tener una internet que se mantenga estable…
Bueno, pero en las grandes urbes ya está eso. De hecho, cuando yo te hablo de esos millones te hablo de ciudades centrales, no de un pueblo de La Pampa.

Y a su vez es limitativo también porque antes en los pueblos se daban las películas, esto de algún modo te recorta algunas cosas.
Hace mucho que los pueblos perdieron el cine, hace mucho que se perdieron las salas, empezaron a resurgir ahora con el INCAA, con INCAA TV, con la recuperación de alguna que otra sala, pero las salas se perdieron hace veinte, veinticinco años, o más. Es más, te digo que la Internet, en ese sentido es de una democracia extraordinaria, más que el cine, porque vos podés hacer de todo con la computadora, desde ver películas hasta hacer tu trabajo o comprar cosas y no es que tenés que pagar. Sí, pagás el abono, pero quiero decir: no es que salís de tu casa, vas a tomar un vehículo, vas a entrar a una sala y esperás, y te la proyectan mal, o como antes, que te daban el "número vivo" y había que tragárselo. Pero bueno, el progreso es interesantísimo en la medida que uno piense de qué manera lo podemos aprovechar mucho más.

¿Fue en 2D la digitalización de la película?
2D.

Una vez pasamos acá, en la Facultad, *El Pibe*, de Charles Chaplin, en DVD. Estaba restaurada, se veía muy bien y tenía un acercamiento muy fuerte a la obra original. Pero, claro, digitalización de por medio, vos notabas la pintura de maquillaje blanco que era para los contrastes y la parte del cuello que no se veía. Los pibes se reían por eso, no por la acción, sino porque notaban estas cosas. Esa digitalización revelaba detalles que no estaban previstos, o a lo mejor porque se sabía que no iban a aparecer. En la versión digital de *El Mago de Oz* encontraron el perno de El Hombre de Hojalata que nunca habían visto y que se había perdido de copia en copia. ¿Qué pasa con esta apetencia de "mejorar" con la digitalización, la obra original, esto de ver de ver los "hilos" que antes no se veían? ¿Lo ves viable, interesante o rechazas la idea?

No, depende. Es lo que dije antes. Depende: si vos me decís que va a cambiar la esencia, no estoy de acuerdo. Si ellos hubieran retocado, en esta cosa manual, yo hubiera estado de acuerdo, porque la idea de Chaplin era que no se viera. Era así porque el truco era que no se viera, entonces vos respetás más retocando el maquillaje en la post-producción lo respetás más a Chaplin que dejándolo tal cual era. La imagen no se mostró así, era así porque era el truco. Es como si dejaras ver el truco o como si borraras los hilos de algo que se mueve con hilos. Si ahora se ven, borralos, porque en la copia original no se veían los hilos. Yo creo que eso es respetar, y en ese sentido hay un concepto: cuando restauro se tiene que ver mejor que el original, porque siempre viene con lastimaduras, más puro pero no mostrando el truco.

No confundir el respeto al director con conservar determinadas cosas que no se tienen que ver…

Sí, imagínate que hicieron la clasificación de luces[18] y no la hicieron bien y al director nunca le gustó; se murió hace sesenta, setenta años y hoy tenemos oportunidad de que se remasterice y aparece un tipo con la sensibilidad para darse cuenta que lo que quisieron hacer no es lo que está en el original, sino esto. ¿Por qué no? No sabemos eso, hubo discusiones y vos trabajaste en la

---

[18] Proceso de análisis de luces, intensidades, tonos, para el proceso de post-producción.

actividad y te diste cuenta cómo se veía el tema, cómo se veía la película en la copia y el director decía: "no es la película que yo hubiera querido y quedó así". ¿Y si ahora se arregla? ¿Si ese defecto se arregla? Y al tipo lo traemos del más allá y te dice: "¡Genial, así me hubiera gustado verla a mí en su momento!" Igual va a ser subjetivo, pero yo no le tengo miedo a eso, porque las alteraciones no sé en qué otras cosas se pueden haber dado. Yo lo veo como una mejora, como una intención de agregarle calidad. Si había texturas atractivas que no se podían ver en esa época... Por ejemplo, hay planos en *Esperando la carroza* en que quedaba todo, no te digo fuera de foco sino en un *flou*. Y de repente acá esta claramente en foco, a lo mejor está en foco éste y el otro está en *flou*, al revés, y se ve netamente eso que en la copia positiva no lo podíamos ver, lo veíamos como medio "blando". Acá se ve claramente una cosa contra la otra. Otro caso es, desde el sonido, lo mismo. José Luis Díaz agregó cosas que no las había puesto en el original. Sonorizó, enriqueció con un sonido en *off* de algo que sucedía afuera, que lo hizo más moderno, porque antes era un sonido mono.

En este caso también es interesante porque José Luis Díaz ("Ruidito") es el sonidista original.

Es el autor del sonido, por eso te digo que en este aspecto hay que ir con criterio, con sentido común.

En otros casos –no en el de los que participaron, que apelaron a su propia memoria–, de gente que no participó de la producción original, ¿es necesario el estudio de las fuentes de entrevistas para saber qué era lo que querían?

Yo no sé lo que puede pasar en otras películas. Como yo fui testigo de la mía, corro con una ventaja. Igual nadie quiso alterar nada, todo fue para que se vea mejor, para que tenga el color un poco más atractivo. Las paredes del decorado están más limpias, en el sentido que ves mejor la textura. Ya de por sí era una película con graves problemas de luz porque hubo algo que odió Alejandro: que el rosa de las paredes se proyectaba sobre la piel porque había luz rebotada y ¡él eso lo odió! Así que me acuerdo de eso y cuando hicimos la clasificación de luces tratamos de que no ocurriera, en ese sentido ahí te pongo un ejemplo de mejora clara. Las películas, sobre todo las argentinas, vienen muy imperfectas por todos los problemas económicos, se hacen muy rápido, no hay tiempo, hay toda una precipitación. Hablo de una época, no

Diana Frey

sé si en la última, si de repente tecnológicamente... Pero yo creo que siempre es igual, siempre con la soga al cuello y siempre tratando de solucionar como podamos, y eso afecta a veces la calidad de lo que se hace. No le das tiempo a las cosas.

Hugo Colace[1]

Nuestro libro se llama "*¿Post-Analógico?*". A raíz del título, podemos preguntarnos: ¿A qué le decimos "analógico" y por qué se utiliza tanto el término? ¿Es pertinente su expresión, o en todo caso, hablando de cine y de fotografía, deberíamos decir "fotográfico" en función del material?

La verdad es que "analógico" es un término que se empezó a usar en los últimos años. Al primero que le escuché pronunciar esa palabra fue a José Luis Díaz, un sonidista que seguramente podría explicarlo mucho mejor que yo. Nosotros siempre tenemos en cuenta –cuando digo *nosotros*, me refiero a los directores de fotografía, los fotógrafos– los términos que se emplean para designar lo que antes era fotoquímico y ahora es digital. Por lo tanto, hay una parte que me estoy saltando en el medio, y es la del uso del video, que a nosotros nunca nos gustó, y ante el cual siempre nos sentimos enfrentados. En definitiva, nosotros pasamos directamente de lo fotoquímico a lo estrictamente digital en lo que tiene que ver con los materiales conocidos y los materiales nuevos. Cuando empezaron a aparecer las primeras cámaras de video, por ejemplo la Sony 950 y 900 o las de la línea Panasonic, la situación, en verdad, no nos gustaba nada, y había una resistencia importante. Por lo tanto, cuando empezó a aparecer lo digital, con un acontecimiento definitorio como fue la entrada en escena de la Red One[2], comenzamos a ver la cuestión de otra manera.

---

[1] Director de fotografía de largometrajes y cine publicitario de extensa trayectoria. Entre sus trabajos en cine, se destacan *Historias mínimas* (Carlos Sorín, 2002), *El juego de Arcibel* (Alberto Lecchi, 2003), *El camino de San Diego* (Carlos Sorín, 2006), *El nido vacío* (Daniel Burman, 2008), *La ciénaga* (Lucrecia Martel, 2000), *El lado oscuro del corazón* (Eliseo Subiela, 1992), *Sin retorno* (Miguel Cohan, 2010) y *Made In Argentina* (Juan José Jusid, 1987). Fue cameraman en *Espérame mucho* (Juan José Jusid, 1983) y *Los pasajeros del jardín* (Alejandro Doria, 1983).

[2] La Red One es una cámara de alta definición utilizada para el registro de films destinados a la exhibición en salas. Se trata de una de las cámaras de más alta performance que registra las imágenes en 4K de resolución, según su fabricante.

Equipo UBACyT

¿Por qué "de otra manera"?

Porque el video tiene una textura muy fuerte y muy contrastada. Cuando aparecieron las cámaras de alta definición para televisión, se pensó que podían ser útiles para registrar y ampliar a 35 mm. Sin embargo, mientras el negativo del cine era una cosa, el HD[3] en ese momento no tenía la calidad suficiente para permitir su ampliación (al menos con una calidad aceptable). Por este motivo, estábamos inmersos en una situación a la cual nos resistíamos, porque estábamos en plena etapa de comparar, y al comparar, uno era muy riguroso, no dejábamos pasar un detalle. Empezábamos a tener problemas al pasarlo a film, con el dibujo blanco que se hacía en los contornos, y otros tantos inconvenientes que nosotros no perdonábamos; insisto: *nos resistíamos*. Cuando me tocó hacer la primera y única película que hasta ahora he realizado en HD –cabe aclarar: HD "normal"[4]–, con registro en cinta de una cámara Varicam de Panasonic que trajimos de España, utilizamos unos objetivos DigiPrime que podían colocarse directamente en la cámara. Muchas veces se intentaba imitar el *look* de cine mediante una serie de extraños "artefactos" que, al parecer, simulaban el parpadeo cinematográfico; el resultado era espantoso, y por lo general traían más problemas que soluciones. Pretendía ser un complemento para eliminar parte de esa definición grotesca que tenía el video en ese momento. Era como una simulación del cine, una cosa muy rara realmente, yo sólo lo probé en un comercial que terminó en TV. Este artefacto era el adaptador PRO 35, de PS Tecknischs, Alemania, y permitía usar en una cámara con montura HD cualquier óptica de 35 mm con montura PL, que es la montura que usan todas las cámaras profesionales en la actualidad[5]. La entrada de la cámara era similar a los lentes de televisión,

---

[3] Registro con alta resolución, mayor que la televisión Standard (720 por 576 píxeles en el sistema Pal utilizado en Argentina). El HD tiene resoluciones que van desde los 1280 por 720 píxeles hasta 1920 por 1080 píxeles, logrando una gran cantidad de información sobre la imagen.

[4] El HD normal tiene una resolución de 1280 por 720 píxeles. La resolución de 1920 por 1080 píxeles es conocida como "Full HD".

[5] Este dispositivo lo que hacía básicamente era formar la imagen en un esmerilado interno propio para que después, una vez reducida la imagen, sea escaneada por el CCD. El adaptador mantenía la misma focal de la óptica, es decir que un 85mm en una cámara de 35 mm tenía exactamente la misma angulación que ese 85mm montado con el adaptador en una cámara de HD. Sabemos que el video, entre otros defectos, padece de una excesiva profundidad de campo, y este dispositivo/adaptador corregía dicho problema (esta nota aclaratoria pertenece al entrevistado. N. d. R.)

y la salida era, en realidad, un adaptador para lentes de 35 mm. Ahora bien, todos estos eran intentos, uno tras otro, para tratar de que la gente se volcara al video y demostrar que no había ninguna diferencia. Nosotros éramos los fiscales, y percibíamos que había diferencias.

La película en la que use la Varicam con los objetivos Digi Prime era *El frasco*, de Alberto Lechi (2008).

Como neófito en la dirección de fotografía recuerdo que algunos estudiantes de cine que trabajaban conmigo me contaban sobre la posibilidad de quitarle un campo de luz al video. Hablo de fines de la década del noventa.

Bueno, pero eso era lo que hacía Pol-ka[6] en todas sus series, desde *Gasoleros* (1998-99). No sé si no arrancaron en el policial *Poliladron* (1995-97) con la práctica de sacarle un campo. La imagen tenía como una indefinición, pero con este procedimiento ellos buscaban estar cerca de la definición de un negativo de 16 mm o darle un *look* parecido. De hecho, me dijeron que hubo un intento de venderle esta idea a HBO[7], la cadena se negó y exigió la producción en 16 mm. Esta técnica, que tenían muy estudiada, era mucho más económica y auguraba una producción fluida.

Existía una muy promocionada llamada Cine Alta...

Esa cámara es posterior, también de Sony. Pero bueno, eran los comienzos de Cine Alta y Sony le fabricó a Panavision la cámara Génesis. La Génesis de Panavision[8] en realidad era como una Sony Alta[9], que tenía mejor resuelto el tema del HD.

---

[6] Pol-ka es una productora impulsada, en sus orígenes, por el actor y productor Adrián Suar, ante la necesidad de generar contenidos propios y abrir fuentes de trabajo en el rubro. Hoy es una de las más importantes productoras televisivas argentinas de ficción, que impuso en sus producciones de la década del noventa una calidad cinematográfica en el tratamiento de la imagen y el proceso de producción con una sola cámara.

[7] Cadena internacional de televisión por cable y distribución "Premium" de contenidos, que se ha convertido también en productora de contenidos para televisión y cine.

[8] Panavision es una empresa de cámaras y lentes fundada por Robert Gottschalk que desde los años cincuenta se destacó especialmente por ofrecer el equipamiento para films de pantalla ancha, durante el auge sistema Cinemascope (que a su vez permitió la sustitución del 70 mm), VistaVisión, Cinerama y Todd A-O, gracias a sus lentes anamórficos. Su objetivo era diseñar una cámara de video digital de alta definición que además se adaptara al formato ancho de 1:2,35.

[9] Cine Alta fue un promocionado modelo de Sony vinculado con la producción de audiovisuales para su transcripción posterior a fílmico o directa exhibición digital.

Equipo UBACyT

En la década del ochenta hubo algunas experiencias de video de alta definición transcrito a 35 mm. Pero se podían apreciar las diferencias, ciertas texturas e indefinición en los contornos. Uno de los casos fue *Las dos vidas de Julia*, dirigida por Peter del Monte en 1987...

Sí, se notaban muchísimo, se generaba un borde blanco. Una de las películas que yo recuerdo que estaba filmada con la Génesis de Panavision fue *Apocalipto* de Mel Gibson (2006). Se filmó íntegramente con esa tecnología, y había situaciones en las que la cámara se movía y se veían algunos problemas, aunque en general era aceptable en pantalla porque tenía detrás una posproducción muy grande. Imagínense que estas cámaras[10] tienen la misma calidad ahora que aquellas con las que se filmaron esas películas. Cuando posteriormente surge la Red One, que es la primera que supera el HD y graba, en teoría, en 4K (podemos considerarla dentro de esta gama)[11] cambia el *standard*. Toda la posproducción, no obstante, se empieza a trabajar a 2K, porque todavía se hace imposible mover semejante volumen de información. Es probable que de acá a un tiempo se modifique la situación. Hay una cámara de Sony, que es la F65, que ya está grabando a una resolución superior a 4K, y tiene que hacer una compresión para que se pueda trabajar en la post-producción. Por la comunicación que tengo con colegas de otros países, entre los directores de fotografía hay un acuerdo: a todos nos parece que la cámara que nos ayudó mucho en el tránsito hacia lo digital fue la Alexa, de ARRI. Y de alguna manera esto tiene que ver con que ARRI siempre fue un fabricante de cámaras de cine, no así Sony. Los responsables de ARRI no pretendían que sus cámaras se vendieran como cámaras de video para la televisión, por eso preestablecieron, entre otras cosas, dos modos. Uno ligado al LUT buscado y un contraste determinado, que es una curva que se

---

[10] El entrevistado se refiere a la cámara 7D de Canon con la que se grabó esta entrevista. La misma tiene una resolución máxima de 1920 por 1080 píxeles. El énfasis en la frase se vincula con que esa resolución se utilizó para muchas películas grabadas en digital antes del advenimiento de las cámaras 4K.

[11] 4K es una referencia de resolución horizontal en video digital, y es una medida también aplicada a infografías. La misma refiere a 4096 por 3072 píxeles (en relación de aspecto 4:3), o su referencia equivalente en kilo píxeles: 4 kilo píxeles. En el formato de cine tradicional con relación de aspecto 1,85:1, esta resolución puede ser de 3996 por 2160 píxeles, y en el formato Panavisión (pantalla ancha) de 4096 por 1714 píxeles. Las cámaras 4K conocidas en el mercado han sido DalsaOrigin (anunciada como la primera con esta resolución), la Red One, La Red Epic, y la Sony Cine Alta. Esta última graba en resolución de 4096 por 2304 píxeles, siendo la más alta hasta el momento.

llama 709, y el otro, que es exactamente como graba la cámara y responde parecido a un negativo de cine. Es una curva logarítmica y se llama Log C, supongo que porque está creada para el cine. En síntesis, la Log C y la 709 son las dos curvas con las que trabaja esta cámara; una de grabación y otra de visualización exclusivamente.

Cuando hablamos de curvas, ¿hablamos de valores, de contraste, de tonos?
En realidad, son como curvas preestablecidas. En los procesos fotoquímicos uno tenía un negativo concreto. De acuerdo con el revelado y con otras variables, como ser las características del negativo, la persona a cargo del laboratorio podía trabajar con esa curva sensitométrica[12]. La curva ya venía establecida en el negativo por el fabricante (Kodak, Fuji, etc), y en realidad lo que trataba de hacer el laboratorio era adaptarse lo más que pudiera a esa curva. En esta curva existe una base, y hay una recta y un "hombro" que representan las altas luces, las luces del medio y bajas luces, las que podían apreciar en las áreas donde no se "arratonaban". A partir de ahí, se podía trabajar el negativo con cinco puntos o siete puntos de exposición. Siete puntos era lo que te decía Kodak más o menos. (Juan Bautista) Stagnaro[13] también tenía su teoría: aseguraba que, de todas maneras, el negativo tenía cinco puntos. Por lo tanto, todo se resumía a esos cinco puntos entre las altas luces y las bajas luces.

¿La latitud tiene que ver con eso?
Claro, esa es la latitud del negativo, justamente.

Cuando vos hablaste de los dos parámetros, el de cine y del de la televisión, ¿se consideraba el lugar de la recepción, es decir, el hecho de que en un caso la imagen iba a ser proyectada y, en el otro, vista en una fuente de luz en tu casa? Me refiero al momento en el que se deciden estos modos de cámara.
Lo que podemos decir es que, por ejemplo, el Log C, que sería algo así como la curva cinematográfica, da como resultado un negativo de muy bajo

---

[12] Curva que relaciona los valores de exposición con la respuesta de la película en términos de ennegrecimiento u opacidad.
[13] Juan Bautista Stagnaro es un importante director de cine argentino (*Casas de fuego*, 1995; *El camino del Sur*, 1988) que también cuenta con un laboratorio en el cual se procesan numerosos films publicitarios, artísticos y documentales, quien también ha mantenido charlas de intercambio sobre los temas que nos ocupan en este libro.

Equipo UBACyT

contraste y con mucha lectura de los detalles. Entonces, en el Log C, entran seguramente más de siete puntos de latitud. Es como mirar un negativo con poco contraste, es decir, está todo captado, esa es la idea, está captado desde la alta luz a la baja luz (por supuesto que, si pasa un límite, ya no se ve nada). Pero tiene una muy buena separación de lo que serían los distintos pasos.

¿Qué hacemos en general? La cámara graba con el Log C, pero nosotros, en los monitores que tenemos para testear, lo vemos en el 709, un poco para verificar la alta luz y la baja luz, porque es como una curva hecha para apreciar un *look* más o menos preestablecido. Vemos, además de la forma de onda, el False Color, que es casi como nuestro fotómetro. Yo personalmente cuando mido con el False Color, lo hago con el Log C. Mientras se trabajan las luces, uno se une al operador de HD o con el DIT[14] y, si se cuenta con tiempo a favor, se busca –al menos apenas– una intención de luz, de contraste, de color y de filtro para esa película. Eso último ya sería no a partir del 709 (la curva televisiva), pero sí del Log C (ya pensada para cine); de todos modos, uno busca darle una intención. Cabe destacar que el Log C es un *espectro* que uno ve de forma, diría, un tanto desagradable. Por supuesto que al director, para que vea y para que esté contento, también se le pone un 709. Y después, por ejemplo, tenemos la F 65, que ya empieza a tener muchas alternativas, de color, de contraste y de potencia de la imagen, porque puede pasar los 4K de registro, si uno quisiera, y a eso hay que agregarle la sensibilidad.

Estoy diciendo que ya estamos en una etapa en la que el negativo fue alcanzado en calidad por el digital, que permite otras herramientas, y al que además se le puede agregar otro tipo de trabajo. Indudablemente, a partir de estas nuevas herramientas se impone un cambio de mentalidad.

¿Qué período abarca la incorporación de estos dispositivos de registro y la adaptación de los modos de trabajo?

La cámara Alexa es de hace poco más de dos años. Diría, entonces, que de cuatro años a nuestros días, cuando se introdujo la Red One, comenzamos a mirar este proceso con otros ojos, aun cuando la cámara haya tenido algunos problemas en sus inicios. Se pueden ubicar a las dos películas sobre el Che

---

[14] Técnico de Imagen Digital. Las siglas corresponden a la definición en inglés: Digital Imaging-Technician.

Guevara que hizo Steven Soderbergh[15] como algunos ejemplos de trabajos hechos con los modelos iniciales de esas cámaras. Estas películas fueron filmadas en España, con problemas de recalentamiento, con técnicos de Red que estaban ahí "al pie" de la cámara, porque era casi una cosa experimental, si bien ya la habían probado, y Peter Jackson, el director de *El señor de los anillos*, también hizo un demo para Red. Ya se veía que era distinta; no era una cámara de televisión, se trataba de otra cosa.

En la presentación de *Recorridos*, nuestro anterior libro, Enrique Angeleri, que estaba al lado tuyo, había hablado de los problemas que tuvo con Red One...

Exacto, porque eran las primeras producciones que se hacían. De hecho, fue una cámara casi inventada por el mercado: uno se anotaba y pedía plata. Me acuerdo que la cámara salía quince mil dólares en ese momento. Entonces, de acuerdo con lo que uno adelantaba, lo iban cambiando de puesto en la lista, así como el orden. Si uno les daba quince mil, entonces te ponían primero, les dabas mil, te ponían más abajo. Con eso, mientras tanto, iban experimentando. Había ya unos modelos prototípicos, pero eran sólo eso: prototipos. La cámara, de todas maneras, se desarrolló muy bien. Hay también otros modelos: ya tienen uno, la Red Epic, que se usa mucho. Esta cámara cuenta con la posibilidad de usar alta velocidad de 300 fps y, al tener muy buen recorte en los bordes, es recomendable para hacer Cromas. En este momento tienen tres modelos: Red One MX, Red Epic y Red Scarlet; cada una con características bien definidas.

¿La Red se estandarizó o sigue en fase experimental?

No, ahora es una fábrica en serie. Pero al principio fue un buen golpe de marketing: "ya la tenemos", decían. Pero no la tenían, estaban experimentando. Para eso necesitaban financiamiento. ¿Y qué mejor que proponerles pagar por adelantado? Después hay que "sufrir" la primera camada de cámaras, con toda una serie de problemas. Es verdad que había una especie de cobertura al cliente; ellos decían "te reponemos esto, sacamos esto que es mucho mejor, lo ponemos sin costos".

---

[15] *Che: el argentino* (*Che: part one*, Steven Soderbergh, 2008) y *Che: Guerrilla* (*Che: Part two*, Steven Soderbergh, 2008).

¿Cuál es la empresa? ¿De quién depende?

Creo que la empresa se originó con Jim Jannard, el fundador de una compañía que se dedicaba a anteojos de sol y deportes, entre otras cosas. Tengo entendido que en sus inicios participó en el boceto inicial el argentino Jorge Ricaldoni, quien estuvo en Panasonic, Sony BroadcastLatinAmerica, DivicomRental y fue asesor técnico del INCAA.

¿No convenía ser el primero en la lista, no?

No, al contrario. De hecho, yo hice mi primera y única película con la Red One, que fue *Dos hermanos* de Daniel Burman (2010). En ese momento, la cámara tenía muy baja sensibilidad, y había que filmar escenas nocturnas en un lugar chico, en Uruguay, con poca iluminación municipal. La verdad es que fue problemático, porque tuve que llevar bastante luz, cosa que, parece, me costó la relación con la productora, porque no sé si ellos terminaron de entender bien que la cámara, en ese momento, funcionaba con una sensibilidad de ISO 160, cuando ya teníamos la posibilidad de usar negativos no digo de 800 ASA, que se podía haber usado, pero sí de 500, que funcionaban perfectamente. Estamos hablando de casi tres puntos de diferencia, que son significativos si uno registra la puesta de luz en una calle en un escenario nocturno. Ahora uno puede estar filmando a 800 ASA sin ningún problema con la Red One, la Épic o la Alexa. Aún filmando a 1600 ASA, haciendo pruebas, están muy bien estas cámaras.

¿En algún momento creíste que trabajar con lo digital podía ser contraproducente?

Exacto, totalmente. Porque al inicio de esa transición era como "volver atrás". Es verdad que ya no se trataba de una cámara de televisión, pero todavía era un comienzo. Hasta dio lugar, incluso, a numerosas reuniones respecto de cómo se conformaba el equipo. Se trata de un debate aún vigente: incorporar un técnico más a la producción era difícil porque a veces la producción no comprendía esta necesidad. La alternativa era, por ejemplo: ¿se elimina al segundo de cámara y entonces el DIT hace los dos trabajos? ¿O se elimina al *video-assist*? Era una situación complicada que continúa hoy en día. A mí me parece que con el tiempo – es una idea que yo tengo, pero no puedo certificarla todavía – lo que va a desaparecer es la figura del DIT. Es decir que, cuando cambie la generación de ayudantes de cámara, van a ser todos tipos muy familiarizados

Hugo Colace

con la computadora, con este tipo de cámaras, con la tarjeta de almacenamiento, disco rígido o lo que en ese momento sea el soporte de datos. Entonces, sí se va a modificar el trabajo del segundo de cámara (antes encargado del negativo, la bolsa negra, el cuarto oscuro y etiquetar). Estos procesos van a ser sustituidos por otros. Creo, también, que la nueva generación de directores de fotografía ya formados en lo digital no va a necesitar que el DIT los guíe. Recientemente hice una experiencia en Brasil sin DIT, porque en Brasil no existe esa figura. El DIT es una persona que baja la *data* con seguridad, identificándola, y al mismo tiempo tiene una función similar a la que uno cumplía en el laboratorio. Antes, uno hacía un largo, iba al laboratorio, hacías pruebas, hablabas con la gente de química, hablabas sobre lo que ibas a hacer y preguntabas qué servicios te ofrecía el laboratorio, si tenías que forzar el negativo en el revelado y si tenías algún problema en las imágenes tomadas en el exterior a la noche. Uno podía hablar de todo eso, entre otros, con el colorista o dosificador que te aconsejaba sobre algunas cosas. Pues bien, eso ahora no existe, por lo tanto, aquella figura la cubre en parte el DIT. Y yo creo que tiene que ver con los miedos que teníamos al principio nosotros en tanto formados en el negativo y teniendo ya una experiencia con el fotoquímico. Este nuevo sistema requiere que alguien, para que las cosas estén bien, te ordene. Con el tiempo, muchos DITs se están convirtiendo en directores de fotografía. Hacen bien, porque la figura del DIT no va a existir más. Por otra parte, cuando una generación muy ligada al digital aparezca (ya lo está haciendo), y algunas de estas personas deseen hacer algo en soporte fotoquímico como experiencia, acopiando material en 16 mm antes de "que se acabe" para poder conocer este proceso, se va a tratar de algo, si se quiere, exótico. Hay también variables: prácticas que implican utilizar, con las cámaras digitales, lentes viejos, como aquellos de los años setenta, sesenta, las *SchneiderKreuznach*[16], que solían usarse con la ARRI y luego, en algún momento, las tiraban a la calle; aquellas mismas que usábamos nosotros en muchas películas en su momento. Por ejemplo, un juego de lentes que durante muchos años se usaron para hacer *scouting*[17], estaban ahí en la valija, y nadie los cuidaba, ahora son un tesoro. Igual no sé cuánto va a durar eso.

---

[16] La empresa cumplió 100 años. La primera foto de la Tierra desde el espacio fue tomada con un objetivo de esta compañía. Hoy también se dedica a fabricar objetivos para *smartphones*.
[17] *Scouting* es un término abreviado para *Location Scouting*, una fase de la producción cinematográfica en la cual un miembro de la producción busca, elige y registra locaciones posibles para el rodaje.

Equipo UBACyT

Ya que estás con cuestiones de óptica: con las primeras cámaras digitales y el tamaño de los sensores, ¿ha variado la profundidad de campo con respecto a las cámaras fotográficas y cinematográficas, obligando a un acostumbramiento a esta modificación?

No fue tanto sobre la profundidad de campo, sino que lo que determinaba el tamaño del sensor era que, por ejemplo, en las cámaras fotográficas Canon 7D[18], todavía era menor a la de la cámara de fotografía de 35 mm. Entonces, eso hacía que una lente con una denominación 28[19], no se comportara como tal, sino como un lente más "larga"[20], cerca de 2,5 puntos. En el cálculo, siempre considerábamos un margen de error de unos puntos más abajo, con el fin de tener más angular y así llegar al resultado deseado. Ahora, con la Canon 5D, que ya tiene el tamaño de la foto normal, las lentes viejas que se usaban en las cámaras antiguas empiezan a andar en las nuevas como funcionaron siempre. De todos modos, no creo que se vuelva al viejo chip, más pequeño. Posiblemente, todo lo que venga de ahora en más será de ese tamaño.

Sin embargo, con una cámara analógica sacamos una fotografía con diafragma 2.8 y tenemos poca profundidad de campo. Pero si la tomamos con una cámara digital de sensor más chico y el mismo diafragma, la profundidad de campo es enorme.

Yo creo que eso tiene mucho más que ver con la definición. Es decir, no llega a tener un fuera de foco como el que tenías con un negativo, porque la estructura misma del negativo, ese grano móvil que tiene el negativo, no se compara con una plaquita hecha industrialmente con unos agujeritos fijos. Entonces, termina dándole una definición a todo, más allá del campo focal. Si bien la regla está, de todas maneras el fuera de foco y la textura que vos lograbas con un negativo no es comparable con el fuera de foco de una digital, que te da todavía más definición. No llegás a perder el foco tanto como en el

---

[18] Un modelo de cámara réflex digital de Canon que es frecuentemente utilizada, debido a su función doble de cámara de video Full HD, para producciones con calidad *broadcasting*.
[19] Las medidas de las lentes se miden en milímetros y se vinculan con sus características: lentes angulares, normales y teleobjetivos. La variación en puntos de milímetros entre uno y otro lente influye sensiblemente en la profundidad de campo –la distancia por detrás y por delante del objeto enfocado en la cual se conserva una nitidez aceptable–.
[20] Comparativamente, menos "angular" y más "teleobjetivo".

negativo. Ahora, a medida que los vas ampliando, vas empezando a ver las diferencias donde está el foco puesto y cómo se va perdiendo el resto. Y es otro tipo de textura, igual. Yo creo que con estas cámaras nuevas de cine, si uno quiere darle ese tipo de *look* un poco más "cinematográfico", debe recurrir a un filtro difusor. Hay una cantidad de cosas que, al tener tanta definición, estas cámaras registran bien, sin problemas. Yo hoy voy al cine, veo una película hecha en Estados Unidos, o en Europa, de mucha producción, y me quedo al final para ver cómo está hecha. O sea, lo que te quiero decir con esto es que antes era "una patada en los ojos". Ahora, dicho con honestidad, me cuesta distinguirlo. No puedo sacar ninguna conclusión del tipo: "no, esto seguro está hecho en fílmico o digital". Yo estaba seguro de que la película *Hugo* estaba hecha en fílmico, 3D, y cuando terminó el film –yo no había leído nada, no sabía absolutamente nada–, vi que se filmó con dos ARRI Alexa. Y ahora, en la post-producción, para encajar el ojo derecho con el ojo izquierdo, parece que todo "va por un tubo".

Mencionaste hace un rato que ya se había igualado al negativo, ¿el sensor igualó al negativo en cuanto a la calidad?

Si uno habla de lo visual, no lo sé, no estoy seguro. Pero si hablás de capacidad, lo que antes era el fotograma, la cantidad de información que tenía ese fotograma en relación con la que tiene ahora, creo que fue igualada e incluso, me atrevería a decir, superada. Te voy a dar un ejemplo para que esto quede claro. Nosotros filmamos *Historias mínimas* de Carlos Sorín (2002) en súper 16. Los planos generales los filmábamos con una cámara de 35 mm, porque el grado de información que había en un negativo de súper 16 mm, fotográficamente, no estaba bien, porque en los planos grandes o generales se siente mucho el grano. En los primeros planos, en los planos medios, en general no había problemas. O sea, una vez que el ojo se adapta al grano, se acostumbró y ya está. Pero en el plano general "volvías a pegar un golpe en el ojo", y eso era lo que generaba ruido. Entonces, lo que hacíamos era suavizar ese efecto, intentábamos que "no pegara en el ojo" cuando había un plano muy abierto. De todas maneras, en *El nido vacío*[21] tengo que decir que todo lo que se filmó en Israel se hizo en 35 mm. Porque ahí habían inaugurado un laboratorio nuevo

---

[21] Film dirigido por Daniel Burman en 2008.

Equipo UBACyT

de Kodak, y el revelado en 16 mm era experimental, y como se alquiló todo allá, entonces se alquiló todo en 35 mm. De todas maneras, como eran muchos exteriores (el desierto entre otras cosas), de paso venía bien para lo que estábamos buscando.

Una vez, estaba viendo las entrevistas acerca de *Encuentros cercanos del tercer tipo*, y lo que contaba el director de fotografía Vilmos Zsigmond era que, para la película en general, se trabajó con el Panavisión anamórfico, pero para los planos generales, que luego debían ser procesados para superponer las naves espaciales, luces y otros efectos como tormentas y nubes, lo hicieron con película de 65 mm[22]. Decía lo mismo que vos con respecto a la comparación entre planos generales y planos medios

Exacto, sí, pensá que en esa época (fines de los setenta), los efectos de post-producción no eran digitales, eran trucas ópticas. Las primeras técnicas digitales fueron hechas en video. Cuando hice la película de Eliseo Subiela *No te mueras sin decirme a dónde vas*[23], se hicieron trucas en Barcelona, que eran trucas de video con el SOLITAIRE, pero la tecnología era muy reciente todavía. Lo que se hacían eran cosas de publicidad. Comparado con lo que es ahora, trabajar con digital era muy heroico.

Toda la cuestión fílmica que se hacía con óptica –acá había un tipo genial que se llamaba Nazzar, y también Stagnaro–, era una cosa muy artesanal, a un extremo hoy asombroso. Lo que ahora resulta una pavada, en esa época era muy complejo. Yo una vez hice un comercial para Uruguay de pinturas *Casablanca*, el director era Miguel Crebs. Se trataba de una película de los hermanos Marx en la que pintaban una casa y hacían un desastre. El comercial empezaba en blanco y negro, como una película de los hermanos Marx, y a medida que los tipos pintaban, la película se iba convirtiendo en color. Y la cámara se movía un poco, y ellos se movían, había que procesar cuadro por cuadro todos los dibujos, y había un *master* de separación que lo que hacía era fabricar un negativo en blanco y negro. Entonces, después agregabas esos

---

[22] 65 mm y 70 mm son medidas del ancho de una película cinematográfica. El 70 mm fue un formato que Hollywood generó para ganar el público de la televisión. El uso de anamórfico (un lente que comprime la imagen en un ancho de 35 mm) se instaló para distribuir un formato ancho con proyectores comunes. El formato ancho en fílmico mantiene un registro con mayor información.
[23] Film argentino estrenado en 1995.

dos negativos, se mezclaban, y le daban un porcentaje a un nuevo *master*, pero pasado por la truca, lo cual generaba una complicación grande. Igual se hacía, era artesanal.

¿Cuánta gente trabajaba?
Y, trabajaban cinco, seis personas. Eran tipos muy específicos, dibujantes, hacían animación. En *El lado oscuro del corazón* (Eliseo Subiela, 1992), me acuerdo que había una toma en la que el personaje que hacía Darío Grandinetti hablaba con él mismo metido en un placard, metido en un ropero, con una toma fija. Vino Nazzar para explicar cómo debíamos hacerlo, porque después tenía que hacer el recorte por la línea del ropero, entonces no podía pasar un personaje cerca de otro, etc., etc. Todo lo que es truca digital, fondos verdes, azules y pantallas son cosas a las que no hay que tenerles miedo ahora, antes había que tener muchos cuidados. Ahora los desafíos son distintos.

Pensaba en la dosificación de las películas en la etapa fílmica, trabajando con cada color, y qué correlato tiene este proceso, como un símbolo de tantos otros. Entre todas estas transformaciones y cambios: ¿se han perdido cosas, existe algún desarraigo?
A ver, en principio, yo me considero partidario, definitivamente, de abrazar la causa digital, porque lo que veo es que se abren cada vez más posibilidades, entonces, no tiene sentido ser nostálgico. Nunca fui nostálgico, pero en este caso, me parece que es importante no negarme a lo que ya es evidente. Algo que les quiero leer después tiene que ver con eso, no negarme a esta posibilidad que se está abriendo, y que va a tener, digamos, como todas las cosas digitales, sus pro y sus contra. El pro sería lo interesante y positivo de todas las herramientas nuevas que hay, las cuales nos otorgan la posibilidad de crecimiento. Lo otro es que al democratizarse tanto (lo que no es malo), también hay lugar para que se pierdan o diluyan algunas cosas. Supongo que esto va a ser así hasta que se acomode nuevamente. Al intervenir nuevos jugadores, el juego se hace un poquito complejo, no se sabe bien hacia dónde va a ir. Eso es lo que yo siento, pero en principio lo que ocurre es que lo fotoquímico, y lo digo con todo el dolor del alma, no va más.

Los primeros en gozar de estos beneficios del digital fueron los sonidistas, que tuvieron en el Pro Tools una herramienta digital de computación que reemplazó a la cinta. Uno me puede decir: "no, bueno, pero ojo que la tecnología de la cinta...". Sí, está bien, supongo que hay muchas cosas a favor de la cinta. Pero cuando ya es inevitable el uso de lo digital hay que sacarle partido y ver de qué manera uno puede reelaborar lo artístico. Lo que quería decir era que muchas veces se confunden los cambios o los hechos artísticos con una guerra de empresas. La guerra de empresas es una guerra inevitable del sistema capitalista, las compañías tienen que ir buscando su ganancia, "lo que no va más, lo vamos a reemplazar por esto". Entonces, es probable que una guerra de empresas cambie el curso del gusto, de la cultura de observar, de ver, de analizar.

Yo me imagino que el paso en su momento del cine mudo al cine sonoro supuso toda una revolución, hubo voces a favor, hubo voces en contra. Del paso del cine en blanco y negro sonoro al cine en color hubo voces a favor y en contra, gente que perdió su trabajo, gente que apareció de la nada. Y ahora estamos en un cambio muy parecido, donde ya no hay vuelta atrás. Entonces, lo que uno tiene que hacer es, me parece, sentarse en eso y no confundir la guerra de empresas. Porque yo estoy más preocupado por leer un buen guión, que me convoquen para lo que supongo va a ser un buena película, en la que voy a tratar de colaborar y de poner todo lo que yo sé para que sea una buena película, que por el tema de si la hacemos con una Canon o con una Sony; la verdad es que no importa tanto eso. Voy a buscar la mejor herramienta, en todo caso. Pero no me voy a casar con una tecnología, porque eso no es lo importante. Si vos no tenés un buen guión, por más que tengas la mejor cámara del mundo, con la mejor sensibilidad, a lo mejor el film va a tener una buena factura visual, pero eso no hace a una buena película, todos lo sabemos.

Dicho esto, voy a la particularidad de las herramientas. Los sonidistas fueron los primeros. Después apareció el Avid[24], que también causó todo un cambio, y hubo detractores, gente que estaba a favor, en contra, y gente que se quedó en el camino, porque nunca había utilizado una computadora. Fue una pena eso, porque llegué a conocer gente muy interesante, conocedores de la estructura dramática, salvadores de películas insalvables, que fueron tipos muy valiosos, y que, por esa situación tecnológica, no trabajaron más.

---

[24] Uno de los primeros softwares integrados a computadoras Mac que se utilizaron para la edición digital. La versión más popularizada fue, a fines de los noventa, el AvidXpress.

Y nosotros, en esa época, cuando apareció el Avid, todavía hacíamos durante muchos años la dosificación de las películas –ahí entra la reflexión que hacías– con una máquina, el "video-analizador", que tenía cuatro botoncitos. El rojo, el azul y el verde. Y el cuarto (el gordito) era más oscurito y más clarito. Esta maquinita no te podía dar más contraste, sí oscurecer más la imagen. Y una vez que lo hacías, quedaba. Lo mismo las trucas ópticas, para repetir una truca tenía que estar muy mal, era heroico. Y acá lo mismo. Yo dosifiqué en España, y habíamos llegado a una instancia que estaba buenísima, pero de golpe el dosificador, un colorista extrordinario llamado Cruz, ponía todo azul. "¿Qué pasó?", le decía. "No te preocupes, como esto va al *máster*, lo tengo que poner así para que no…", y daba una larga explicación. No teníamos otra salida que confiar en esa persona. Después, para nosotros, registrar en negativo y hacer el escaneo era carísimo. Negativo de 35 mm, escaneo a digital, digitalizar ese negativo, y después trabajar los colores primarios, los colores secundarios, el contraste. "A ver, dejame probar así", "veamos esta escena con sonido". Cabe aclarar que se trataba del sonido con todas sus pistas ya digitalizadas en el Avid. No se trataba del sonido terminado, pero sí los diálogos y algún efecto de música que hayan puesto en el Avid a modo de previsualización. Yo veía una escenita que ya estaba cerrada y podía darme el lujo de decir "no, pará, trabajemos un poquito más la piel" y con esta tecnología, podés tocar la piel solamente. En *El nido vacío,* la propuesta de la productora fue: "si querés rodar en 35 mm, no hay escaneo y lo hacemos por el lado tradicional. Si querés rodar en 16 mm, podemos escanear". Entonces preferí hacerlo en 16 mm. Recién años después nos estábamos incorporando a las tecnologías digitales. Los sonidistas primero, con el Pro Tools[25].

Obviamente, no es un trabajo que hace la máquina, sino una tarea que nos toca a nosotros (realizar pruebas, evaluar). Eso es lo que me parece interesante, porque uno también hace el trabajo de color. La última película que filmé así, en 35 mm, fue *Sin retorno*, de Miguel Kohan (2010). La terminé en España, porque era una coproducción y tenía sus reglas: ellos ponían la cámara, el negativo –esto se hizo hace dos años–, y se revelaba allá en España. Es decir que había que mandar el trabajo de aquí a España. De todos modos,

---

[25] Pro Tools es una de los softwares más difundidos para la composición y mezcla sonora, muy utilizada en producciones audiovisuales. Fue en sus inicios el equivalente sonoro al Avid, sólo que con una gama más amplia de herramientas para la manipulación del sonido.

Equipo UBACyT

filmamos una parte en España, aunque en interiores. Y después, para hacer la copia, me senté con el especialista en el laboratorio, trabajé en el video analizador un poquito, vimos una primera copia que salió bastante bien, rectificamos, y ya salió el tiraje.

Sugerías que los sonidistas fueron los primeros beneficiarios del digital, después hablamos de la aparición del Avid...

Claro, los sonidistas trabajaban con el Pro Tools y los editores, con el Avid, y nosotros seguíamos trabajando con el video analizador, que no nos permitía, por ejemplo, tocar las pieles ni plantear algo como: "vamos a trabajar con un poco menos de color en todo menos en el rojo". Por ejemplo, en *El nido vacío*, el protagonista llevaba un libro rojo todo el tiempo, una novela que había escrito el yerno del personaje, que la llevaba a todos lados, y nunca terminaba de leer. Entonces, como ese rojo era el mismo siempre y se trataba de un rojo muy saturado, siempre trabajábamos con el mismo rojo, y eso te ayuda también en lo expresivo. Cuando se dispone de este tipo de herramientas, es importante investigar a partir de eso, y descubrir otras posibilidades. Por ejemplo, poniéndome en una posición más exquisita, es como si los pintores de ahora, en vez de comprar los pomitos Alba, usaran las tierras y pigmentos naturales, y se pusieran a investigar. Sería bueno, pero es mucho más sofisticado. Como conclusión de este momento, yo soy partidario de extraer todo lo que se pueda de las nuevas tecnologías, no tengo dudas. A propósito de esto, les voy a leer algo que traje:

> 2 de Abril de 2013. Comunicado de Fuji: Como se anunció previamente, Fujifilm ha parado la producción de la mayoría de los productos de película cinematográfica en 2013. Queremos dar muchas gracias a su apoyo durante la larga historia de la fabricación; las ventas seguirán estando disponibles hasta que el inventario se agote. Fujifilm seguirá proporcionando productos y servicios diseñados para flujo de trabajo digital de la producción cinematográfica y exhibición, hasta que la exhibición también pase al DCP. Los productos que interrumpen su fabricación son: el positivo de color de cine, la película negativa de cine, la película positiva y negativa blanco y negro, la película intermedia, film para grabación de sonido, las películas pancromáticas de alto contraste[26] y los productos químicos.

---

[26] Las películas de alto contraste eran muy utilizadas para los títulos de las películas. (La nota al pie pertenece al entrevistado.)

Como apreciamos aquí, este es un certificado de defunción absoluto, no queda ninguna chance de que uno empiece a desesperarse, ni nada. Es un tema empresario. Kodak, lo mismo. No hay ninguna chance.

Para conservación dicen que sí, ¿no?
Para conservación sí, pero esto va a ser así.

Hay que ver las políticas en otros países.
Sí, porque se supone que todavía no se sabe lo que puede pasar con los archivos digitales de acá a un tiempo. Porque si uno confía en eso solamente, es probable que por una catástrofe climática, se pueda perder todo. Puede pasar. O por un virus.

¿Qué pasa con los derechos de tu trabajo? Preguntamos esto porque existen sobrados ejemplos de gente que trabaja en producción y después, con imágenes de esas obras, otros elaboran productos "propios".
Hay dos aspectos. Nosotros, por ley, no estamos amparados en la legislación. Cuando se abrió la legislación para incorporar a los directores con derechos de autor, nosotros no estábamos organizados en ese momento en esta asociación que tenemos ahora, que es la *Asociación de Directores de Fotografía*, la ADF. Cuando empezamos a armarnos como asociación, a partir de una gestión de Marcelo Iacarino y de una serie de material que yo traje de España, nos bajaron línea, porque había que llamarse *Asociación de Autores de Fotografía*. Había que luchar por el tema de estar amparados, entonces nosotros le pusimos el nombre entero: *Asociación Argentina de Autores de Fotografía Cinematográfica*. Hicimos muchas investigaciones, hay unos trabajos hechos en Alemania por el director de fotografía Jost Vacano[27], que anclan en qué corresponde y qué no. Es decir que nosotros estamos complicados con ese sistema, porque no tenemos legislación de protección en la Argentina. Hay tres lugares en el mundo donde el director de fotografía tiene derechos de autor. Uno es Alemania, ninguno del resto de los países europeos lograron todavía algo equiparable. Los otros dos son México y Brasil. Pero tanto en México

---

[27] Director de fotografía, entre otras, de *La historia sin fin* (Wolfgang Petersen, 1984) y *Total Recall* (Paul Verohoeven, 1990).

como en Brasil, cuando vos firmás el contrato, figura también la cesión de tus derechos, y eso es irreversible. Si no te gusta…

Cuando acordé con la productora de Brasil, me hicieron firmar un contrato donde figura que estoy cediendo los derechos de autor. Nosotros tenemos mucha comunicación con los directores de fotografía de la ABC, que es la asociación hermana a la nuestra en Brasil, y ellos reconocen que no pueden hacer nada.

Esto se da hasta con las ponencias que presentás en congresos… A mí me pasó que tuve que ceder los derechos de lo que estaba presentando. ¿Qué forma cobra esta protección en Alemania?

No lo sé exactamente, pero es parecido a lo que los directores hicieron acá con la DAC, si la película se vende, hay un porcentaje que va al director de fotografía.

Esperando la carroza, **un film de Alejandro Doria, fue remasterizada sin que estuviera involucrado el director de fotografía original. ¿Qué pasa en ese caso? ¿Se puede invocar una ética particular?**

Esos son los aspectos a los que me refería con que lo bueno y lo malo de la digitalización es la pseudodemocratización. Es decir, sabemos que tenemos una cámara Canon 7D, tenés actores amigos, tenés un "flaco" que tiene un programa de edición en su casa, una *notebook*… Sin duda, aparecen como mecanismos muy fuertes para que vos hagas una película y puedas registrar el proceso inicial de una película. Después, si la querés exhibir en un cine, obviamente hay que hacer el proceso de sonido y tenés que hacer un negativo, lo que para muchos, en este acceso más abierto, resulta una complicación. Pero digamos que, en principio, se puede. No hay barreras como antes. Eso trae aparejadas muchas cosas, como por ejemplo, la bastardización de los oficios tradicionales. Yo, como peino canas, me encuentro del lado de las víctimas, comparándome con los jóvenes que hay por todos lados y que cobran dos pesos con cincuenta por su trabajo.

Yo puedo argumentar todo lo que quiera, pero la realidad es que si el mercado, las empresas, todos, van por ese lado, esto va a tener que tener un curso, porque si no, va a pasar que en el cine argentino se van a hacer ciento veinte películas al año de las cuales la gente puede recordar cinco, diez como mucho. Esas películas pueden participar en algún festival, algunas tienen peor o mejor suerte, dependiendo del actor que trabaje en esa película, de recaudación de público. La gente todavía está en un *starsystem*, va a ver a Ricardo Darín y no a Juan Carlos Gómez, así que la cosa tiene su límite, y todos deberíamos ver eso. Esto hace que muchas veces, en el caso intermedio, al ser un director nuevo, inevitablemente la producción te sugiere que conviene trabajar con un editor que tenga experiencia, con un director de fotografía que tenga experiencia, con un asistente de dirección, o dicho más sintéticamente, rodeando al profesional nuevo con aquellos que tienen un poco más de experiencia. Pero, a medida que va transcurriendo la producción, y viene la etapa de post-producción, es posible que se intente recurrir al "pibe" que tiene la "compu" en la casa. Por ejemplo, en una de las últimas películas que hice, en una charla con el director, lo agarré del hombro, caminé con él por un camino de tierra y le dije: "cualquier cosa menos esto de hacer el color con un pibe que tiene la compu en la casa, porque es un embudo, todo el esfuerzo que hicimos, alquilar una cámara como la gente, un equipo que trabajó, lo que ves te gusta, está bien. Lo vas a meter en un lugar del que después no vas a tener salida. Si a mí me ponés ahí, yo prefiero no hacer el color". Posteriormente a esta charla, empezó a aparecer el síntoma del "pibe laburando en la casa", y yo se lo recordaba todo el tiempo: "¿te acordás de esa caminata, dos días antes de terminar el rodaje, que te dije que *cualquier cosa menos trabajar en esas condiciones*?". Fue entonces cuando apareció el pibe con la película armadita, el sonido no estaba, pero sí estaba editada, porque fue en la casa del ayudante del editor, y tomaba nota de todo. Le pregunté si él iba a hacer todo eso, a lo que él me respondió que no, que simplemente tomaba notas para pasar un presupuesto. Dijo que había trabajado en *La ciénaga,* a lo que respondí que no, que él no había trabajado ahí. Todo para atrás. Yo no me iba a dejar engañar, entonces intentó hacer unas cosas. Muchas, por suerte, no las hizo, y cuando llegó el momento, logré hacer el trabajo de dosificación en una empresa, y después el DCP (preparar todo para la proyección digital). Esto también lo tomó él, porque había pasado un presupuesto bastante accesible y, como era la primera vez que lo hacía, fue a prueba y error. El director me llamaba desesperado, y yo le decía que no podía hacer nada. "Te lo vengo advirtiendo, te lo dije, y vos me prometiste que no iba a pasar, y ahora estás pagando las consecuencias por hacer algo que no corresponde". El flaco –me decía– seguramente lo va a terminar haciendo bien, pero eso va a costar, porque el pibe está probando. Entonces,

Equipo UBACyT

¿qué puedo hacer?, me preguntaba. "Hagamos el DCP en la empresa donde se hizo la corrección de color". Porque esta persona que se metió a editar comenzó recurrentemente a echar culpas, diciendo que la dosificación estaba mal porque se veía todo empastado, y por lo tanto, quería tocar lo que se había hecho para acomodarlo a su experimentación de DCP. Con lo cual, estaba metiéndose en mi trabajo otra vez. Entonces, yo le propuse que hiciéramos una prueba del DCP, al menos del tráiler, que era lo que se veía mal en este lugar. De golpe, descubrió que no era una decisión estética, decidida por el director y por mí, sino que… horror, era un problema técnico, porque cuando vimos la película en la empresa se veía perfecta. Logró hacer el tráiler, lo vieron, les gustó, pero se arriesgaron a que pasaran estas cosas.

Por eso, para mí está todo bien con la democratización. Las empresas van a tener que ajustar sus costos: bienvenido eso. Pero no sé en qué va a terminar toda esta puja entre el "flaco que tiene una computadora" y las empresas.

Juan Bautista Stagnaro[1]

El camino del Sur, *Casas de fuego* y *El amateur* forman parte de su etapa profesional realizada en fílmico, o lo que llamamos por comparación cine analógico.

Siempre hay que recordar el "ruidito" atrás: el terror a que se termine la película y una gran diferencia estética. Esa premura y expectativa implicaba una dedicación singular y el peso de la responsabilidad sobre cada metro de película.

Justamente, la película *Fontana, la frontera interior* está realizada en digital y en formato de pantalla ancha, apropiado para este tipo de temáticas, con muchos exteriores en distintas zonas del país. Se trata de una historia muy interesante porque implica a un militar cuyo perfil se aleja de la imagen que tenemos incorporada en base a lo que vivimos en nuestro país.

Tengo una predilección por los personajes complicados. Cuando leí la historia, entendí que Fontana es un héroe provinciano. En tres de las cuatro provincias que participaron en esta película, Fontana es un héroe provincial, mientras en Buenos Aires se lo desconoce. En Formosa es el héroe provincial. De hecho sus restos están en la Catedral frente a la plaza de Formosa. En el Chaco y San Juan también es muy conocido y en Chubut fue el primer gobernador del territorio.

Lo que despertó mi interés es una etapa histórica de la cual, creo, no hay muchos registros ni en la literatura y tampoco en el cine. Se trata de la etapa de consolidación del Estado entre 1880 y 1910, con todo lo que esto significa

---

[1] Director, guionista y productor cinematográfico argentino con emblemáticas obras como *Debajo del mundo* (1987), *El camino del Sur* (1988), *Casas de fuego* (1995), *La furia* (1997), *El amateur* (1998), *El séptimo arcángel* (2003), *Un día en el Paraíso* (2003), *18-J* (episodio *La Divina Comedia*, 2004) y *Fontana, la frontera interior* (2009). Vicepresidente de *DAC, Directores Argentinos Cinematográficos*, ha sido guionista de *Camila* (María Luisa Bemberg, 1984), *Las manos* (Alejandro Doria, 2006), *Cabeza de tigre* (Claudio Etcheberry, 2011), entre otras, así como también productor y guionista de muchas de sus obras.

Equipo UBACyT

en relación con los pueblos originarios; una época histórica de la que prácticamente no existe ningún testimonio. Se manifestaba un avance hacia zonas que no estaban integradas al Estado, y además había conflictos fronterizos, o en todo caso, una indefinición de límites espaciales en relación con el Paraguay y Chile. Dicha época es la que tiene a Fontana como un protagonista desde las provincias. De hecho, quienes tuvieron la iniciativa de que se hiciera una película sobre Fontana fueron estas cuatro provincias. Me llamaba la atención su contradicción, y recordaba una novela de Italo Calvino, *El vizconde demediado*, en la cual existía un personaje que era una "mitad". Un personaje es una mitad y existe otra mitad que se opone. Se me apareció, en cierto sentido, un extraño naturalista militar. Normalmente, cuando se comienza a concebir un libro o un guión, se traza un esquema sin demasiada investigación previa. La profusa y muy mala literatura que hizo Fontana pudo llegar a mis manos cuando leí sobre todo un libro que me parece hermoso, *El gran chaco*, por su ingenuidad –cabe señalar que como naturalista no se destacaba; había leído la teoría de Darwin, pero realmente no se lucía por su conocimiento– tenía una impronta poética y algo que siempre seduce: escribir en el lugar de los hechos. Él no escribía desde la distancia. Fue el primero que atravesó lo impenetrable y abrió la senda que une hoy lo que es Resistencia-Corrientes, el núcleo urbano con Salta. Son 700 kilómetros, hizo la primera travesía con un pequeño batallón, que en sus inicios contaba con 50 soldados. Y atravesó lo impenetrable.

Sus libros están escritos sobre su rodilla, un árbol, en medio del camino. Es decir que no tiene perspectiva ni se destaca por la rigurosidad científica, pero sí por el testimonio de alguien que estuvo en esos lugares.

Como naturalista, él estudiaba y miraba ya amorosamente a los Tobas, a los Mocovíes, y tantas etnias y tribus con las cuales tomaba contacto en Formosa y en el Chaco. Hizo el primer vocabulario de correspondencia de palabras entre el toba, las diferentes lenguas dialectales y el castellano. Describe el movimiento de la rodilla cuando van por los pantanos y toma unas descripciones que son totalmente amorosas. Por otro lado, cuando se planteaban los choques inevitables con el hombre blanco que entraba en el territorio de los Tobas, obviamente tenía que actuar como militar. Yo imaginé esta especie de lucha interior en un personaje que hizo que me interesara recrear la historia de Fontana.

¿Cómo ves el cine argentino en relación con tu forma de contar historias, indagar e investigar?

He podido ver la "balcanización en los Balcanes". Fuimos en un grupo y atravesamos lo que era Kosovo. Una mañana entramos en un café, y notamos un grupo de hombres que primero se reían, y luego, evidentemente tras réplicas entre ellos, comienza una golpiza estilo "western", motivada seguramente por hechos históricos acontecidos hace cuatrocientos años. No sólo en Yugoslavia hubo movimientos separatistas, sino que los hay en Italia, en el sur de la Padania, o en España, con el país Vasco. Es un tema que quedó fuera del cine. Algo de esto aparece en Fontana. Yo digo que las fronteras no caen del cielo, sino que son producto de la acción de personas que fueron y aportaron a la consolidación de un Estado, con todo lo que ello implica. Desde Roca en adelante, muchos espacios fueron vaciados –empujando a los mapuches hacia la frontera, y lo que todo ello significó en relación con Chile o Gran Bretaña–.

Aparece, entonces, un concepto vinculado con la historia política argentina, y me gusta crear ficciones que la pongan en evidencia.

No es un género que haya sido recurrente en el cine de los 60, ni siquiera cuando Leopoldo Torre Nilsson realizó las películas históricas[2], ya que trabajaba sobre la anécdota de los acontecimientos, pero no le interesaba tanto crear una especie de correlato histórico. En lo personal, este enfoque me interesa siempre. Me interesó colocar los personajes. Al hacer cine de época se abren posibilidades maravillosas. Cuando decís "cámara" y "corte", estás en otro tiempo, como si se viajara en él. Esto genera mucha emoción para quienes hacemos cine de época, porque se piensa en las cosas que podrían suceder en ese momento en el que vos decís "acción" y estás en 1920 o 1890. Hasta el "corte" final, se está allí.

Probablemente sea una especie de subgénero que quedó a modo de herencia, hermosa experiencia estética que tuvimos al escribir el guión de *Camila*, donde probamos que se podía hablar del presente, poniendo en ficción el pasado. Porque nunca se trata de un pasado en el sentido arqueológico, sino que uno siempre sabe que en realidad ese pasado que creamos existe en

---

[2] Algunas de las más emblemáticas películas con personajes de la historia argentina de Leopoldo Torre Nilsson han sido *Martín Fierro* (1967), *El santo de la espada* (1970) y *Güemes, la tierra en armas* (1971).

función de un mensaje presente. En *Camila*, en aquel momento, la idea era hablar sobre el proceso militar. Pero al mismo tiempo tenía una poesía muy atractiva, y abría la posibilidad de recrear el pasado. Creo también que las dos películas que se hicieron este año, *Belgrano* y *Revolución*[3], son dos interesantísimas experiencias. Pero también creo, en relación con mi cine, en no trabajar con personajes conocidos de la historia, sino, al contrario, recuperar del olvido a "tipos" que pueden ser desconocidos para la mayoría. Me parece que es una potestad que tiene el cine y es interesante ejercitarla. Me parece que en este momento existe una línea que probablemente venga de los centros de poder estético: los festivales. Se baja una línea en general en la cual el modo tradicional de contar una historia no parece "bien visto", y resulta preferible una historia basada en el *no acontecimiento*.

Personalmente, me sigue gustando mucho el cine en sí. Si tuviera que elegir dos exponentes, serían (Emir) Kusturica y (Bernardo) Bertolucci, que han insertado la cámara en grandes movimientos históricos, así como también (Mario) Monicelli. Han realizado películas que hablan de la historia y de la revolución industrial, desde un costado humano.

¿Cómo ves el cine actual?

Es complicado desde el presente, a veces, analizar desde una perspectiva y sacar una conclusión general no es fácil. Pero sí puedo hablar, por ejemplo, de lo que significó la irrupción en 1995 de *Guarisove*[4], uno de los cortos de historias breves que hizo Bruno (Stagnaro), o películas como *Pizza, birra y faso* y otras del mismo tenor que se hicieron a partir de estos exponentes. Lo que fue maravilloso en ese momento, para los que hacíamos cine, era que de pronto había una cámara instalada en una realidad.

Cada uno refleja su mundo. Cada director, consciente o inconscientemente, refleja su mundo. Yo veo cosas, porque elijo el personaje inconscientemente, son cosas que me pasan a mí y están colocadas allí en algún momento. Insisto en que cada uno expresa su mundo, y evidentemente los tiempos biológicos condicionan la mirada. La irrupción que significó, por ejemplo, *Pizza,*

---

[3] *Belgrano* (Sebastián Pivotto, 2010) fue una de las primeras realizaciones en HD Digital registradas con la cámara *Red One*. *Revolución, el cruce de los Andes* (Leandro Ipiña, 2010) fue distribuida en los cines en copias fílmicas de 35 milímetros, pero realizada en HD Digital.

[4] Subtitulado *Los olvidados*, cortometraje de Bruno Stagnaro, hijo del entrevistado.

Juan Bautista Stagnaro

birra, faso, con una mirada que se fusionaba con una cámara colocada en la calle Florida a las tres de la mañana y que registraba a un tipo que caminaba en la escena, donde roban a ese hombre, fue impresionante. Además se puede señalar el hecho de que lo hayan hecho "de corrido". Maravilloso juego de guión. O la de *Guarisove*, donde hay un tipo que está escuchando el partido de Boca-River en las Islas Malvinas, y percibe que los supuestos ingleses gritan un gol de River, cuando en realidad resulta que se están peleando. Está película está narrada con un humor impresionante. Podríamos hablar de un registro apolítico. Sin duda existía en el contexto un "a priori" político, pero aquí aparecía una mirada transparente, no necesariamente inocente, pero sí desligada de un condicionamiento por preconceptos políticos; era un registro actual, y esa fue la novedad, el aporte, en relación con nuestra generación, que es anterior, y en la que sí, indudablemente, hay un "a priori" político; una posición previa al registro, que a veces te condiciona excesivamente y se convierte en una bajada de línea. A mí, en general, no me gustan las bajadas de línea, por eso mis héroes son contradictorios. Nunca son manifiestamente buenos, o manifiestamente malos; se puede apreciar en ellos mi intento de que tengan esa contradicción.

Pero es cierto que hay otras miradas como las de Pablo Trapero, en la que hay una especie de tiempo presente. Presente en términos políticos, ya que se trata del registro limpio y puro. No hay un "a priori" como, por ejemplo, en la obra de (Pino) Solanas, donde hay una concepción política que crea como estilización de la realidad que registra. Luego, hay diferentes directores, cada uno con una estética. *La ciénaga* me parece una obra maravillosa, en la cual, desde otra especie de dispositivo dramático, basado en la propia vida, se realiza una ficción donde la directora recrea experiencias que le son propias en un terrible tiempo presente, y genera algo que es universal. Para citar otro ejemplo, *Un oso rojo* me parece una obra impresionante de (Adrián) Caetano. Hay obras diferentes, pero en general, si tuviera que decir algo, se nota que no aparece lo que se veía en la generación de los setenta en cuanto al fuerte a priori político, que le da una coloratura a lo que se hace. La mirada de los jóvenes fue mucho mas *desideologizada*.

Equipo UBACyT

Otro héroe que llevaste a la pantalla fue Salvador Mazza en *Casas de fuego*. ¿Qué devolución tuviste con respecto al discurso de la película y, específicamente, con respecto a la problemática del Chagas aún vigente al momento del estreno?

Hay un juego de ida y vuelta, y de contradicción en el final del film, por las dificultades que Mazza había superado, además de un clima de éxito que se completaba con la música y los aplausos, conjugando un "final para arriba". Pero en realidad, parece que la voz de la periodista informa que en la actualidad hay tres millones de chagásicos.

Es decir que en la misma película había un espacio de contrabalanceo de la realidad, de la caída y de la subida; y en el punto más alto, una nueva caída, porque está claramente expresado que hay tres millones de chagásicos en la Argentina y veinte millones de chagásicos en América latina. En lo personal, con respecto a la película, pretendía no dar ese mensaje triunfalista, si bien esa información no tiene la potencia del clímax de la escena final, aun cuando la voz tratara de que no quedara el triunfalismo.

Por otra parte, en la construcción de la película, me convertí casi en un médico, porque leí mucho material. Me acompañó, incluso, el Instituto Nacional de Chagas Dr. M. Fatala Chaben, que es el organismo que investiga el Chagas. Tuve dos médicos que me acompañaron, uno es un cardiólogo especializado, el doctor Rubén Storino, y el otro, Daniel Salomon, el vinchucólogo, ya que él llevaba unas vinchucas reales que nos acompañaban, y trataba que no se perdiera ninguna. Cuando eran utilizadas, había escenas en donde aparecían las vinchucas que les caminaban. En el Instituto Chaben, las vinchucas se utilizan para detectar el Chagas en los chicos; les aplicaban vinchucas criadas en laboratorio, que no estaban infectadas, hacían que los piquen en los bracitos a los chicos, y después de unas veinticuatro horas, se verificaba si el insecto había tomado la infección, con lo cual significaba que el niño tenía Chagas. Para este propósito, en el Instituto Chaben hay un criadero de vinchucas sanas. Estas vinchucas fueron llevadas con nosotros a la filmación de la película. Así, cuando había escenas en las cuales debían aparecer los insectos caminando, aparecía Daniel Salomon, las ponía, las contaba, y en el corte había que buscar cada una y volver a guardarlas.

A decir verdad, la película reflotó el tema del mal de Chagas, pero yo creo que se parece mucho a un relámpago: dura lo que dura la exhibición de la película; después, creo yo, desaparece de la escena. Lo que sí estimo es que la figura de Salvador Mazza quedó marcada. Recuerdo haber sido invitado, por ejemplo, al partido de Vicente López para estrenar una plaza que lleva el nombre de Salvador Mazza, porque habían visto la película. Me han sucedido este tipo de cosas, encontrarme en charlas después de la exhibición de la película con gente que la vio en las escuelas, con numerosos intercambios. Sin duda queda un sedimento, pero institucionalmente no pasó demasiado. Es muy difícil, de cualquier manera, ya que en el film y en la realidad existen varios abordajes para enfrentar el mal de Chagas. Uno podría denominarse de corte arquitectónico, que trata de que desaparezca el rancho, el que Mazza veía como el origen del mal. Otro abordaje se basaba en la lucha contra la vinchuca. Y uno que me parece importante apunta a realizar análisis de sangre, pero a veces es contraproducente, porque viene alguien para hacer un examen preocupacional, y no lo toman para el trabajo porque tiene Chagas. Esto hace que el Chagas sea una enfermedad paradojal, y en ese sentido otro abordaje que considero válido es la organización comunitaria y la educación. El Chagas se puede abordar desde diferentes ópticas, también sobre el trabajo golondrina. En realidad, es muy difícil de atacar si no es desde un abordaje que tenga en cuenta los diferentes ángulos. Por ejemplo, se realizan campañas de desinsectación, donde van y desinsectan un rancho, pero para que esta acción sea verdaderamente efectiva habría que mantenerla cada mes. En realidad, lo hacen una vez, y pasan diez años para la siguiente. Y en parte tiene otro problema, que lo comparte con el SIDA como enfermedad, ya que tiene un período de latencia muy largo, lo cual favorece la difusión sin que alguien sepa que lo está haciendo, excepto que haya un análisis. Considero que esto no cambió mucho.

En la era digital se tiene otro presupuesto: ¿sentís que tendrías más libertad para desarrollar estas temáticas vinculadas con la historia, como la de Salvador Mazza en *Casas de fuego*, la historia de los inmigrantes en *El camino del Sur* o la de *Fontana*?

No creo. En general, el soporte donde se filma una película depende del tipo de producción; por ejemplo, en un documental es fantástica la influencia que tiene el soporte para hacer captura digital. Te permite una libertad increíble. Pero hay otras películas en donde no es tan importante esa influencia en el rodaje. Probablemente sí lo sea en la post-producción, y ahora es cada vez más importante en el tema de la proyección. Hay que decir que falta poco

Equipo UBACyT

para que desaparezca el soporte físico. Directamente va a haber una captación de las ondas, y eso se va a difundir por todo el país[5]. Yo creo que en este tipo de película, de reconstrucción, no es tan importante el soporte con el cual se registra. Lo más caro no es la escenografía, sino los días que se le dedica. La proeza de la producción es a veces tomar una producción muy grande y hacerla acotada en el tiempo. Lo más caro en el rodaje usualmente es el costo de los equipos, no es tanto el soporte en el cual se hace, o el *caché* de los actores en lo que significa el presupuesto de una película.

No creo que sea decisivo en cuanto al género este, pero evidentemente en otro tipo de películas te da mayor libertad; pero también es un poco una "engaña pichanga", porque vos, aprovechando la posibilidad que te da el cine digital de filmar mucho, podés excederte en tiempo, y eso también extiende la post-producción. Necesitás tiempo, lo cual se te vuelve en contra, porque estás ampliando el tiempo de rodaje. Y la limitación con respecto a los días sigue siendo lo más importante. Y en *Fontana*, por ejemplo, la cual realizamos en un soporte que no era el negativo fílmico, seguía vigente la posibilidad de hacer una película de época de estas características con un esquema de tiempo tradicional, porque eso sigue rigiendo y es lo más relevante. O sea que en ese sentido, no hay mucha diferencia.

Yo creo que, de todos modos, la "visibilidad" de lo costoso de la producción no existe o es marginal. Hay películas con grandes presupuestos que ves y decís: "¿donde está lo caro?". Por ejemplo, en Yugoslavia, se decía que el cine de Emir Kusturica tenía una relación familiar, en el momento cercano a la caída de Tito, que era un jerarca, cosa que se veía por lo general en todo el cine del Este. Sin embargo, en Yugoslavia, Kusturica hacía películas como *Papá está en viaje de negocios*, que es una obra maravillosa, pero la filmación demoró un año. Tenía la inteligencia para lograr después que eso no se notara; no tenía tintes de una superproducción, y sin embargo lo era. Aquí, creo que hubo un caso como en *La historia oficial*, que es una película muy cara con respecto al tiempo que llevó su rodaje, o *La película del rey*, en la que se filmaba, se editaba, y se volvía a filmar. Estas cuestiones son las que más encarecen una película, por sobre el soporte en el cual se hace.

---

[5] El entrevistado hace referencia a la distribución de contenido digital para ser proyectado con una tecnología compatible, no fílmica, a través de señales satelitales, dando un salto adelante respecto de la distribución digital física que está teniendo lugar en muchas partes del mundo y se inicia en la Argentina al momento de redactar estas líneas.

¿En qué medida el advenimiento de lo digital afecta, en tu apreciación, los tiempos y posibilidad de rediseño en la post-producción? ¿No existe aquí un cambio sensible?

Depende de los géneros y las etapas de rodaje. El cambio de soporte es muy importante en algunos de los géneros más cercanos al registro real, o ficción "grado cero", recreación muy cercana a los hechos reales (los que permiten el registro con equipos pequeños, de gran versatilidad en escenarios reales, muchas veces con ausencia de actores y donde no existe la limitación del tiempo de rodaje). Pero en otros rodajes más ligados a la recreación escenográfica, con actores y equipos de trabajos profesionales, la importancia del soporte es más relativa.

En cualquier caso, la utilización de soporte digital es muy importante en la post-producción, sobre todo en el trabajo de texturas y colores, y eventualmente en el diseño de fondos o elementos escenográficos. Y naturalmente en el sonido adquiere una importancia mayúscula.

No creo que sea tan decisivo en el trabajo creativo del montaje de imagen: muchas veces se añora, entre los de mi generación y de los mismos editores, la manipulación física de la película. La imagen inmaterial y la posibilidad infinita, en muchos casos, aliena. Como lo supieron en muchas películas grandes directores, el límite es justamente lo que confiere grandeza a un relato.

¿Jugarías para la ambientación de época de un film con el diseño digital de fondos y escenografías?

Sí, por supuesto. Creo que es una de las posibilidades que facilitan verdaderamente la producción de algunos proyectos.

A fin de explorar las relaciones de trabajo y equipo: en toda la historia con dominio del fílmico, existía una división del trabajo y una disponibilidad de información que dependía del especialista. A la fotografía no se accedía hasta ver los copiones al día siguiente. Se confiaba en el DF[6], en su palabra, y luego se constataba si era o no del gusto del director. ¿Ha cambiado esa relación de poderes, si es que cabe definirlo así?

No en mi caso: a veces la cercanía es engañosa, y desde la distancia temporal, se aprecia más el conjunto. En mi caso el soporte no ha modificado mi

---

[6] Abreviatura para Director de Fotografía.

Equipo UBACyT

relación con el DF, que siempre es el de complicidad y colaboración. Y siempre recuerdo la frase de Kieslowski: "Saber no es lo mío, lo mío es no saber". Maravillosa puerta de acceso al verdadero conocimiento.

¿Qué sucede con la posibilidad de que tanto los técnicos como los actores puedan ver directamente en el monitor la toma rodada? ¿Se conserva el rol y áreas de cada uno o hay más injerencia, opiniones de otros, opiniones de los actores respecto de lo que ven, u otras intervenciones semejantes?

Trato de mantenerlo preservado, y si bien hay que tener en rodaje los oídos abiertos a cualquier integrante del elenco o del equipo, creo que estos aportes no deben provenir de la visión inmediata del material de registro. Me disgustan durante el rodaje los frecuentes "clubes del videoasist" que se forman en torno de la cámara.

¿Qué opinás del "fin del film"? ¿Es así o creés que, como alternativa a lo digital, se buscará algún tipo de sustituto material?

La tecnología avanza a la velocidad de la luz, y las películas todavía en carreta: durante el tiempo que lleva la edición y la eventual impresión de esto que digo, la tecnología ya se habrá modificado varias veces. Esta es la sensación de aceleración del cambio técnico y de la cada vez más rápida obsolescencia de equipos y procedimientos. Creo que "lo material", lo tangible, en cualquiera de sus formas, continuará dando la real preservación histórica de la memoria.

Decisiones: fílmico o digital. ¿Depende ya de lo presupuestario o de la distribución? ¿Elegirías sólo fílmico por cuestiones estéticas y de textura, o sentís el digital de la misma manera? ¿Cuáles serían las diferencias estéticas o de textura?

No hay tanta omnipotencia: hay darwiniana adaptación a los cambios "naturales". Las especies que mejor se adaptan a los cambios son las especies más exitosas. Y estoy hablando de directores, productores, guionistas, directores de fotografía… y la lista sigue. No hay cambios neutros. Con cada cambio algo se gana pero algo se pierde. Los que detectan más rápido esas ventajas comparativas son los que marcan el camino.

Texturas, ópticas, procesos. ¿Existen diferencias que nos puedas ilustrar desde tu rol de director?

Naturalmente que sí. Pero no podría "ilustrarlas" en mi caso, desde ningún rol específico. Me vuelvo a remitir a Kieslovski en lo que comenté anteriormente. Soy testigo privilegiado del potencial de cambios y nuevas posibilidades.

En cuanto a derechos, ¿qué diferencia verías entre lo digital y lo analógico? Es decir la circulación del material, el tema del derecho de autor.

Evidentemente, es un conflicto que estamos teniendo entre las asociaciones, porque no hay un cultura de respetar, digamos, el derecho de autor. No sólo hablo del tema económico, sino del sentido del derecho humano de ser el autor de algo. Aun así, es cierto de todas maneras –y tenemos que aceptar que es irreversible–, que hay una especie de democratización (si queremos llamarlo así) sobre los productos culturales que facilita una apropiación general. Pero esto es algo que viene y es inevitable; la historia nunca va para atrás, es como el momento donde aparece el cine sonoro: pretender seguir haciendo cine mudo no tiene sentido, y habrá que buscar el tiempo para lograr una nueva estética, que no será la del cine mudo y tendrá que aprovechar las características del cine sonoro para armar esa nueva estética, y esto es un correlato con lo que está sucediendo ahora. No obstante, creo que sí es dificultoso poder ejercitar la autoridad que te da el de ser autor. Pero al mismo tiempo, considero que es algo que vamos a tener que aceptar, y es hasta cierto punto beneficioso. Indefectiblemente, va a ver que negociar con la realidad.

Y no quería dejar de compartir, a modo de cierre, una especie de autopregunta. Suelo decir que muchas veces no hay ficción más perfecta que la realidad. Les cuento una anécdota sobre *Casas de fuego*. Como les dije, me acompañaba el Dr. Storino permanentemente. A mí no me gusta que en la actuación, en las actuaciones en general –es algo que se ve muchas veces en televisión o incluso en algunas películas en que los personajes son médicos–, quienes interpretan a los doctores van con estetoscopio, agarran y simulan que "hacen algo". Yo siempre trato de que el personaje haga algo concreto, real, y que sea algo específico con la acción representada. Por eso es importante que haya alguien que asesore, porque me parece que enriquece la recreación.

Volvemos, entonces, a la compañía del Dr. Storino, que estaba todo el tiempo en el rodaje, y ante cualquier cosa, cualquier acción que hacía el

Equipo UBACyT

personaje de Mazza, él intervenía. Un día, él nos debía asesorar sobre el momento en el que debíamos filmar una escena –que no está incluida aquí–, que es la evisceración del corazón en un ranchero chaqueño. No pudo llegar Storino, y estábamos citados a las siete de la mañana. Era una zona boscosa; Storino no aparecía, no teníamos celulares en ese momento y no había señales de él. Finalmente dije: "vayan a buscar un médico a una sala de guardia, pero no le digan que está (Miguel Angel) Solá". La manera en que había pensado la escena consistía en trabajar con un fuera de campo: colocar la cámara cerca de su rostro, y las manos obviamente fuera de campo. Sus manos podrían haber estado dentro del encuadre, pero me resultaba más interesante y sugestivo jugar con el efecto del esfuerzo que hace él y que evidencia en sus gestos, así como el sonido que estuviera dando lo que no se ve. Llegó el médico al que sacaron de una sala de guardia, y le pregunté: "¿Cómo se saca el corazón?". Nos explicó todo; hicimos una especie de réplica de un cuerpo con unas ramas, y él tenía los instrumentos. Según recuerdo, nos dijo algo cercano a "primero se corta el esternón, está la pleura, mete la mano, entonces llega al corazón, lo toma, corta la pleura y lo toma", una explicación que no recuerdo si era exactamente así, pero nos detalló todos los pasos. Solá lo hizo; le colocamos sudor, realiza todos lo movimientos bien con el rostro concentrado, mete la mano, ve el corazón, y lo saca. Actúa maravillosamente perfecto. Terminamos de filmar a la mañana, y al medio día cae Storino, y entonces nos pregunta "cómo anduvo todo". Le contamos que todo estuvo bien, los detalles de cómo hicimos todo, a lo que nos responde: "Qué lástima. Porque él robaba los corazones, y para que la familia no supiera, los cortaba por atrás". Pero fíjense la riqueza de la observación. Obviamente en la película ustedes lo van a ver como lo filmamos, pero era maravilloso saber cómo esto hubiera enriquecido y otorgado el verosímil a la escena; le brinda una verdad que convierte al hecho intransferible. No era como lo hace cualquier persona. Eso es lo intransferible.

Hernán Gaffet[1]

Hoy está con nosotros Hernán Gaffet, miembro de la DAC (Directores Argentinos Cinematográficos), con la intención de realizar una transferencia desde algunos directores cinematográficos hacia el ámbito académico, lugar en el cual nos nutrimos de la experiencia de ellos. En la actualidad, existe un tema que nos sensibiliza, como es el de los archivos fílmicos en la era digital.

Soy consciente de que quizás en el mundo del cine el aspecto de la archivística, así como la misión de guardar viejas películas, no es particularmente para muchos el más atractivo de la cinematografía. La forma en que esta actividad se divulga contribuye a dicha imagen. Se ha impuesto a lo largo del tiempo, una mirada sobre cine, parecida a la mirada que tiene el norteamericano, el estadounidense promedio. Equivale esto al cine como entretenimiento. Esta circunstancia nos hace olvidar otras cosas que genera el cine. Me gustaría comenzar leyendo algo que tiene como base lo que escribí, hace poco tiempo, cuando tuvo lugar una audiencia pública en la legislatura de Buenos Aires, para tratar de salvar una sala: el histórico cine Gaumont.

Una película, producida en cualquier lugar del mundo, en cualquier época, puede llegar a ser una obra de arte o sólo un entretenimiento, pero está claro que a la categoría de arte pocas llegan, y tampoco todas las demás son entretenidas.

---

[1] Hernán Gaffet es director, guionista y también coeditor de sus dos documentales y seis cortometrajes, y tiene una fuerte dedicación a la investigación. Nacido en Buenos Aires, en los años 60, su juventud encuentra paradójicamente mucho tiempo dedicado al rescate del acervo cinematográfico argentino. Títulos vinculados con el policial, como *Jamaika, sol y sangre* (cortometraje de 1997), contrastan con otras propuestas temáticas vinculadas con la música, como *Ciudad en celo* (2006), *Argentina Beat* (2006), y la biográfica *Oscar Alemán, vida con swing* (2002) para las cuales ha realizado la investigación. Actualmente codirige con Fernando M. Peña el documental *Alfredo Murúa, pionero del sonoro*.
Fue cofundador de *APROCINAIN*, asociación civil que impulsó la reglamentación de la aún pendiente Cinemateca y Archivo de la Imagen Nacional, CINAIN. Entre julio de 2012 y septiembre de 2013 se desempeña como experto coordinador del Plan Estratégico Patrimonial del Programa Mercosur Audiovisual. Es miembro de DAC, Directores Argentinos Cinematográficos.

Equipo UBACyT

¿Por qué entonces los estados del mundo deciden tener cine y deben –así lo hacen todos–, subsidiar de alguna forma su producción cinematográfica? Porque sí hay una categoría válida para todo el cine que se produjo en el pasado y el que se hará: **la categoría de documento**, y como tal, todo film es una herramienta para el pensamiento; por lo tanto, una herramienta transformadora.

Bien sabemos que ya hay una generación de chicos, y no tan chicos, que están dejando de asistir a los cines por consumir audiovisuales en dispositivos móviles (ipods, iphones, tabletas, reproductores de Dvds portátiles, etc.) o en la PC hogareña. Nótese que dije que de esta forma *consumen audiovisuales* y no *que ven cine*. No es lo mismo. Con estos dispositivos se consumen imágenes que distorsionan en forma y contenido las películas, por lo tanto, no estamos viendo la obra del realizador X, sino otra cosa formateada por las modalidades del mercado, y como todos sabemos, el mercado no tiene por prioridad al receptor/espectador, sino que sólo atiende a las ganancias. El no ver la película en un cine implica apreciarla mucho más superficialmente. *En un cine* es la forma en que esa herramienta para el pensamiento puede enriquecernos intelectualmente o transformarnos emocionalmente en un individuo distinto. Porque el reflejo de ese espejo que es el cine nos completa. Y me pongo de ejemplo: perdí a mi padre cuando estaba por cumplir 19 años. Hoy estoy convencido que conozco más a mi padre por las películas que él amaba que por el tiempo que lo tuve a mi lado. Por eso digo que el cine me completa como persona.

Pero el mercado no quiere individuos, personas, quiere masa. Una masa a la cual moldear a su antojo y para ello no duda en alterar formatos y contenidos. Para preservar las películas a comienzos de los años '30 se crearon las primeras cinematecas, pero hoy también debemos preservar los cines, y en eso, el Estado también tiene un rol fundamental.

Es verdad que los sobrevivientes cines anteriores a las multipantallas contienen la memoria de una cultura. Pero tanto como preservar una arquitectura valiosa y ya inusual, un espacio con identidad o la memoria de las tradiciones del lugar, lo importante es que muy pocos cines del futuro tendrán las características de los cines tradicionales para seguir apreciando las obras tal como las concibieron los directores.

Considerando que el nuevo cine se proyectará en digital, alguno podrá preguntarse ¿Tan importantes son las películas viejas? **No hay películas vie-**

Hernán Gaffet

jas, sino una mirada que no entiende la historia. Toda película, aun la peor, bien presentada, es decir, dando cuenta del contexto histórico-cultural en que fue producida, es una clase de historia, un documento irreemplazable de su tiempo, un puente entre generaciones.

Sabemos que el cine digital puede proyectarse con nuevo equipamiento que hace parecer a los antiguos proyectores como dinosaurios. Pero ni la cinemateca más rica del mundo podría digitalizar todo el cine del pasado antes de que el celuloide se degrade químicamente. Los cines, entonces, proyectando con esos monstruosos aparatos deberán ser preservados tanto como las películas, al menos por muchos años más. Equipándolos también con la tecnología digital, claro, pero sin eliminar la alternativa del fílmico y respetando el espacio, la gran sala, la gran pantalla, que es lo que hoy nos preocupa. Por supuesto, me refiero a los cines tradicionales y no aquellos de los paseos de compras porque esos se cuidan solos.

La Argentina ya perdió el 90% de su cine mudo y el 50% de nuestro cine sonoro está perdido o gravemente dañado. Estamos a tiempo para salvar lo que queda, y por ello la urgencia de contar con una Cinemateca Nacional. Pero mientras tanto, preservar las salas también debería ser cuestión de Estado. Porque **así como una película no es menos que un libro, un cine no es menos que una biblioteca o una escuela.**

Los proyectos edilicios en el contexto de la planificación urbana que sea, deben recordar en todo momento que el cine tradicional es un espacio irreemplazable, uno de esos lugares que dentro de pocos años estaríamos añorando si desapareciera. Como el viejo teatro Odeón, donde se hizo la primera proyección del cinematógrafo en el país, y que no supimos proteger, espacio hoy ocupado por una playa de estacionamiento. Nuestro patrimonio cultural ya tiene demasiados fantasmas.

No podemos hacer retroceder el reloj. Los años '60 y aquella rabiosa cinefilia –alimentada en buena parte por estudiantes universitarios y una crítica cinematográfica tan conectada con el lector como con la obra–, y el permanente debate acerca de la última de Bergman, Antonioni o Fellini, ya no volverán, y sería insana una mirada nostálgica hacia ese tiempo. Pero sí podemos rescatar al menos algunos de los cines emblemáticos que cobijaron aquella cinefilia, porque sus pantallas tienen el valor de poder exhibir nuestra expresión, nuestra idea, nuestro corazón, tal como fueron concebidos. Nada menos que eso.

Para darle mayor vuelo a semejante esfuerzo, deberíamos recuperar la idea del cine como objeto pedagógico, en tanto herramienta del pensamiento. La gente que hace el cine y los responsables de nuestras políticas educativas a nivel nacional y provincial deberán estrechar esfuerzos en desarrollar y fortalecer programas educativos donde el cine no sea menos que un libro, donde la escuela o la biblioteca no teman vestirse de cine, y donde el cine pueda ser visto como una escuela.

Debemos propiciar una profunda reflexión en lo referente a cuánto saber y placer se halla escondido en nuestro audiovisual que puede transformar y enriquecer la vida de nuestras sociedades. En otras palabras, ¿qué figuras de nuestro imaginario pueden sumarse a la galería de personajes de StarWars en las camisetas de nuestros jóvenes? A no dudarlo: nuestro audiovisual es rico en héroes y heroínas, próceres, figuras de las artes y las ciencias, y personas comunes a las que no les rebotan las balas, que bien pueden interpretar desde el pasado los anhelos de los jóvenes del presente. Aquello que hace feliz a un pueblo es intemporal. Está atrapado en nuestro imaginario audiovisual, y la estrategia es acercarlo en la forma adecuada, legible.

No niego los cambios irreversibles, pero algunos de sus efectos nocivos pueden ser morigerados.

Reeducar la mirada del ciudadano, que hoy padece una percepción deformada y vilmente orientada (desorientada), bajo la excusa del derecho al entretenimiento vacío, de inspiración tecnológica, "signo de los tiempos", es algo posible e imprescindible a la hora de recuperar parte del público de las salas.

La motivación que te lleva a dedicarte a la preservación no es, por lo que demuestran los años de dedicación, obra de la casualidad sino obra de la causalidad. Aspectos emotivos y dramáticos se conjugan en tu relato, en el que citaste a tu padre, quien fue un importante productor del cine argentino. Por eso te pedimos que nos relates cuál fue el origen de esta motivación.

Entre los años 1989 y 1990 todavía sobrevivían en Buenos Aires los laboratorios Alex, lugar donde se procesó –no sé si arriesgo mucho con esta cifra estimativa– entre un setenta y ochenta por ciento del cine argentino. Mientras se trabajaba en esos laboratorios, todas las películas se revelaban, procesaban, compaginaban, se cortaban los negativos… tenemos acá presente a Nilda (Nacella), que durante muchos años realizó esta última tarea. Una es-

Hernán Gaffet

pecialidad que, con la tecnología digital actual, ha dejado de tener razón de ser. En esos laboratorios, hubo hacia finales de los años sesenta un gran incendio que destruyó muchísimo material: se perdió gran cantidad de cine argentino. Hacia el año noventa, yo terminaba la carrera de realizador en la escuela del Instituto Nacional de Cine. En ese tiempo, hubo un robo de 300 negativos en Alex. Salió un artículo muy pequeñito en un diario, no hubo un escándalo nacional ni mucho menos. Esto lo aclaro, porque si hubieran robado 300 cuadros del Museo Nacional de Bellas Artes se hubiera armado un movimiento de mayor envergadura; si hubieran robado trescientos ejemplares de grandes obras literarias de la Biblioteca Nacional, la repercusión también podría haber sido mayor. Pero de pronto, desaparecieron 300 negativos del principal laboratorio del país, se investigó muy poco, no se llegó a nada, y murió el tema. En ese robo habían desaparecido tres películas que había producido mi padre con Leopoldo Torre Nilsson. Mi padre produjo alrededor de doce películas de las cuales seis las hizo con Torre Nilsson, y fue justamente parte del mejor período de Nilsson: finales de los cincuenta y comienzo de los sesenta. Ahí desaparecieron los negativos de *La mano en la trampa*, *Fin de fiesta* y *Un guapo del 900*, películas claves en la filmografía de Nilsson y del cine argentino. Y yo sentí como si me hubieran cortado una mano, un brazo. Es posible que cueste creerlo, porque las películas de directores importantes suelen tener un buen valor en el mercado debido al hecho que se siguen renovando sus derechos en la televisión. Pero no pensé en ese momento en lo económico; simplemente la sensación era como si "la casita de los viejos" se hubiera derrumbado. Algo parecido, porque era algo que había construido mi padre, que había ayudado a producir, a edificar. Además, eran muy amigos con Nilsson, y realmente trabajaban en equipo. Sentí entonces que el fruto del trabajo de muchos años se había perdido. Eran realmente obras importantes. Por suerte sobrevivieron tres copias que se habían hecho para televisión. A partir de ese momento, yo me puse a investigar el porqué: ¿por qué se habían robado trescientos negativos de un laboratorio y no pasaba nada? Esa película: ¿para qué se usaba? ¿Estaba destinada a ser reducida para la fabricación de peines? ¿Reducían el celuloide para fabricar esto? La puntera del cordón de un zapato también se hace con celuloide. Fue con estas preguntas y motivaciones que comencé a investigar. No hay en el país una carrera de restauración de material fílmico, de material audiovisual, al menos no en una forma regular, fuera de algunos cursos aislados.

Equipo UBACyT

Al mismo tiempo, hoy no puede utilizarse la excusa de "no sé por dónde empezar". Tenemos acceso a Internet. Puedo asegurar que entre Internet y el pequeño grupo de gente que se dedica a esto en la Argentina, además de tomarse el trabajo de "molestar" un poco a la gente que hace cine en este país, hay posibilidad de informarse y formarse al menos en algunos aspectos básicos con respecto a la buena utilización y la preservación del material audiovisual de archivo.

Alrededor del año 1996, me contactó Pino Solanas, quien estaba redactando el proyecto de la cinemateca nacional. Me pidió que leyera el proyecto, y no fui el único. Fernando Martín Peña también lo hizo, además de otras personas. Asesoramos, ayudamos, y en septiembre de 1999 se sancionó la ley 25.519 en el Congreso Nacional, que es la que crea la Cinemateca y Archivo de la Imagen Nacional, CINAIN. Como dije, la ley fue presentada por el cineasta Fernando Pino Solanas en ocasión de su ejercicio como diputado nacional. Pero sólo el 30 de agosto del 2010, once años después, logramos que fuera reglamentada por impulso de la presidenta del INCAA. Cabe destacar que esta ley en su momento fue vetada por la gestión presidencial de Carlos Menem a través de un informe técnico de Julio Márbiz, quien era en aquella época el director del INCAA. Márbiz pidió el veto del presidente porque aseguraba que el Instituto ya tenía una cinemateca. Lo que hizo el señor fue confundir un *depósito de películas* con una *cinemateca*. Esto equivale a decir que la Biblioteca Nacional es un depósito de libros, y sabemos que se trata de instituciones mucho más complejas, esencialmente, porque no sólo guardan debidamente el material, sino que además preservan. Dicho trabajo consiste en crear las condiciones necesarias para que el material en cuestión dure y se conserve en el tiempo, además de permitir un acceso al público sobre este acervo cultural. Un simple depósito no puede dar acceso; necesita tecnología para poder dar acceso. La ley fue ratificada por el Congreso. Se trata de una de las pocas leyes que le torcieron el brazo al veto presidencial menemista, y fue el mismo congreso donde no hubo cambio, no se cambiaron diputados, no se *coimeó* a ningún diputado. Entendieron que lo que había votado estaba bien. Tuvimos que explicárselos y obviamente no fue sencillo, pero la ley se ratificó.

La Cinemateca será un organismo autárquico, es decir que manejará su propio presupuesto, y funcionará bajo la órbita de la Secretaría de Cultura de la Nación. Su presupuesto surge del 10% del presupuesto del Instituto, sin afectar la partida presupuestaria afectada a los subsidios en el primer año y, a partir del segundo año, el 6%. La ley declaraba el estado de emergencia del patrimonio fílmico nacional en 1999. Pueden imaginar en qué estado nos encontramos hoy.

Este estado de emergencia instruye a que se realice una campaña de información pública sobre la preservación del patrimonio audiovisual. En 1999 habíamos perdido el 90% del cine mudo, el 50% del sonoro estaba perdido o gravemente dañado. Este era el paisaje, y es el paisaje de muchos depósitos de material fílmico en la Argentina, a causa del polvo y de la humedad, la fluctuación térmica.

Con el tiempo, si la humedad y los hongos se reproducen y se conservan en una lata que no se abre y permanece cerrada, y ese material no es ventilado periódicamente, termina entrando en un estado de descomposición química, que afecta al estado físico, obviamente, de la película. Dicha degradación pasa por estas fases: primero empieza a emitir gases y es la etapa del síndrome del vinagre. Se le llama así porque ese gas tiene olor a vinagre. Luego esto se convierte en una pasta sobre el material y empiezan a salir globitos, y esta maravilla se transforma en una masa amorfa (Gaffet muestra una imagen del material degradado en la charla que dio origen a esta publicación), que originalmente era un fotograma de material de nitrato, material con el que se producían las películas hasta el año cincuenta; un material autoinflamable que lo hacía muy, muy peligroso.

Pero también una película de acetato en estado de descomposición puede verse de forma similar, la emulsión –que es la que forma la imagen– se disuelve y progresivamente va desapareciendo la película.

¿Podrías ampliar este aspecto de la restauración, la preservación, la difusión?

No existía bajo la órbita del Estado ningún depósito con las condiciones ambientales indispensables para el correcto almacenaje del material fílmico hasta febrero del 2011. Entonces, el material que estaba en el depósito del Instituto de Cine pasó a un nuevo depósito, que se ve en mejores condiciones. No hablamos, entonces, de un imposible. Nos tomamos también nuestro tiempo. Tuvimos que esperar al siglo XXI para tener el primer depósito bajo la órbita del Estado, con las condiciones ambientales necesarias para guardar películas. Cabe aclarar que las primeras cinematecas en el mundo se crearon a comienzos de los años 30. Y ya finales del siglo XIX, un húngaro que se desempeñaba como proyectorista escribió un artículo que sobrevivió hasta nuestros días: constituye un interesante documento de la década de 1890, porque ya hablaba de la necesidad de guardar y crear archivos para las películas debido a su valor como posible documento histórico. Vemos que esta idea nace casi con el cine mismo.

Es importante rescatar la figura de Henri Langlois, creador de la Cinemateca Francesa, que es una de las primeras del mundo. La primera fue la de Estocolmo a inicios de los años treinta. Langlois tomó conciencia de que, a comienzos del sonoro, al mercado no le interesaban las películas mudas, y se empezaron a tirar en forma masiva todo lo relacionado con ellas. Consciente de que habría que preservarlas, no tenía lugar para ello. En los comienzos fue su bañadera la que sirvió de cobijo para estas obras. Pero eventualmente logró encontrar otro lugar. Hizo bien las cosas y logró educar sobre el tema a la comunidad que hacía cine en Francia. Las cinematecas no son solamente depósito de películas, sino un espacio de estudio en el cual hay una posibilidad de acceso a esos materiales, para poder apreciarlos, descubrirlos, analizarlos. Las cinematecas, las buenas cinematecas, crean conciencia y educan sobre el tema. Y a quien primero hay que educar es a la gente que hace cine en los distintos países.

Si alguien quiere entender por qué se llegó al grado de destrucción que llegamos en la Argentina es porque la institución más vieja en este tema que es la Fundación Cinemateca Argentina, que es privada –quizá demasiado privada–, después de 64 o 65 años que lleva en actividad, no se ha ocupado de dar cursos, no educó a la gente que hace cine en nuestro país acerca de este tema. Ese es el primer "pecado" que ha cometido la Fundación Cinemateca Argentina.

En Francia, cuando André Malraux, ministro de cultura de Francia en los años sesenta, lo quiso remover a Langlois de su cargo, salió la comunidad de cine francesa –con representantes de la talla de Jean Luc Godard, Abel Gance, Alain Resnais, Francois Truffaut, Claude Lelouch– con manifestaciones callejeras y un comité especialmente formado, a pedir que lo restituyeran en el cargo.

Hoy la sala de la cinemateca francesa de París es la sede principal. Es el modelo de institución que uno debería tomar como referencia sobre los modos de conservación de los archivos cinematográficos. Por supuesto, hay quienes piensan que estas son cosas del "primer mundo". No me gusta hablar de primer, segundo mundo, tercer mundo. En todo caso, posiblemente estemos en vías de desarrollo en esta área. Alguien dice que esto es cosa de países ricos que tienen una gran industria y que pueden sostener instituciones como esta, pero se trata de una falacia. Bolivia casi no produce cine y tiene una cinemateca a través de una fundación privada con apoyo estatal. Tiene tres salas y conserva lo poco que se ha producido en Bolivia. Cabe destacar que casi todo lo que se está estrenando comercialmente en Bolivia es guardado en la cinemateca. En la Cinemateca Nacional de México, ya no se usan las latas para guardar en las bóvedas, sino envases de un material plástico especial. Esta cinemateca, en refacción, convertirá sus cinco bóvedas en unas diez, y sus cinco salas se ampliarán a unas nueve, en el mismo predio. Allí también se exhibe casi todo el cine que no aceptan las multisalas norteamericanas.

Existe la pregunta acerca del porqué desviar fondos del Instituto de Cinematografía para la conservación. Hay un informe del año 2008 titulado *El dilema digital*, elaborado por la Academia de Artes y Ciencias Cinematográficas de Estados Unidos –los responsables de los premios Oscar–, y comparan ambas prácticas y costos para el almacenamiento digital y fotoquímico. Expresa el consenso general existente en torno de la mayor volatilidad del medio digital en comparación con la película, debido a la degradación de las señales y a la obsolescencia de los formatos y estándares.

Los archivos digitales deben ser migrados cada cuatro o cinco años para asegurar su accesibilidad; mientras que una película bien guardada dura más de 100 años. Ningún soporte digital de la actualidad ha demostrado sobrevivir más allá de 20 o 30 años, y suponiendo que dure ese tiempo, también vamos a tener que guardar las reproductoras del presente, porque el gran negocio de los que fabrican los soportes y las reproductoras es cambiar al formato cada cuatro o cinco años, para que nosotros, los consumidores, cambiemos los equipos.

Hay un formato que se llama el LTO (Linear Tape-Open)[2], creado por las instituciones bancarias con el fin de guardar su información. Se está usando

---

[2] LTO, Linear Tape-Open, es una tecnología que se basa en el almacenamiento de datos mediante cinta magnética y su desarrollo tuvo lugar a fines de 1990. Empresas como Hewlett-Packard, IBM y Seagate iniciaron el primer consorcio LTO.

para guardar material audiovisual, y ya están por la versión 8: "LTO 8". Los que guardaron material en LTO 2 –una diferencia de aproximadamente 5 o 6 años– ya tenían problemas de compatibilidad con LTO 8. Consideremos que estamos hablando de una tecnología digital de punta, esgrimida por empresas que invierten muchísimo en la forma de guardar su información, y ya la versión 2 no es compatible con la versión actual. La academia reporta que el costo anual de almacenar un archivo, en master digital para una película, es de alrededor de 12.000 dólares, comparado con los poco más de mil dólares que implica hacerlo en película. Cifras no actualizadas pero que sirven para comparar.

Todos los archivos del mundo se han puesto de acuerdo en un reciente congreso de la FIAP, que es la Federación Internacional de Archivos de Películas, llegando a esta conclusión: el digital sirve para difundir y comercializar, y el fílmico para preservar a largo plazo. Hoy los films producidos y comercializados en digital, ayudados económicamente por la entidad de cinematografía francesa, el CNC, obligan al productor y al Estado a procesar dos copias de material fílmico para su preservación. Esto es obligado aun para aquellas películas producidas y distribuidas 100% en digital.

Obviando por un momento los valores culturales, ¿es negocio invertir en archivos a gran escala? Sólo tres respuestas a esto: de los 36.000 millones de dólares ganados anualmente por los mayores estudios de Hollywood, aproximadamente un tercio proviene de sus cinematecas; hablamos de cinematecas cuando hablamos del *fondo de catálogo*. *Fondo de catálogo* está integrado por toda película de 6 años o 7 años de antigüedad.

En la Argentina, gran parte de los proyectos de cine documental se ven abortados por falta de material de archivo. Quien esto afirma ya descartó dos ideas de documentales porque no hay imágenes para los temas que quería tratar..., no han sobrevivido. Debo, no obstante, hacer un previo paréntesis con respecto al documental que hice sobre Oscar Alemán[3], el cual he podido realizar, porque era mi primer largometraje. Cuando uno hace su primer película, se comporta muy semejante a un suicida, un paracaidista sin paracaídas. Hice exactamente lo contrario a lo que debía. Me puse a ver si había material recién después de hacer la investigación, aproximadamente cuando iba por el 80 o 90% de la investigación, un trabajo que duró dos años, enca-

---

[3] Se trata del film documental *Oscar Alemán, vida con swing* (Hernan Gaffet, 2002).

rado por mi cuenta, al no tener recursos para financiar un equipo. Armé un equipo de investigación documental cuando terminé la investigación base, en un avance del 80%. En ese punto indagué qué tipo de materiales había con los cuales podía ilustrar la historia que quería contar. Me enteré que en los canales de televisión habían tirado todo los materiales de Oscar Alemán, que empezó a actuar cuando nació la televisión argentina, allá por 1953. En ese momento, Alemán vivía un auge de su música, y era tan exitoso como las orquestas de (Aníbal) Troilo, de (Juan) D'Arienzo. Alemán era el más exitoso de los que no venían del ámbito del tango. Ejecutaba esencialmente jazz, y sin embargo, podía competir con un Troilo, un D'Arienzo, un (Osvaldo) Pugliese. Aun cuando haya trabajado en la televisión desde los comienzos de la misma, hasta que murió en 1980, en la televisión argentina no hay un minuto de archivo de Oscar Alemán. En el Archivo General de la Nación no había una fotografía de Oscar Alemán, y de esto me enteré cuando mi investigación "en papel" estaba terminada.

Al comienzo pude acopiar no más de 40 a 50 fotos; no había elementos visuales para realizar un documental. Si ustedes ven la película, notarán que no hay más de doce minutos de fílmico de Oscar Alemán, que se rescataron de algunos archivos televisivos en manos de coleccionistas y alrededor de entre 400 a 500 fotografías, así como documentos con los cuales podía ilustrar la historia que deseaba compartir. Por momentos, el locutor narra a cámara lo que debía narrarse en imágenes documentales. El film es producto de la inconsciencia, y de no querer desechar dos años de mi vida, porque además estaba enamorado del personaje y convencido que esa historia merecía ser contada como fuera, y así se hizo.

Sin embargo, si hoy me traen la idea de hacer un documental sobre un personaje tan atractivo como Oscar Alemán con los mismos recursos documentales, hoy respondería que es insano. Existen realizadores argentinos que han debido comprar materiales locales en el exterior. Marcelo Céspedes, un reconocido documentalista argentino, ha comprado fragmentos de *Sucesos Argentinos*[4] en el archivo del Centro Pompidou en Francia porque no los encontraba en su propio país.

---

[4] *Sucesos Argentinos* es un noticiario cinematográfico emblemático en la historia del cine argentino, realizado mayormente en la primera mitad del siglo XX.

Debemos destacar que aquello que pudo recuperarse se debe en buena parte al personal del Museo Municipal del Cine, al Archivo General de la Nación, Fundación Cinemateca Argentina, la Filmoteca Buenos Aires que fue creada por Octavio Fabiano, creador del club de cine junto con Fernando Martin Peña. Tras el fallecimiento de Fabiano, la colección pasó a manos de Peña, y es hoy unos de los principales archivos privados que hay en el país. El depósito en el Instituto del Cine, el Archivo Di Film –un archivo privado que por haber muerto su fundador, tengo entendido que sus hijos en este momento están buscando compradores en el exterior–, y otros archivos privados, como el de Cine Club Núcleo, y organizaciones como APROCINAIN, que con el apoyo de los laboratorios Stagnaro, Cinecolor y la empresa Kodak, son espacios desde los cuales pudimos rescatar más de 140 películas en copias nuevas de 35 mm. Con respecto a APROCINAIN: al vetar el por entonces presidente Carlos Menem la ley de la que hablamos (de creación de la CINAIN), y a pesar de haber sido ratificada, era muy improbable que la pusieran en práctica. Una vez que la ley fue sancionada, creamos a finales del 2000 una asociación civil sin fines de lucro llamada APROCINAIN con la intención de que fuera una Asociación pro CINAIN, la asociación de apoyo al patrimonio audiovisual. Éramos, al comienzo, alrededor de veinte personas, y siendo la paciencia el patrimonio de pocos, culminamos siendo unos doce. El 3 de agosto del 2010, cuando la presidente Cristina Fernández reglamenta la ley, nuestra asociación se disuelve, porque el principal objetivo estaba cumplido.

Durante esos años previos, instruíamos a los directores que rotaban por el INCAA, explicábamos que, si bien el Museo del Cine era museo y archivo, nació como museo, y se necesitaban otros recursos para ser un archivo funcional, y cada tanto, cuando nos topábamos con un negativo, y se trataba de una película que no tenía copia en 35 mm, tocábamos la puerta de las empresas para que nos dieran servicios y medios para sacar una copia nueva. Así lo hicimos con 140 películas nacionales y extranjeras que luego fueron difundidas en diferentes ciclos de proyecciones en el Malba[5] y secciones especiales del festival de Mar del Plata. Cierto día me llamaron del INCAA y me sugirieron ser delegado organizador de la CINAIN. Lo fui hasta junio de 2012.

---

[5] Museo de Arte Latinoamericano de Buenos Aires.

Sin embargo, la valiosa acción pública de las instituciones y organizaciones que cité, el esfuerzo de personas y también colaboradores privados, no fue suficiente para crear una conciencia pública acerca de lo imprescindible del buen resguardo de las películas. Cuando hablamos de patrimonio audiovisual, no hablamos solamente de las películas, sino de todos los materiales que nos sirven para entender el fenómeno cinematográfico; por eso involucramos también, entre los materiales a preservar, a las fotografías, los afiches, las gacetillas, los avisos de diarios, los programas de mano, los vestuarios de las películas que se conservaron, los guiones de las películas, los desgloses de producción con los que trabaja un asistente de dirección. Entre nosotros se encuentra sentada Lizzie Otero, una maravillosa asistente de producción de la industria que sabe lo que es desglosar: "descuartizar" una película en una planilla para que todos los integrantes de un equipo técnico sepan qué hacer en el momento de rodar una escena. Para entender cómo trabaja un realizador, y por qué las escenas en la pantalla son diferentes a lo concebido originalmente, las planillas son muchas veces la respuesta en cuanto a las contingencias de producción. Para reconstruir y entender el proceso creativo son muy importantes, y por eso también se guarda en una cinemateca, en un archivo público, que refiere a la cinematografía.

Leopoldo Torre Nilsson, con quien trabajó mi padre, fue un director muy reconocido en los festivales internacionales, a la altura de los principales, figurando en la revista inglesa *Sight and Sound*, que lo ubicó entre los diez primeros realizadores mundiales a comienzos de los años 60. Por ser hijo de mi padre guardo afiche de una película que produjeron juntos: *La mano en la trampa*, cuyo negativo desapareció de los laboratorios Alex. Otro tesoro es un fotolito[6], un material que ayuda a comprender la publicidad de la película y cuál fue la intención del productor. El film *La mano en la trampa*, por su estilo, puede considerarse "la típica película de cine arte" o "cine de autor", y sin embargo, para venderla, había que sugerir algo más; por eso la frase publicitaria reza: "desnudar el amor, desnudar el misterio", en una época en que la palabra *desnudo* producía cosquillas, con los vientos que luego nos traerían a Onganía. Y así había que vender la película. Muchas veces, el cine argentino se publicita con afiches con un nivel artístico a tono con el film, pero el espectador no tiene con esa imagen

---

[6] Impresión offset sobre una película que servía para artes gráficas, en edición de diarios, revistas y libros.

Equipo UBACyT

una idea clara de su contenido. Pagar la entrada implica un esfuerzo, y hoy difícilmente alguien pague una entrada de cine si no sabe qué es lo que va a ver. El afiche debe decirnos: "usted va a ver esto". Mi padre decía: "no importa engañar al espectador *afuera*…; el tema es no defraudarlo *adentro*". En otras palabras, no importa cómo hacemos entrar al espectador; el tema es qué es lo que ocurre dentro de la sala. Obviamente, podemos disentir con esto y podemos polemizar, pero estos ejemplos sirven para entender cómo funcionaba la cabeza del productor de Leopoldo Torre Nilsson, un realizador que también era reconocido por sus pares internacionales, con quienes compartía momentos, por ejemplo Elia Kazan[7], en el festival de Cannes de 1960.

Todo esto ayuda a entender la obra y preservarla. Recuperar significa esencialmente primero localizar y poder conseguir el material. Lo que hace una cinemateca particularmente es preservar y tener los *soportes*, no la obra, ya que una película es su soporte físico y la obra intelectual artística que contiene. Por ende, la cinemateca preserva al soporte pero nunca a la obra. La cinemateca tiene derechos sobre *el objeto película* que se materializa en un rollo de película, o en un video tape, pero no es dueña de la obra ni de los derechos comerciales. De la obra es dueño el autor intelectual, o los herederos de esa obra. Los derechos comerciales puede tenerlos el productor o distribuidor de la obra, o la empresa que le haya comprado los titulares originales de esos derechos. Las cinematecas conservan el soporte y solamente lo pueden difundir en la medida que los productores originales, o los autores originales, autoricen la difusión de esa obra; de lo contrario, la cinemateca sólo podrá darle acceso al investigador, el cual podría apreciar la obra en un box con un monitor, un reproductor de DVD u otro formato, con el fin de visionar la película para poder estudiarla, pero no una proyección pública cobrando una entrada. Esto puede hacerse sólo con autorización o en caso en que la cinemateca haya comprado los derechos de exhibición de una película o una copia. Restaurar es poner en condiciones de poder proyectarse y poder mostrarse. Preservar es crear las condiciones como para que esa película se conserve en el largo plazo. Difundir es darle acceso precisamente. Y por eso la cinemateca nacional va a guardar el acervo fílmico y videográfico, así como lo más representativo de ese material.

---

[7] Elia Kazan, ralizador de emblemáticos films como *Viva Zapata* y *El último magnate*, se manifestó fascinado –según el testimonio de Gaffet– con *La mano en la trampa*, de Torre Nilsson.

Te referías al principio sobre la forma de ver cine...

Hablamos de preservar las películas, su soporte, el material vinculado, pero habría que hablar de preservar una forma de ver cine que se está extinguiendo: la de verlo en una sala con una pantalla importante. El patrimonio audiovisual está constituido por material que surge del proceso de producción y difusión de la película, no sólo es testimonio histórico de una época, sino que además clarifica las relaciones entre las diferentes ramas artísticas, técnicas e industriales que intervienen en la realización y el goce de una obra cinematográfica, lo que les decía antes. Como dije, son influyentes los afiches, las revistas especializadas, las fotografías, y por eso son esenciales tanto la película como el programa de mano, el afiche como el guión, la foto fija como el plan de rodaje. Los mismísimos proyectores y filmadoras: todo constituye una huella irreemplazable para entender y pensar el fenómeno cinematográfico.

En avenida Santa Fe al 1400, hoy creo que hay una tienda de ropa, el edificio está intacto, había un cine que fue también teatro, incluso teatro lírico. Debajo de lo que era la sala, debajo de lo que hoy es la primera planta, la planta baja, en el edificio hay aún hoy una pileta, donde había agua. Quizás alguno de ustedes sepa que en los teatros líricos importantes debajo del escenario, debajo de la sala propiamente dicha, hay una gran pileta con agua porque sirve a la acústica del lugar. Lo que era el cine Versalles hoy tiene todavía en su subsuelo eso, y este es el programa de mano de 1947[8]. Todavía el Estado nacional —empezó a hacerlo en 1948— no subsidiaba ni daba créditos a la producción de cine. Este es un dato interesante: era un barrio distinguido, el barrio de Recoleta, un barrio de gente con dinero, de clase social media-alta. La alta sociedad argentina, particularmente de aquella época, todavía era una sociedad que miraba mucho más hacia Europa, era "distinguido" ir de vacaciones a París, antes que a cualquier lugar de la Argentina. Quizá no casualmente se llama Versalles también el cine. El programa nos muestra que daban cine francés el día viernes, tres películas francesas, la última un verdadero clásico de René Clair, *Los visitantes de la noche*, pero lo interesante, lo que nos dice mucho es que el sábado y domingo, que siguen siendo los días fuertes de

---

[8] Gaffet muestra al auditorio una imagen del programa citado en el momento de pronunciar estas palabras.

cine porque la gente no trabaja, daban cine argentino. En el programa que vemos se anuncia *Cumbre de hidalguía* y *El día que me quieras* con Carlos Gardel. Así, bien podemos deducir que el cine argentino en ese momento y en ese barrio también era un cine masivo, exitoso. Además, el programa nos dice que la platea valía un peso. Y un palco, donde podrían entrar cinco o seis personas para un grupito de familiar, salía cinco pesos.

Cuando tengamos nuestra Cinemateca, otro ejemplo a seguir es el de la Fundación del Patrimonio Fílmico Colombiano, con cuyos responsables tuvimos un encuentro en representación de la Argentina. Ellos nos mostraban cómo trabajan desde la intervención de las películas hasta la reparación de los empalmes y las perforaciones –que es el paso previo a reparar una película si uno la quiere digitalizar, ya que, para que pueda pasar por un proceso de laboratorio, la película antes tiene que ser reparada físicamente–.

Como señalábamos antes, el depósito del Instituto de Cine es exactamente eso, *un depósito*. Al no ser una cinemateca –salvo en una etapa muy breve en la cual intervino APROCINAIN con estudiantes de cine instruídos por Fernando Martin Peña y Octavio Fabiano–, en ese depósito no se revisa periódicamente el viejo material; sí se atienden las películas que están en circulación, ya que se mueven en festivales y muestras, pero no el material de décadas pasadas. Es mucho el material que está en peligro de extinción si no lo intervenimos pronto.

Un dato interesante es que los cargos directivos, en esta institución, serán personas nombradas por concurso de antecedentes y proyecto, mientras que, por lo general, los organismos públicos tienen ahí un puesto político. En este caso, una de las bondades que tiene esta institución es que sus directivos sabrán del tema y deberán presentar un concurso de proyecto de gestión de cuatro años. Ellos designarán el resto del personal, serán cargos por el mismo período de gestión, y sólo podrán ser reemplazados por incumplimiento del plan de trabajo por el Consejo Asesor. El Consejo Asesor también será el jurado del concurso proponiendo hasta cinco aspirantes a la dirección y vicedirección. Los integrantes del consejo asesor son representantes de la industria, pero se le suman las escuelas de cine, las asociaciones de críticos, cines clubes, Fondo Nacional de las Artes y gente representante del Museo de Cine y de instituciones del mismo tenor. Habrá un departamento de informática, un departamento de recursos humanos, que tienen todos los organismos, departamento de preservación para el fílmico, para el digital, para los materiales anexos que estuvimos describiendo, departamento de documentación y catalogación. Toda pieza de colección que entra, tiene que estar muy bien catalogada para darle acceso rápido a aquel que quiera consultar el material. Una mediateca con libros, revistas, fotos, recortes, acceso a Internet y otros documentos. Un departamento de operación de salas, porque la cinemateca va a programar su propia sala y seguramente habrá convenios con otras. Se deberá apuntar a tener una programación local en las salas de nuestro país y de nuestra ciudad, pero también una programación itinerante en el exterior.

Se hace imperioso dar cursos y formar gente para personal de la cinemateca y para la gente que hace cine en nuestro país. Esta es la clave, creo yo, cuando se piensa el cine no sólo como arte y entretenimiento sino también como un documento y como tal, una herramienta para el pensamiento.

Una película no es menos que un libro. Hay quienes están en gestión cultural y aún no comprenden el valor del audiovisual como herramienta del pensamiento, como herramienta pedagógica. Lamentablemente, Hollywood influye en este recorte y desvalorización, ya que cristalizó esta idea del cine sólo como entretenimiento.

(*Gaffet proyecta un material en pantalla.*)

Lo que vemos es una filmación de una calle de Nueva York en 1901 filmada por el equipo de Thomas Alva Edison. La inmediatez de saber cómo era una calle en ese entonces, en un tiempo tan breve, es fuerte y no tiene correlato literario.

Traje un capítulo el ciclo *Películas recuperadas* realizado por Lorena Muñoz, y que surge de una idea de la directora del Museo del Cine Paula Félix Didier, que sirve para encontrarnos con la idea de un cine para pensarnos, para entendernos. Paula, una de las pocas personas en el país que está formada académicamente en el tema de preservación audiovisual, y que tenemos la suerte de que esté al frente del Museo Municipal de Cine, señaló que estamos *descubriendo cosas*.

Sin recursos suficientes para hacer todo lo que ella sabe hacer, está igual al frente. Ella reveló que están apareciendo muchos materiales en el interior, gente que llama para decir "tenemos una lata", "de nuestro abuelo", "nuestro bisabuelo", "nuestro tío" o "del cine del barrio o del pueblo", que cerró hace mucho tiempo, pero "guardamos las latas" y aparecen materiales realmente increíbles.

Equipo UBACyT

Ha aparecido material de Quirino Cristiani, quien fue el primer realizador de dibujos animados en la Argentina[9]. No se conservaba absolutamente nada de esa época y se acaban de descubrir hace muy poquito en el Museo del Fin del Mundo en Tierra del Fuego dos cortometrajes de Cristiani que estaban allá porque se las había proyectado –al menos es una de las razones que lo explicaría– a los presos del penal de Tierra de Fuego. El frío de Tierra del Fuego ayudó a que se conservara el material, sobreviviendo hasta nuestros días. Pude presenciar la manera en que Fernando Martín Peña hacía un primer trabajo de restauración en la cabina del Malba, reparando perforación por perforación, reparando los empalmes. También se pudo procesar en laboratorios Cinecolor y sospecho que pronto se va a hacer difusión pública de esos dos cortos de animación, que son una reliquia, así como también pudo encontrarse un documental de las Islas Orcadas[10], al sur de las Malvinas, producida a finales de los años veinte por Federico Valle[11] pionero de la cinematografía, que tenía la locura de realizar una expedición a las Orcadas. La película se quemó, se arruinó cuando vino a Buenos Aires, y su obsesión llevó al realizador a regresar y volver a hacer la película casi exactamente igual. Se encontró hace poco, se recuperó y de la copia en 16 milímetros se consiguió un negativo en 35 mm.

¿La cinemateca del Instituto, qué condiciones de temperatura tiene? ¿Y dónde estaría físicamente la cinemateca?

El depósito del Instituto, que está en un nuevo edificio, se encuentra a 17 grados de temperatura permanente, y 40 % de humedad permanente y ventilación también permanente. Es muy importante, porque hay un poco de material avinagrado emitiendo gas, y al haber muy buena ventilación, al ingresar al depósito no se percibe el olor a gas, a vinagre. Son condiciones cercanas al ideal, ya que el material blanco y negro no tiene que estar a la misma temperatura y humedad que el material color.

No disponemos aún de bóvedas con condiciones ambientales diferenciadas, pero venimos de un depósito en el cual no había aire acondicionado, con

---

[9] En realidad, Cristiani, de origen italiano, llegado a Argentina en su niñez, fue el responsable del primer largometraje animado en el mundo llamado *El Apóstol*, película estrenada en 1917.
[10] El film en cuestión es *Entre los hielos de Orcadas*, realizada por Federico Valle en 1928.
[11] Federico Valle, también inmigrante italiano, fue productor de muchos films del citado Quirino Cristiani, y productor del noticiero fílmico *Actualidades Valle*.

pérdidas de agua por cañería y, cuando llovía fuerte, surgían por una alcantarilla aguas cloacales, que azotaban a las películas periódicamente. Veníamos del infierno y hoy estamos en un lugar muy parecido al paraíso, comparando con lo anterior.

Con respecto al espacio, la ley en cuestión dice que el Estado nacional debe proveer dicho lugar, pero aún no está definido. Se habla de un nuevo edificio para el INCAA y la posibilidad de instalar las oficinas de la cinemateca en el mismo lugar. La construcción se encarecería si se hiciera el depósito en una isla; habría que aislarlo de la humedad. Sin embargo, tomando en cuenta la experiencia de los ingleses que tienen importantes archivos documentales al lado del Támesis, no es un imposible. Sucede que tenemos un país con un territorio bastante generoso, lo cual hace innecesario tener que construir el depósito en una isla. No obstante, todo es posible. Existen casos de depósitos que se realizaron cavando una montaña para ubicarlo en su interior: el frío de la altura y lo seco del ambiente protegen las películas casi sin acondicionamiento ambiental.

Más allá de generar las condiciones para preservar el material fílmico original en cuanto a temperatura y humedad, ¿se evalúa la posibilidad de tener un *backup* en LTO? Porque más allá del cambio de versiones, lo cierto es que la migración se vincula con la densidad de datos en sí, con la interfaz de las cajas y velocidad de acceso. Pero en sí, la librería en LTO sigue siendo más o menos lo mismo y considero que da mucha más versatilidad a la hora de restaurar también material así como el tema del granulado, porque lo detecta con algoritmos, permite corregir. También es una herramienta para publicar material en Internet o brindar otro tipo de acceso.

Aún no sabemos cuál será el soporte digital para restaurar con el que contaremos en la cinemateca. Tenemos claro –como todos los archivos cinematográficos en el mundo–, que la matriz tiene que seguir siendo el fílmico, porque los formatos digitales van a seguir cambiando. Un negativo o una buena copia fílmica bien guardada va a seguir existiendo. Yo creo que el aspecto digital va a tener que ver con dos formatos claves: uno es el de exhibición pública –que en el día de hoy es el DCP–, y no sabemos cuál será en los próximos años, y luego cualquier formato que nos permita ver una pantalla de veintiséis pulgadas para que un investigador pueda sentarse en un box y acceder a una película. El tema es cómo darle "respiración artificial" a los

Equipo UBACyT

fílmicos moribundos que tenemos. Aquel incendio de los laboratorios Alex a finales de los sesenta, y el robo de los trescientos negativos a finales de los ochenta, hicieron que mucho cine argentino –particularmente de la década del 40 al 50– solamente haya sobrevivido al día de hoy en copias de 16 mm positivas, porque eran las copias que se habían hecho para televisión, estaban en viejos archivos de los canales de TV, o bien en mano de coleccionistas privados que "rapiñaron" cosas que tiraron en los canales de televisión, o que se robaron de los canales de televisión, porque hay que decir que han robado material. Todas esas hay que *levantarlas*[12] de 16 a 35 milímetros.

Primero deben ser restauradas, limpiarlas. Levantar un negativo fílmico en 35 milímetros para, a partir de ahí, poder tener una matriz en fílmico y sacar más copias en 35. Y en digital, cuando se desee. Pero ya sea LTO u otro formato digital, lo importante es que sirva para una buena proyección pública y para un buen acceso en un box. Las cinematecas hoy tienen un gran problema, están en un momento de transición y hay que estar muy atentos, ya que las transiciones tecnológicas le han hecho mucho daño al cine siempre. Los inicios del cine, con films muy breves con capturas de la realidad, sin movimientos de cámara, pasaron a contar historias, a crecer en cantidad de rollos y tiempo. Al ser de dos rollos –ya contando historias, sumando movimientos de cámara y encuadres– los exhibidores empezaron a desmerecer las películas cortas de un rollo solo. Cuando las películas superaron los dos rollos, las de dos rollos eran viejas: nadie quería ver películas tan cortas. Con la aparición del sonoro, comenzó a despreciarse el cine mudo. Con la irrupción del color, se empezaron a tirar los films en blanco y negro. Cada avance tecnológico produjo oleadas de destrucción masiva porque el negocio es manejado por comerciantes. Si no le pueden sacar un rédito económico y ocupa lugar, sobra.

  Hernán, si mal no recuerdo, hace unos quince años o más compré en la feria del parque Rivadavia un video VHS con un compilado muy surtido de dibujos animados de los cuarenta, cincuenta y sesenta. Todo lo que la generación del 64, con la televisión blanco y negro, veía en la infancia: Huck Finn, con niños actores y dibujos de Hanna Barbera, episodios de Mr. Magoo y

---
[12] Un término para referirse a la ampliación de un formato fílmico a otro.

otras producciones de diferentes estudios. La edición del video no pertenecía a un sello conocido. En medio del material, sorpresivamente, aparecía el sello de los laboratorios Alex en blanco y negro, con el título "Cineteca Alex": con intertítulos, mudo y con cierto *rallenti*, se veía el fragmento de la pelea con el gitano Juanillo del film de Quirino Cristiani *Upa en apuros*, basado en los personajes de Dante Quinterno. Evidentemente, era una copia previa al procesamiento de la película de Cristiani, que por suerte se restauró. Esto nos lleva a reflexionar acerca de la ignorancia de mucha gente acerca del material que quizá posee, de su valor, de su historia. Esto asusta, nos hace preguntarnos en manos de quién está o de dónde llegan estos materiales, porque ese compilado implica que alguien sacó de Alex algo audiovisual, en forma muy aislada de como se conoció incluso internacionalmente *Upa en apuros*. ¿Se sabe qué sucedió en el Archivo General de la Nación? Ha desaparecido mucho material físico, y existen rumores de gente que en su momento tuvo el gran negocio de hacer programas televisivos con material de archivo y compró el material físico. ¿Es posible o sólo un rumor?

Más que comprar el material del archivo, compraron al empleado que se los dio. La historia del material fílmico en la Argentina, es la historia de la rapiña y la ignorancia. Se mezclan dos cosas explosivas: primero, el desconocimiento del valor no comercial, el valor documental de los materiales, y después, los pocos que conocen ese valor en realidad lo valúan de acuerdo con el negocio en el que están, y a la responsabilidad que tienen.

Un ejemplo claro fue durante el gobierno de Carlos Menem, período en el cual el guionista y productor Gerardo Sofovich fue interventor de canal 7. Mandó a tirar material fílmico y material de video de los años 70, 80 y creo parte de los 90, porque necesitaban espacio. Un material que él creía que no tenía valor, terminó en el cinturón ecológico. Alguien sabía de qué se trataban los materiales, y además de tirar ese material también se vendió a "bolseros de material de archivo" o de "bancos de imágenes" en el exterior. Desde hace un tiempo las condiciones de seguridad en el Archivo General de la Nación han cambiado, pero hubo saqueos hasta en la Biblioteca Nacional, de la cual desparecieron libros y mapas antiguos (rollos inmensos). Es claro que no hay forma de llevarse eso en una carpetita, o en un bolsillo. Tampoco existió una legislación clara sobre otro tipo de archivos, aunque tampoco depende totalmente de ella. La mejor cinemateca de Sudamérica es la brasileña, que tiene sede en San Paulo y no hay una ley que le dé marco. Nosotros tenemos

Equipo UBACyT

ley, y seguimos perdiendo material. Uruguay tiene una ley de archivos y red de archivos nacionales, y también ha perdido muchísimo material. El principal archivo audiovisual de Uruguay, que es la Cinemateca Uruguaya, privada, está moribunda, y el Estado sigue sin reaccionar asistiéndola con pocos recursos. Por eso, no sólo depende de una ley. Depende de todos y de cada uno de nosotros. Si las cosas tienen que entrar por la fuerza de la ley, entonces hay que educar antes sobre el tema, porque si sólo es una obligación, puede tomarse como algo a evitar. Hace un tiempo estuvieron aquí un gestor cultural alemán y otro francés. Recuerdo que el francés declaró en un diario –creo que fue *Página 12*–, que a nadie se le hubiera ocurrido tocar a la Comedia Francesa en ningún momento de su historia, siendo su institución originaria del siglo 17. Aun aquel que no va al teatro hubiera salido a defenderla de existir un peligro de atentar contra su patrimonio, y esto se debe a que existe una cultura de preservación en Europa, ligada a la identidad.

  También es cierto que es la primera vez que contamos con una política pública. Citabas los archivos Di Film, y sí había una "rapiña" de todo lo que era televisivo, fue justamente del dueño del archivo Di Film. En síntesis, se llevó todo el material, armó un archivo propio, y el caso de la Cinemateca Argentina es patético. Hay personas que utilizan el patrimonio en beneficio propio, hasta con fines de lucro, sin tratar el material, sin preservar, sin hacer nada. Por eso resulta fundamental este logro. Te he leído en una discusión con el periodista Pablo Sirven y se revela en tus palabras la actuación de un gran defensor de la política pública. Especialmente Sirven hace énfasis en la idea de monopolio estatal.

  En realidad, la ley habla de difusión. Quien está al frente de la cinemateca deberá proponer un buen plan para que la difusión cumpla con una misión que supere la de dar a conocer un director o mostrar un movimiento cinematográfico, una película y un clásico. Todo apunta, como dije, a cómo hacer funcionar a la película como una herramienta del pensamiento. En la sociedad occidental, los grandes problemas siguen siendo la diferencia entre las clases sociales, la falta de solidaridad, la falta de comunicación dentro de la sociedad y el grupo familiar, así como su relación con el resto. Estos problemas esenciales, que se vislumbran cuando hablamos de qué es lo que nos duele, se mantienen vigentes en lo que un film contemporáneo expone. A eso me refiero cuando afirmo que el cine sirve como herramienta del pensamiento.

Hernán Gaffet

Hablabas de los departamentos necesarios para sostener la cinemateca. ¿Cuánto debe proveer el Estado y cuánto el sector privado? ¿Puede autosustentarse?

Toda cinemateca tiene por buena costumbre el poder editar –cuando dispone de los derechos, o cuando hace algún convenio con alguna productora o distribuidora– las perlas de su colección. Eso sirve para difundir, y también para generar algunos recursos que le van a servir a la cinemateca. De todos modos, en esto pongo mucho énfasis: olvídense de que las exhibiciones de la cinemateca, los afiches, los folletos que edita la cinemateca, los libros y los DVD vayan a cubrir un porcentaje importante de su mantenimiento. Las cinematecas no pueden ni deben dar ganancias. Son, ante todo, instituciones educativas. Hace unos años, a un gestor cultural alemán le preguntaron cuánto pensaba que debía intervenir el Estado y cuánto debería intervenir el sector privado en la gestión cultural museística o archivística. Respondió: "el menor Estado posible, pero todo el Estado que sea necesario". Esto quiere decir: lo básico y lo necesario para que funcione la institución debe estar garantizado por el Estado. Además, hay que responderle económicamente a la gente que trabaja, se necesita un buen laboratorio y materiales.

Existen otras preguntas, como la que me han hecho en Mar del Plata durante el Festival de Cine Internacional: ¿se va a invertir en preservar las malas películas? Una señora fue puntual: ¿las de Palito Ortega? No es gratuito puntualizar esto. Las películas que dirigió Palito Ortega[13] las realizó durante la dictadura militar. Si uno quiere saber qué era lo que le quería meter la dictadura militar en la cabeza a la gente, vea las películas de Palito Ortega. El modelo de familia está allí. Era mucho mejor que la nena saliera con un chico de pelo corto, que usa saco y cursa en la Facultad de Derecho, a que estuviera con un "pelilargo" que toca la guitarra. Hay toda una ideología solapada muy nefasta, siniestra, con las consecuencias que conocemos hoy.

Hay una película de Palito Ortega filmada en plena dictadura donde él, vestido de almirante, cantaba en "play-back" el tema musical "Me gusta el mar", donde rezaba "tengo alma de marinero". Él no tuvo ningún problema en vestirse de almirante, y cantar "me gusta el mar y tengo alma de marinero"

---

[13] Algunas de ellas con clara referencia a las instituciones militares, como *Dos locos en el aire* (1976) y *Brigada en acción* (1977).

Equipo UBACyT

mientras sucedía lo peor en la Argentina[14]. Por eso concuerdo con la importancia de preservar estas películas. Hubo un cineasta, si no me equivoco Andrés Di Tella, que quiso incluir en un documental algunas escenas y Ortega se negó a brindar sus imágenes.

¿Las has visto en su momento de estreno? Las he visto todas en el cine Cuyo. Éramos chicos.

Sí, yo vi algunas de esas. A mí siempre me gustó mucho la música y por eso veía algunas de sus películas. Hoy me gusta el jazz y me siento bastante alejado de la música de Palito Ortega; pero en aquella época escuchaba muchísimo de todo, y obviamente lo que a uno le entraba en aquella generación era el *Beat*, y Palito no era *Beat*. Tampoco era un híbrido, pero era moderno, distinto al tango clásico que ponía mi papá en casa, que hoy tanto valoro y admiro.

A mí la vergüenza me agarra de adulto obviamente.

Claro, hoy ves esas películas y descubrís el discurso que absorbías: un chico descarriado de la época...; ahí te das cuenta de lo siniestro de los Onganía, de los Lanusse. El cine sirve para ver los grados de complicidad de una sociedad con los procesos antidemocráticos. En el documental de *Argentina Beat* pongo bastante énfasis sobre el tema dictadura, en cuanto a que hubo parte de la sociedad civil que ayudó a que se desarrollaran esas dictaduras, y que sirvieron para desencadenar la peor de todas, que fue la de 1976. A finales de los sesenta, Onganía le hacía cortar el pelo a los chicos en la calle, cuando no los "metían" en la comisaría para cortárselos allí. Esto que hoy parece una tontería comparado con la sangrienta historia de los desaparecidos y las torturas, radica su gravedad en que fue aplaudido por buena parte de la sociedad –hasta por los amigos de los padres de muchos de estos chicos–, porque se veían "mal, sucios". Lo estético predominaba sobre las acciones de cada una de las personas. Esta mirada tan perversa tuvo complicidad de parte de la sociedad civil, y está muy bien reflejado en mucho del cine de la época, y también de los noticieros. El documental *Argentina Beat* muestra un noticiero que no es de la época de Onganía, sino de Frondizi, donde habla de una campaña de moralidad y exhorta a los padres a alejar a los hijos de los cines, porque van a encontrar allí cosas que van a "desviarlos" de la moral y las bue-

---

[14] Cabe destacar que la película *Dos locos en el aire* (1976) fue filmada en una base aérea de Córdoba, que al mismo tiempo estaba sirviendo como campo de detención.

nas costumbres –las imágenes muestran a un grupo de chicos mirando fotos un tanto sugerentes en la puerta de un cine–, y luego los muestran llegando a su casa, encienden la televisión, y el locutor dice: "y también cuídenlos de la televisión". Había una exhortación que los padres fueran policía de sus hijos.

Mucho del discurso propagandístico aquí durante las dictaduras es similar a lo que en Estados Unidos se hizo con la *Semana de la Higiene Mental*[15]. Aquí apareció en forma más tardía.

No solamente basta con pasar películas en las escuelas; hay que formar a los profesores para crear el marco adecuado para una proyección. Hay que ver y comunicar el contexto histórico y cultural de la obra, del momento que fue concebida, para que se entienda el sentido que tuvo en el momento y poder hacer una lectura que nos sirva el día de hoy. Orientar a los educadores es imprescindible.

¿Existe algún estimativo de cuánto tiempo se calcula que seguirá habiendo material fílmico? La gente que se dedica a la conservación de fotografía prevé veinte a treinta años seguros de producción de película negativa, positiva, fotográfica. Para el fílmico: ¿hay alguna explicación?

No hay una estimación, lo que sabemos es que nos tenemos que apresurar para crear las condiciones para que subsistan la tecnología analógica y digital en las cinematecas durante por lo menos 10 a 15 años. En realidad, la pauta del tiempo es la necesidad. No sólo por estar seguros de que va a existir la fabricación de material fílmico, sino por la necesidad de tiempo que vas a necesitar para digitalizar lo que hoy está en fílmico. Ya hay "cinematecas del primer mundo", que están restaurando sólo en digital. En Holanda, ya estaban despidiendo a la gente de su laboratorio analógico, porque ya están haciendo toda la restauración en digital, pero eso es porque ya han podido digitalizar todo el fílmico que tenían. El tema es que las otras cinematecas, que no tienen todo digitalizado, necesitan contar con equipamiento por el

---

[15] La *Semana de la Higiene Mental* consistía en una serie de films propagandísticos del Estado, principalmente durante la llamada Guerra Fría, en la cual se orientaba ideológicamente al ciudadano sobre una cierta represión de la sexualidad, la necesidad y justificación de la bomba atómica, y una demonización del régimen comunista. Resulta emblemática la tortuga animada que prevenía de los peligros de la bomba atómica instruyendo sobre "agacharse y cubrirse" si se veía el resplandor.

cual tiene que pasar un rollo fílmico. Si los fabricantes de material virgen van a seguir acompañando este proceso de reconversión, no lo sabemos. Mientras tengan trabajo en este sentido, seguramente lo harán. Hoy los laboratorios Cinecolor siguen procesando fílmico, y en buena parte porque también ellos han realizado trabajos de restauración. Podríamos especular con imitar o no a Francia en cuanto a lo que están haciendo con los materiales digitales. Ojalá la comunidad audiovisual piense en algún momento en un fondo de dinero que tenga que ver con la preservación. No resulta posible concebir –y no termino de entender– una industria que fomenta la producción sin ocuparse de la preservación.

El breve tiempo en cartelera y exhibición en salas parece hablar de una producción que también apunta a lo efímero. Hay una mirada voraz, veloz, de aquí y ahora.

En la actualidad existen películas realizadas en última generación digital, y parecen "casi fílmicas". Cuando sugiero ese "casi" me refiero a aquellas en las que aún sigue percibiéndose cierta frialdad en la imagen. Si como realizador tuviera los medios para realizar una película como yo quiero, seguiría trabajando en soporte fílmico. La primera y única película de ficción que realicé (*Ciudad en celo*, 2006) la hice en fílmico, en épocas en las cuales ya podía realizarse en digital. Estábamos trabajando en coproducción con España, y el productor español me sugería trabajar en fílmico. Por suerte coincidimos. Era una película trabajada sobre colores cálidos, en un lugar también cálido, el café de barrio, sobre el lado que yo extraño de los porteños cuando me voy lejos, "el lado bueno". No quería la imagen fría, nada que fuera frío…, y el video me daría otra textura, otro color. Me iba a devolver otra mirada.

Un debate pendiente.
Trabajo creativo vs. trabajo poiético,
producción de contenidos digitales y prácticas
de subjetivación y resistencia laboral.
Implicaciones para el desarrollo:
Argentina (2010-2013)

Martha Roldán[1]

La problemática: trabajo creativo vs. trabajo poiético, prácticas empresariales de subjetivación y lesistencia laboral y desarrollo (Argentina 2010-2013)

Este artículo se inscribe en la tradición crítica del capitalismo mundial y de sus trabajos asociados de principios del siglo XXI que, con diferencias internas, analiza la dinámica de la producción y circulación de contenidos digitales creativos –televisivos, fílmicos, editoriales, educativos, publicitarios, entre otros– y sus implicaciones para el desarrollo socioeconómico. Aquellos contenidos son habitualmente considerados "propios" de las denominadas Industrias Culturales en relación sinérgica con las Industrias Auxiliares de soporte e insumos para el sector cultural y sus Industrias y Servicios conexos: informática-Internet y telecomunicaciones[2] o "Industria Cultural Ampliada"[3].

---

[1] Investigadora del CONICET (Consejo Nacional de Investigaciones Científicas y Técnicas) con sede en FLACSO (Facultad Latinoamericana de Ciencias Sociales) Argentina.
[2] Getino, Osvaldo (2008): *El capital de la cultura. Las industrias culturales en la Argentina*. Ciccus, Buenos Aires.
[3] Dantas, Marcos (2011): "Internet abierta vs. 'jardines amurallados': el libro acceso al conocimiento y las artes en disputa", *Herramienta*, N°47, Buenos Aires, pp.19-28.

Si bien la articulación entre trabajo, "creación"-*poiesis* y valor bajo diferentes relaciones de producción es de larga data –habiendo florecido en algunos de los textos clásicos de Marx[4] del siglo XIX– pierde relevancia durante la etapa del capitalismo "Fordista" (1940s-1970s), al que Braverman[5] atribuye la degradación del trabajo como tendencia central del siglo XX. Empero, la aproximación original sobrevive y reconoce hitos que partiendo del célebre debate entre Chomsky y Foucault[6] en los 70s continúa en las obras de inspiración marxiana de Gorz en las décadas siguientes y Vercellone[7] en la actualidad.

A pesar de ello, es la noción de creativo/a de raíz económica neoclásica, aplicada a las Industrias Culturales por antonomasia, la que irrumpe y tiende a predominar a nivel mundial. A título de ejemplo el Informe de UNDP-UNCTAD *Creative Economy, A Feasible Development Option*[8] destaca la contribución de esa Economía Creativa a la economía global (cercana el 8% en 2000) y, si bien la noción de creación o creativo/a puede ser utilizada como equivalente de *poiesis* o *poiético*, considero que es útil distinguir entre ambas. Aquel texto reconoce bajo 1.1.1 **Creatividad** (p. 3) que "no existe una definición simple de creatividad que comprenda todas las dimensiones del fenómeno" (…) "Sin embargo, es posible, por lo menos, articular las características de la creatividad en diferentes áreas del quehacer humano. Por ejemplo, puede sugerirse que: * la creatividad artística involucra la imaginación y la capacidad de generar ideas originales y nuevas maneras de interpretar el mundo, expresadas en textos, sonidos e imágenes; * la creatividad científica, por su parte, comprende la curiosidad y voluntad de experimentar y realizar nuevas conexiones en la resolución de problemas; * la creatividad econó-

---

[4] Marx, Karl (1972) *Elementos fundamentales para la crítica de la economía política* (borrador) (1857-1858) 2 *(Grundrisse)*. Siglo XXI editores, s.a., Buenos Aires.
[5] Braverman, Harry (1975): *Trabajo y capital monopolista. La degradación del trabajo en el siglo XX*. Editorial Nuestro Tiempo S.A., México DF.
[6] Chomsky, Noam y M. Foucault (2007): *La naturaleza humana: justicia versus poder. Un debate*. Katz Editores, Buenos Aires (2da reimpresión).
[7] Vercellone, Carlo (2009): "Crisis de la ley del valor y devenir renta de la ganancia. Apuntes sobre la crisis sistémica del capitalismo cognitivo", en A. Fumagalli, S. Lucarelli, Ch. Marazzi, S. Mezzadra, A. Negri y C. Vercellone: *La gran crisis de la economía global. Mercados financieros, luchas sociales y nuevos escenarios políticos*. Traficantes de Sueños, Madrid. pp.63-98.
[8] UNDP-UNCTAD (2010), *Creative Economy, A Feasible Development Option* en http://www.unctad.org/creative-economy. Visitado el 17 de de julio de 2012.

mica es un proceso dinámico dirigido a la innovación tecnológica, a prácticas de negocios, marketing, etc. y está íntimamente relacionada con la adquisición de ventajas competitivas en la economía" (p.3, mi traducción del original, MR).

Esta definición, en su primera y segunda acepción, *i.e.* creatividad artística y científica, coincide con la definición del diccionario de la RAE (Real Academia Española): creatividad es la facultad de crear, la capacidad de creación, y crear es producir algo de la nada, establecer, fundar, introducir por ver primera algo, hacerlo nacer o darle vida. No ocurre lo mismo con la tercera, referente a la creatividad económica, que consideramos sesgada, dado que la creatividad se asocia a la ganancia empresarial y, por lo tanto, el producto creativo puede estar desprovisto de las cualidades que lo significan creativo en las otras acepciones del vocablo. Por lo tanto, utilizaremos el término creativo solamente cuando el texto haga referencia a aquella tercera dimensión.

A fin de aludir a las primeras, consideramos más preciso el término *poiesis* en tanto creación. El mismo proviene de la palabra griega *poien*, que significa "hacer" o "realizar". En *El simposio* (o *El Banquete*) un diálogo socrático escrito por Platón, el término *poiesis* hace referencia a "la causa que convierte cualquier cosa que consideremos de no-ser a ser" y, por lo tanto, entendemos por *poiesis* todo proceso creativo original, forma de sabiduría y conocimiento, que también incluye o puede incluir una dimensión lúdica, las dimensiones destacadas por la RAE y la primera y segunda acepción del texto de UNDP-UNCTAD citado.

Llamativamente, dada su importancia, permanece ausente de la literatura socioeconómica laboral actual el análisis del trabajo creativo que sustenta la producción de los contenidos signados creativos auspiciados en el mismo texto influyente de UNDP-UNCTAD citado, texto que estaría dirigido, precisamente, a fomentar una opción de desarrollo factible en economías que carecen del mismo. Esta omisión, sostenemos, no es casual sino que, por el contrario, contribuye a invisibilizar una dimensión clave de aquel proceso: la dinámica de la organización productiva y del trabajo, por lo común connotada creativa en un sentido comercial –clave de la acumulación contemporánea– a la que cabe distinguir de la *poiética i.e.* genuinamente creativa en la definición de la RAE y de los actores involucrados. Pero antes de testear este modelo en el análisis de instancias productivas de contenidos expresados en lenguaje digital en la Argentina (Sección 2) cabe recordar en textos de Gorz[9], entre otros, la preocupación por el trabajo que permite el despliegue de *poiesis* en tanto creación original; literatura proveniente de autores que –sin negar las características estructurales del contexto capitalista histórico analizado– destacan el derecho al trabajo *poiético* como dimensión indivisible de los Derechos Humanos.

Téngase en cuenta que Gorz[10] no plantea aquí el fin del trabajo "con sentido", *poiético*, el "verdadero". "Si deseamos salvar y perpetuar ese 'verdadero trabajo', es urgente reconocer que *el verdadero trabajo no esta más en 'el trabajo'*: el trabajo en el sentido de *poiesis*, que se *hace*, no está más (o no está más que de manera cada vez más rara) en el 'trabajo' con sentido social que *tenemos*". (…) "Por el contrario, es preciso que salgamos del 'trabajo' y de la 'sociedad de trabajo' para volver a encontrar el gusto y la posibilidad del trabajo 'verdadero' (p.12) Su propuesta a futuro, que implica "ir más allá de la ley del valor", incluye redistribuir el trabajo liberando el tiempo y un esbozo de políticas especificas que rompiendo con la sociedad del trabajo, podrían hacer que ésta se abriera a una sociedad de multiactividad y de cultura. A modo de epílogo del texto citado –dada la preocupación permanente de Gorz por el trabajo *poiético* o abolición del trabajo remunerado– resulta apropiado hacer referencia a sus palabras finales en un texto anterior que la historia reciente, lamentablemente, ha corroborado:

> He tratado de despejar el sentido que la historia *puede* tener, el partido que la humanidad y el movimiento sindical pueden sacar de la revolución técnica en curso. (..) Los acontecimientos pueden tomar, sin embargo, un curso que nos haga no encontrar el sentido posible de la mutación actual y, en este caso, yo no le veo otro: nuestras sociedades seguirán decomponiéndose, segmentándose, descendiendo por la pendiente de la violencia, de la injusticia y del miedo[11].

El pronóstico pesimista de Gorz se ha visto confirmado por el avance del pensamiento neoclásico en materia socioeconómica, política e ideológica

---

[9] Gorz, André (1998, original 1997): *Miserias del presente, riqueza de lo posible*. Paidós, Buenos Aires; y (1995, original 1991): *Metamorfosis del trabajo, Búsqueda de sentido, Crítica de la razón económica*. Editorial Sistema, Madrid.
[10] Gorz, A. (1998): *op. cit.*
[11] Gorz, A (1995): *op. cit.*, p. 305.

desde los 80s. No sorprende entonces encontrar, en la primera década del siglo XXI, una renovada batalla de las significaciones otorgadas al trabajo creativo y a su marco productivo inmediato en la que conviven un abanico de posiciones en el espectro de la sociología y economía del trabajo advirtiéndose, tanto en las posiciones críticas clásicas, como en las actuales, una profunda preocupación respecto de la potencialidad, realidad y límites del trabajo *poiético* y de su marco productivo característico del capitalismo contemporáneo[12].

El marco teórico conceptual. Avanzando una propuesta de análisis desde las realidades productivas y del trabajo poiético en el marco del capitalismo informacional periférico contemporáneo

La problemática de este artículo –la relación entre el trabajo creativo vs. el *poiético*; las prácticas empresariales de subjetivación, y resistencia laboral y desarrollo (Argentina 2010-2012)– deriva su dinámica del contexto en que se inscribe: la Tercera Revolución Industrial-Informacional, sustento del capitalismo informacional y/o cognitivo contemporáneo[13] i.e. el que moviliza trabajo para procesar y comunicar información por medios adecuados (digitales) de procesamiento y comunicación[14]. Este registro, según he elaborado[15], reconoce la dimensión tecnológica de dicha Revolución pero advierte

---

[12] Roldán, Martha (2013, en prensa): "Producción de contenidos informáticos *poiéticos* conexos a las Industrias Culturales. Implicaciones para el desarrollo Argentina (2003-2012)" a ser publicado en el libro *Avances en los procesos de democratización de la comunicación en América Latina*, Marcos Dantas (coordinador), CLACSO.
[13] Freeman, Chris y Francisco Louçá (2002), *As Time Goes By. From the Industrial Revolutions to the Information Revolution,* Oxford. Oxford University Press, y Moulier-Boutang, Yann (2004), "Riqueza, propiedad, libertad y renta en el capitalismo cognitivo", en Moulier-Boutang *et.al. Capitalismo cognitivo, propiedad intelectual y creación colectiva*, Traficantes de Sueños, Madrid, pp. 107-128.
[14] Dantas, Marcos (2003), "Informação e trabalho no capitalismo contemporâneo", *Lua Nova: Revista de Cultura e Política*, Nº 60, São Paulo pp.05-44.
[15] En Roldán, Marta (2013): *op. cit;* (2010 a): "Trabajo creativo" y producción de contenidos televisivos en el marco del Capitalismo informacional contemporáneo. Reflexiones sobre el caso argentino en los dos mil", en Susana Sel (Coord.): *Políticas de Comunicación en el capitalismo contemporáneo:*

Martha Roldán

que lo que está realmente en juego es *el carácter social de la información 1/ la apropiación de su valor mediante su privatización* mediada por los denominados Derechos de Propiedad Intelectual (DPI), como lo sostiene Dantas[16], entre otra/os.

Al postular que la información-comunicación y su producto: conocimiento, constituyen no sólo fuerzas productivas sino también *recursos sociales*, sostuvimos en aquellos textos que nuestra posición téorica nos dirige simultáneamente a la dimensión que distingue a nuestra especie en tanto rareza biológica: su capacidad superior de procesamiento simbólico, de pensamiento *poiético*[17]. Asimismo adujimos que nos remite al terreno de la ética y, por ende, al interrogante clave de la filosofía política: ¿qué es una sociedad buena?[18], un interrogante fundacional a nuestro juicio implícito en toda visión del desarrollo significado "éxito en desplegar el potencial humano y productivo de una sociedad"[19]; esto es "la dinámica de construcción de contextos que garanticen el ejercicio de los derechos civiles, políticos, económicos, sociales y culturales, como dimensiones indivisibles de los derechos humanos"[20].

Desde esta óptica teórica sostuvimos[21] que resulta crucial analizar el nexo entre el trabajo signado *poiético* y los códigos 2/ que plasman la lógica de la organización productiva y del trabajo diseñada para captar su potencial en el marco del capitalismo contemporáneo. La propuesta exige, a nuestro criterio, dar respuesta a un interrogante básico: el análisis de la articulación entre la codificación supranacional-regional, la de-codificación (nueva normativa

---

América Latina y sus encrucijadas. Buenos Aires, CLACSO (Consejo Latinomericano de Ciencias Sociales) pp. 69-98 y (2010b) "Codifying Creative Work and Labor and Contemporary Informational Capitalism. Implications for Development", en Esther Ruiz-Ben (Ed.) *Internationale Arbeitsräume*. Centaurus Verlang (Freiburg Br.), Berlín. SSN 0937-664X pp. 229-2.

[16] Dantas, Marcos (2011): *op. cit.*
[17] Virno, Paolo.(2008) *Gramática de la multitud*, Colihue, Buenos Aires.
[18] Jaggar, Alison (1983), *Feminism and Human Nature*. Brighton, Rowman and Allanheld
[19] Aronskind, Ricardo (2001), *¿Más cerca o más lejos del desarrollo? Transformaciones económicas en los 90s*. Libros del Rojas, Buenos Airs, 2da. serie extramuros, p. 11.
[20] Roldán, Marta (2000): "¿Globalización o mundialización? Teoría y práctica de procesos productivos y asimetrías de género. Una interpelación desde las realidades de la organización del trabajo en el apogeo y crisis de una industria nacional autopartista (1960-1990)". Universidad Nacional de la Patagonia (SJB), Flacso, Eudeba, Buenos Aires, p. 11.
[21] En Roldán, Marta (2013): *op. cit.*

nacional), y la codificación *"in situ"* mediante *la conjunción* de los que denominamos *código del trabajo y laboral*. 3/ Los mismos rigen las formas organizativas y mecanismos de coordinación de las divisiones del trabajo a través de las cuales la empresa capitalista actual capta la capacidad humana superior de pensamiento abstracto, de desarrollo de la imaginación y del lenguaje, sea en los contenidos desarrollados en institutos / laboratorios de investigación y desarrollo (I/D) de la misma empresa; o en organismos asociados, por ejemplo las universidades; y/o en los mismos procesos de producción informática y de diversas ramas de las Industrias Culturales[22].

A partir de la misma óptica teórica sostenemos que a fin de materializar aquel despliegue de *poiesis* (en una situación de trabajo) la persona necesita *tener la facultad de llevar a cabo trabajo poiético* en el sentido de Chomsky, pero también *el poder de hacerlo* (i.e. de controlar los recursos que permiten que los seres humanos concreten trabajo *poiético* i.e. los medios de producción y el tiempo necesario para ejercer *y gozar de* la facultad de *poiesis* aludiendo al contexto en la inspiración de Foucault)[23]. Esta posibilidad existe en la PSM (producción simple de mercancías: artesanía clásica), y en formas híbridas y voluntarias de organización[24]. Distinta es la situación cuando el/la trabajador/a carece del poder de materializar trabajo genuinamente *poiético*, el marco típico de la organización productiva capitalista[25]. En este caso, ¿cuál es la relación **entre** la **actividad** de trabajo, entendida como proceso de información–comunicación, la **facultad** de *poiesis* y la **codificación** "in situ" de la

---

[22] Roldán, Marta (2010 a y b): *op. cit.* Nota 14.
[23] Roldán, Marta (2012): "Trabajo Informático 'Creativo', Códigos del Trabajo y Laboral y Contextos Contemporáneos de Reestructuración Socioeconómica y Desarrollo. Reflexiones en la Argentina (2000s)". Ponencia presentada al Congreso de LASA de ese año. Existe versión digital.
[24] Roldán, Marta (2005): "División internacional-informacional del trabajo y configuraciones tempo-espaciales. Explorando claves del desarrollo ausente argentino", en *Revista Sociología del Trabajo*, nueva época, Nº 53, invierno de 2005, Madrid, Siglo XXI Editores. pp. 91-117 (2007): "Desarrollo informacional generizado y organización del trabajo y del aprendizaje artístico teatral en el taller y en la escuela media (EGB3)" en *La Aljaba, segunda época, Revista de Estudios de la Mujer,* Volumen XI, año 2007, Santa Rosa, Universidad Nacional de la Pampa,. Miño y Dávila editores, pp. 45-77 y (2009): "Work and Learning Organization Dynamics: A Missing Link in the Problematic of Informational Development? Reflections on 'Artistic' Artisan Production in Argentina From 1993 to the Present", en Weil, Markus, Leena Koski y Liv Mjelde (eds.) *Knowing Work. The Social Relations of Working and Knowing*, Bern, Peter Lang, pp.165-184.
[25] Edwards, Richard (1979), *Contested Terrain, The Transformation of Work in the Twentieth Century*. Heinemann, London.

organización productiva y del trabajo implementada para la apropiación de aquel potencial en términos creativos (de valorización)?

Hemos testeado hipótesis en base a aquella línea analítica en otros trabajos de la que rescatamos tres principales, avaladas por hallazgos de investigaciones en terreno durante el período (2004-2013)[26]. La primera de aquellas hipótesis sostiene que si la empresa sea o no capitalista pretende captar, **a nivel microsocial de producción de contenidos**, un espectro amplio de aptitudes y actitudes incluyendo *la pulsión o deseo de saber que moviliza la facultad* de *poiesis* –una de las dimensiones de la subjetividad 4/– el despliegue de mecanismos de control debe ser *necesariamente diferente* del predominante en la era del trabajo directo sobre la materia tangible en las tareas del ensamble automotriz[27] (véase nota 3). Una constante de esos hallazgos es la relación estrecha entre el control del tiempo de trabajo por parte del/de la trabajador/a *poiético/a* y la posibilidad de plasmar esa capacidad, su "saber hacer" *poiético* inspirada en la pulsión de saber, de experimentar, de ser genuinamente original y fuente de su felicidad / satisfacción, más allá de su compensación estrictamente económica.

Una segunda hipótesis sostiene que, en la medida en que la empresa requiera trabajo *poiético* ejercido en la producción de contenidos, en nuestro ejemplo actual pertinente al universo del software, no podrá aplicar con éxito un *código del trabajo* basado exclusivamente en mecanismos de control "técnico" de tiempos fijos de producción (a través de tecnologías físicas o 0 stocks), común en el ensamble automotriz (véase nota 3). En otros términos, *el código del trabajo define la posibilidad (no la certeza) del ejercicio de las aptitudes del "saber hacer" poiético, requerida para la valorización y acumulación del capital* referida al trabajo con y sobre la información sígnica en sí misma, cuyo producto, conocimiento como valor, será plasmado en un prototipo final con el objetivo de su réplica y distribución.

---

[26] Roldán, Marta: (2005): *op. cit.*; (2007): *op. cit.*; (2008): "Capitalismo informacional, industrias de la comunicación y organización del trabajo en la producción de contenidos en la rama editorial. Reflexiones sobre su contribución al desarrollo en la Argentina 2000s", en Susana Sel (Comp.). *Imágenes, palabras e industrias de la Comunicación. Estudios sobre el capitalismo informacional contemporáneo*. La Tinta Ediciones, Buenos Aires, pp. 11-51; (2009): *op. cit.*; (2010 a y b): *ops. cit*; (2011): "Nueva Codificación del Trabajo 'Creativo' Informático y Reestructuración Socioeconómica Contemporánea Algunas implicaciones para el desarrollo en la Argentina 2000s", 10° Congreso Nacional de Estudios del Trabajo, 3, 4 y 5 de agosto de 2011, Buenos Aires. Publicado en CD Rom; (2012): *op. cit.* y (2013): *op. cit.*

[27] Roldán, Marta (2000): *op. cit.*

Por su parte, el *código laboral*, articulado al anterior, regirá los mecanismos de coordinación-control de las divisiones del trabajo y economías de tiempo (en este caso implícitas) impuestas por el código del trabajo de la empresa, mecanismos que **no pueden,** por sí mismos, imponer/asegurar el "saber-hacer" *poiético* (o esperado creativo) en el desempeño de la actividad de trabajo en la producción de contenidos. Es crucial, en consecuencia, que la empresa logre el ejercicio de *las actitudes del ("saber ser") individual y grupal de los y las trabajadore/as i.e. el comportamiento "correcto" coincidente con la definición de prácticas y potencialidades poiéticas* (creativas) *provenientes de la empresa.*

Una tercera hipótesis sostiene que el análisis de dimensiones de la subjetividad de los actores (véase nota 4) resulta crucial a los efectos de la comprensión de la dinámica resultante de la aplicación de dichos *códigos* que puede ser resistido por lo/as trabajadore/as sea a título colectivo y/o individual[28]. En este sentido consideramos importante la contribución de Dejours[29], quien, en nuestra interpretación de su texto, puede suministrar un enlace importante entre aquellos códigos y la naturaleza del trabajo resultante coadyuvando a esclarecer la *relación entre el poder de crear y la facultad de crear* a través de la **voluntad de transformación**, aludiendo a la subjetividad de los actores vinculada al trabajo en cuanto producción, y a sus consecuencias para la salud mental. La misma puede expresarse en términos de una dialéctica de subjetivación de trabajadore/as apta para conducir sea a la Voluntad de Transformar-Trabajo-Felicidad o al Sufrimiento que puede ser origen de Miedo-Resistencia-Luchas o de Miedo-Sumisión-Soledad. Por ejemplo, el trabajador puede tener la facultad de crear, *poiesis*, y el poder, los recursos a su disposición efectivizarla, pero **no** la voluntad de hacerlo (violenta su sentido ético, **sufre y siente compasión por otros sufrientes**, por ejemplo). Resiste entonces el Código Laboral de la empresa (véase diagrama 1).

---

[28] Roldán, Marta (2013): *op. cit.*
[29] Dejours, Christophe (2013). *La banalización de la injusticia social.* Topía, Buenos Aires, 2da. edición ampliada.

Diagrama 1*

Organización del trabajo y Dialéctica de Subjetivación de Trabajadore/as (1)

Código del Trabajo afecta el Poder de crear	Código Laboral afecta la Facultad de crear
Herramienta Gerenciador de Proyectos (entre otros)	Herramientas Control simple, Control Grupal, Prácticas Directas de Subjetivación incluyendo Evaluación por Objetivos (entre otras)

Respuesta Subjetiva de lo/as Trabajadore/as

Voluntad de transformar-
Reconocimiento del Trabajo Poiético-Felicidad
Versus
Sufrimiento origen de Miedo-Resistencia-Luchas
o
Sufrimiento origen de Miedo- Sumisión-Soledad

*Fuente: Elaboración previa de la autora (2010-2013): *ops. cit.* y Dejours (2013): *op. cit.*

Consideremos algunos hitos del pensamiento de Dejours –psiquiatra y psicoanalista, director del Laboratorio de Psicología del Trabajo en Francia– particularmente relevantes a nuestra problemática. El autor se propone destacar la relación entre el trabajo y su organización en la evolución de nuestras sociedades mostrando cómo repercute en todas las áreas sociales, afectando a los niños y escuelas, familias, gente sin trabajo o con trabajo precario por años, entre otro/as ejemplos. Insiste así en que la organización del trabajo atañe no solamente a la empresa, sino a la sociedad toda, de modo que la centralidad del trabajo constituye un tema político por derecho propio. Sólo adentrándonos en el mundo del trabajo podemos comenzar el análisis de la tolerancia social ante el sufrimiento y la injusticia, que en una tercera etapa del proceso da origen a un nuevo clivaje, entre dos poblaciones, la de los que trabajan y la de las víctimas del desempleo y la injusticia. En suma, al concentrar nuestra preocupación en estos últimos y al relegar el análisis de aquello/as que conservan un empleo se soslaya el sufrimiento que éstos sufren que justificaría *"la sujeción del sector trabajador"* (cursivas agregadas). Esta distinción y énfasis en el/la empleado/a sufriente, y no solamente en las víctimas del desempleo le parece crucial para la comprensión de la experiencia estudiada.

En este sentido Dejours sostiene que si bien las posibilidades de negociación son pocas *permiten al trabajador ubicarse en una posición intermedia ni de salud ni de enfermedad, sino de sufrimiento que es lo natural ante la situación* (horarios excesivos, no posibilidad de puntos muertos, autoritarismo y abusos patronales, etc.), *pero también puerta posible hacia diversas reacciones y posibilidades* (cursivas agregadas). Pasaron años, explica, hasta que fue posible identificar clínicamente los factores devastadores insertos en la organización del trabajo, dado que ya en los 80s se habían introducido en métodos y formas de organización del trabajo y de dirección empresarial *sin que fuera posible predecir entonces sus futuros efectos psicológicos devastadores* (cursivas agregadas).

Su análisis de la actualidad francesa incluye los siguientes ejes centrales en un ordenamiento no necesariamente coincidente con el de Dejours, que sintetizamos a los fines de su testeo parcial en el caso del Informante Clave (IC) entrevistado.

La cooperación es necesaria en toda manifestación de trabajo social dado que reposa sobre una inteligencia colectiva que se ejerce, en primer lugar y ante todo, en el marco de una actividad deóntica i.e. de producción de reglas. El sector trabajador puede recrearlas y a menudo lo hace a fin de asegurar la producción planificada. No existen mecanismos inexorables ni leyes naturales en materia de sufrir o infligir sufrimiento sino reglas de conducta construidas por hombres y mujeres y la movilización individual y colectiva de sus inteligencias es siempre necesaria. Desde esta perspectiva acepta que el trabajo puede ser el origen de terribles procesos de alienación pero, *contrario sensu*, puede también constituirse en el mediador irreemplazable de la reapropiación y la realización del ser humano, al servicio de la emancipación, el aprendizaje y la experimentación de la solidaridad y la democracia. *Más aún –si la evaluación del trabajo se asocia al reconocimiento del aporte del trabajador–* la respuesta subjetiva de este último puede dar origen a la *voluntad de transformar*, dado que tal reconocimiento del trabajo *poiético* por parte de la empresa es en sí mismo fuente de *felicidad*.

Martha Roldán

Cuando la evaluación del trabajo se asocia a una amenaza de pérdida de puesto, traslado, sanción o despido, se convierte en un poderoso modo de introducir el *miedo* en las relaciones laborales *dado que el trabajo entra en la dinámica de la autorrealización y la identidad constituye el armazón de la salud mental*. Toda psicopatología, insiste, involucra una crisis de identidad. Por eso la situación de trabajo es dramática y el *sufrimiento* es capaz de desestabilizar la identidad y la personalidad y ser causa de enfermedades mentales. Empero, insiste, los análisis sociológicos y políticos subestiman masivamente esta dimensión pática del trabajo.

Sin embargo el *miedo puede ser un punto de partida de la defensa contra el sufrimiento y conducir a una reacción individual y colectiva frente a la injusticia cometida contra el otro*, de solidaridad o acción política, pero sólo si los testigos pueden tener acceso al sufrimiento y al sentido de ese sufrimiento. Es necesario *sentir compasión*, un elemento fundamental para actuar ante la injusticia. El miedo puede movilizar, pero es necesario sentir compasión, porque el trabajo no es individual, sino social, parte de un tejido social e implica relación con el otro.

También hay *dimensiones negativas del miedo*, conllevando *sumisión y soledad* si en la tercera etapa del proceso tiene lugar un nuevo clivaje entre dos poblaciones: la de los que trabajan y la de las víctimas del desempleo y la injusticia. *El miedo destruye la reciprocidad entre los trabajadores*, separa al sujeto del sufrimiento del otro que sin embargo padece la misma situación y separa radicalmente a quienes sufren la dominación en el trabajo de los excluidos de ese universo, y desempleados, que viven otro sufrimiento diferente de los que trabajan. En otros términos, el miedo da lugar a una separación subjetiva creciente entre quienes trabajan y quienes no trabajan. O puede conducir a la *soledad,* con consecuencias graves de tipo psicológico por ser víctimas de la injusticia o del acoso dado que el sujeto aislado es mucho más vulnerable. También puede haber pérdida del poder de actuar ante la desolación si no se cuenta con el apoyo o la solidaridad de los demás, como antes. Se sufre más ante la deserción de los colegas, compañeros y amigos, ante el silencio a la vez que se perjudica la acción del colectivo de trabajo, y la cooperación horizontal y vertical.

Pero asimismo puede ocurrir lo contrario, no darse movimientos de lucha ante la amenaza de despido y la precarización, sino *reacciones como la intensificación del trabajo y el aumento del sufrimiento*. En este caso para **poder**

resistir conviene cerrarse frente a lo que se ve, sin registrar el sufrimiento y la injusticia infligidos a otros; se niega el sufrimiento ajeno y se silencia el propio, o se cae en el individualismo. A partir de un determinado nivel de sufrimiento, sostiene Dejours, la miseria no une, sino que contribuye a destruir la reciprocidad.

También se experimenta sufrimiento en el trabajo al ser forzados a trabajar mal y al crearse situaciones de *control grupal*, con desconfianza e incomunicación. A veces el sufrimiento psicológico se origina en la defensa del valor del trabajo bien hecho, la responsabilidad y ética profesional. No se quiere mentir. Otras situaciones conducen al suicidio, inclusive de altos cuadros.

Otra causa adicional de *sufrimiento* en el trabajo concierne directamente a la materia de este ensayo, **el sufrimiento que se origina cuando el puesto no ofrece posibilidad de creatividad.** En estos casos Dejours atribuye una perplejidad a los cuadros, ante situaciones y condiciones de tensión y contradicción ante la incomprensión de las reglas aplicables a su trabajo dado que nadie —desde su propio nivel— sabe el nivel de veracidad de la innovación, desempeños, fallas, el balance general de la actividad, entre otras dimensiones. En esta situación la información que les llega tanto a los asalariados como a los cuadros como operarios es falsa, pero mantiene la movilización subjetiva de los cuadros. Se trata de una estrategia de distorsión comunicativa de la que participan muchos pero de la que nadie se hace cargo con elementos que constituyen un sistema, todos ellos indispensables para el éxito de esa estrategia que partiendo desde los más altos niveles de la jerarquía se van incorporando a los niveles inferiores por capas sucesivas. Existe de este modo un sistema de producción y control de las prácticas discursivas. relacionados con el trabajo, gestión y el funcionamiento de la organización que se ejerce sobre todos los actores de la empresa.

Partiendo de ese esquema consideramos importante tener en cuenta *tres restricciones:*

La primera obedece a que —basado en la experiencia francesa y europea en general— Dejours *da por sentado la estructuración neoliberal del trabajo en un contexto capitalista que en sí mismo no analiza ni en sus dimensiones nacionales francesas ni globales.* Empero, al estudiar instancias de organización y sufrimiento laboral en la periferia mundial en particular, es necesario tener en cuenta su posible devenir acorde con eventuales cambios futuros en el contexto externo nacional e internacional.

La segunda restricción deriva de su teorización sobre la reacción de los trabajadores y sus implicaciones de acuerdo con las prácticas empresariales de Evaluación Individualizada y Control Total de Calidad únicamente, a pesar de que es sabido que las prácticas de subjetivación habituales superan los límites de aquéllas. Ignora, en particular, que *la organización del trabajo en toda empresa capitalista involucra economías de tiempo y formas jerárquicas de coordinación del trabajo (control).* (Véase Sección 2.)

La tercera restricción constituye una consecuencia de las anteriores al afirmar que *el trabajo, cuando es colectivo, incluye en la misma coordinación un espacio de subversión en el cual es factible producir reglas que puedan ser puestas al servicio de la emancipación,* haciendo aun más sorprendente el consentimiento de la dominación y *justificando en consecuencia el énfasis del análisis en los resortes subjetivos de la sumisión y la dominación.* Consideramos que el estudio de experiencias concretas, sea en Francia y con más razón en la periferia mundial transnacionalizada, debe matizar esta aseveración puesto que las reglas son impuestas desde sus matrices escapando a las luchas nacionales o locales (caso de nuestro entrevistado, Sección 2).

Los interrogantes guía son los siguientes: ¿cómo organiza una filial local de una Empresa Transnacional (ET) –con casa central en la Argentina instalada en Buenos Aires, y a través de redes de subcontratación internacional– el trabajo humano potencialmente *poiético* empleado en la producción *sui generis* de contenidos digitales y servicios conexos de acuerdo con sus objetivos de valorización y acumulación? ¿Cuáles son sus similitudes y diferencias respecto de los modelos teóricos auspiciados? ¿En qué medida ese potencial es *ejercido y/o apropiado* mediante la operación de *códigos del trabajo* que establecen pautas específicas de organización productiva y del trabajo, sus divisiones y economías de tiempo asociadas? ¿De qué modo esta definición "objetiva" es corroborada por *códigos laborales* que establecen otros mecanismos de coordinación-cooperación y/o control de las divisiones del trabajo utilizados por la empresa? ¿Cuáles son las reacciones del entrevistado: Voluntad de transformar-Trabajo-Felicidad versus Sufrimiento-Miedo-Resistencia-Luchas o Sumisión-Soledad? ¿Cuáles son las implicaciones de estos procesos para el desarrollo de una formación periférica como la argentina? Finalmente la discusión de las implicaciones de la evidencia de campo se lleva a cabo en Conclusiones.

Producción Capitalista de Contenidos Digitales y Servicios Conexos a la Industria Cultural Ampliada y Codificación del Trabajo Creativo-Poiético Argentina (2010-2012). Síntesis de Pautas Generales de Reestructuración Socioeconómica

Durante los mandatos presidenciales de Néstor Kirchner (2003-2007) y de Cristina Fernández desde entonces, y a través de diferentes registros de de-codificación y nueva normativa nacional, se fortalece una senda renovada de crecimiento-desarrollo en base a la intervención del Estado mediante políticas anticíclicas, y de fomento de actividades productivas que marcan una diferencia sustancial respecto de etapas previas de predominio de la especulación financiera. Esta dinámica se tradujo en incrementos significativos y sostenidos del (PBI) incluyendo el campo de la Industria Cultural y de sus Industrias y Servicios Conexos[30]; la reducción de la pobreza y del desempleo, y la redistribución del ingreso. Entre los hitos importantes de este proceso cabe mencionar la creación del Ministerio de Ciencia y Tecnología e Innovación Productiva (2007) y del Sistema Integrado Previsional Argentino (2008); la Ley 26.522 de Servicios de Comunicación Audiovisual (2009) que deroga la legislación heredada de la última dictadura militar (1976-83); el decreto de Asignación Universal por Hijo (2009); el Plan Conectar Igualdad (2010); la Ley 26.618 y Decreto 1054/10 de Matrimonio Igualitario. En 2012, ya durante el segundo mandato de la presidenta Cristina Fernández, corresponde destacar la Reforma de la Carta Orgánica del Banco Central, que reemplaza el texto neoliberal vigente desde 1992, y la recuperación del 51% del paquete accionario de la empresa emblemática Yacimientos Petrolíferos Fiscales (YPF), entre otras medidas. Cabe destacar empero un obstáculo muy severo a la continuidad de este proyecto en un marco de profunda crisis financiera internacional: *la elevada concentración de capital transnacional en sectores clave de la economía argentina*, que incluyen, entre otros, las telecomunicaciones, grupos multimedios e (ICs) en relación sinérgica, i.e. en la constelación cultural amplia mencionada (p.1) procesos todos promovidos por la codificación supranacional erigida por la Organización Mundial de Comercio (OMC) entre varios otros organismos internacionales.

---

[30] Getino, Osvaldo (2008): *op. cit.*

Breve referencia a la Industria Informática

Hemos subrayado[31] que América Latina en general y la Argentina en particular constituyen reflejos fieles de la importancia alcanzada por la industria informática a nivel mundial[32] al constituir una industria y servicio anexo crucial no solamente respecto de las Industrias Culturales, sino de las relaciones sinérgicas construidas con la totalidad del andamiaje productivo contemporáneo[33]. La literatura especializada destaca, en particular, el nivel de empleo creado; inversiones; y exportaciones de productos, formatos y servicios, entre otros indicadores[34].

Sin embargo el sendero perseguido por la industria presenta aspectos preocupantes/negativos, ya destacados por Krakowiak[35] quien formula una crítica incisiva a las "factorías de software" instaladas en la Argentina –i.e. aquellas que trabajan de manera *offshore* para multinacionales y "tercerizan parte de su producción, aprovechando los bajos costos laborales del país al que le encargan los trabajos"– factorías importantes en materia de exportación, constituyen "una alternativa que genera poco valor agregado". Las pautas negativas mencionadas no han sido todavía subsanadas y ninguna de las fuentes consultadas provee un análisis detallado ni de los modelos de negocios imperantes a nivel internacional ni nacional, ni de su organización productiva y del trabajo en su cotidianeidad, abordajes que hubieran permitido analizar las distintas posibilidades y experiencias subjetivas del sector trabajador necesarias para un genuino desarrollo en base a trabajo *poiético*. Finalmente cabe mencionar que la Ley de Promoción de la Industria de Software y Servicios Informáticos, publicada en agosto de 2011, extiende el régimen de promoción hasta el 31 de diciembre de 2019; propone la estabilidad fiscal hasta la vigencia de la nueva ley, e integra al beneficio del descuento de impuesto a las ganancias de las fuentes argentinas a las fuentes extranjeras (Cap. 7).

---

[31] Roldán, Martha (2013): *op. cit.* y (2012): *op. cit.*
[32] CEPAL (Comisión Económica para América Latina y el Caribe) (2009): *Desafíos y oportunidades de la industria del software en América Latina.* CEPAL, Mayol Ediciones, Colombia.
[33] Freeman, Chris y Francisco Louçã (2002): *op. cit.*
[34] Getino, Osvaldo (2008): *op. cit.* y CEPAL (2009): *op. cit.*
[35] Krakowiak, Fernando (2007): "Software, Che!", en *Cash,* Suplemento de *Página 12,* 25 noviembre.

Las Industrias Culturales Ampliadas

Según analizamos[36], las Industrias Culturales Ampliadas y las redes digitales materializan la constelación tecnológica que caracteriza a la Tercera Revolución Industrial-Informacional y su importancia en materia de desarrollo político-económico-simbólico, impactando sobre el crecimiento del Producto Bruto Interno (PBI) y mundial y la inserción laboral directa e indirecta. Asimismo destacamos que los productos informacionales-sígnicos de aquéllas son *indivisibles e inagotables*, i.e. su consumo no destruye el producto ni anula su disfrute por otros usuarios. Son productos costosos de producir pero baratos de copiar[37], con valor de uso pero no de cambio. Su escasez artificial se asegura a través de patentes, derechos de autor, licencias varias mediante el monopolio del conocimiento sea científico-técnico o artístico desplegado por el trabajo *poiético* en que se funda "extrayendo de ese monopolio, rentas informacionales en las condiciones permitidas por los procesos de producción y distribución de los soportes materiales que transportan aquel conocimiento"[38]. Por ende posibilidad de construir economías de la abundancia, superando el principio de escasez, es una tarea pendiente como logro futuro de la humanidad.

Si bien el proceso de concentración del capital en las Industrias Culturales (ICs) en la Argentina y América Latina ha sido estudiado en profundidad[39], no ocurre lo mismo con las tendencias contemporáneas de centralización del capital en el mismo campo y sus implicaciones en tanto contexto inmediato de la producción de contenidos informáticos conexos y de organización del trabajo signado *poiético*. La presente investigación se propone aportar al conocimiento de esa dinámica de centralización incorporando el estudio de un caso específico de subcontratación de contenidos mediante redes de proyectos, i.e. de sus enlaces verticales de "dependencia de" y "jerarquización sobre" otros niveles de las cadenas productivas mundiales en las que aquella industria se inserta.

---

[36] Roldán, Martha (2013): *op. cit.*
[37] Katz, Jorge (2006): *Tecnologías de la Información y la Comunicación e Industrias Culturales. Una perspectiva latinoamericana.* CEPAL/ EuropeAid/Oficina de Cooperación, Santiago. Julio.
[38] Dantas, Marcos (2008): "A Renda Informacional" en *Compôs,* Accesible en http://www.compos.-org.br/data/biblioteca_415.pdf.
[39] Becerra, Martín, y G. Mastrini (2009) *Los dueños de la palabra.* Prometeo, Buenos Aires; y Mastrini, Guillermo y M. Becerra (2009) *Los dueños de la palabra.* Prometeo, Buenos Aires.

De acuerdo con Aglietta[40] con cuyo aporte concordamos:

(…) La centralización del capital reagrupa bajo un mismo poder de disposición y control ciclos de valorización que pueden permanecer separados entre sí desde el punto de vista de la producción y realización de mercancías. El poder de disposición centralizado solo puede existir mediante la creación de formas estructurales, éstas son, principalmente, la gran empresa y el grupo financiero. *Sin embargo, la organización del capital centralizado comprende, asimismo, la red de subcontratación en la que empresas jurídicamente autónomas y no controladas mediante participaciones financieras no constituyen capitales autónomos desde el punto de vista de la valorización del capital* (p.196. Cursivas y énfasis agregados. MR). Asimismo las empresas subcontratadas cumplen otro rol crucial al coadyuvar a la estratificación del colectivo de trabajo dado que la creación de redes de subcontratación permite a los capitalistas centralizados coordinar "esa parcelación aislando y dividiendo a los colectivos de trabajo" (p.197).

La empresa transnacional (YY) sede Argentina, Filial (YY.X), Unidad estudiada (ff) Codificación del trabajo "creativo" vs. poiético en la producción capitalista de contenidos informáticos y servicios conexos

La Empresa (YY) es una Empresa Transnacional (ET) de renombre mundial con casa matriz en los EE.UU. y casas centrales y filiales en capitales y principales ciudades interiores a nivel mundial. Especializada tradicionalmente en la producción y comercialización de equipos de oficina, impresoras, *notebooks,* y cámaras digitales, ha incorporado asimismo la producción de contenidos informáticos a diversos niveles inclusive el de *software factory* y de servicios conexos a su producción digital principal. Su casa central en la Argentina se ubica en Buenos Aires, pero cuenta con filiales en varias ciudades del interior en una de las cuales (Filial YY.X) tuvo lugar la experiencia analizada en este estudio, con foco en su Unidad (ff). También la gerencia de RRHH está ubicada en esta ciudad en el caso de la Argentina.

---

[40] Aglietta, Michel (1979): *Regulación y crisis del capitalismo. La experiencia de los Estados Unidos.* Siglo XXI, Madrid y México.

Dado que el abanico de soluciones ofrecido por (YY) implica diferentes modelos de negocio, cabe destacar que el plantel total empleado en el país se encuentra distribuido entre varias filiales, pero que parte de aquel total puede estar "asignado" a la prestación de servicios conexos a la producción mundial para proyectos determinados. En este sentido, a nuestro criterio, la producción parcial de un contenido digital final se enmarca en una variedad de redes de proyectos *sui generis* en colaboración, en constante evolución, y basada en un historial de confianza mutua[41]. Los mismos son comúnmente decididos a nivel de las matrices respectivas, como tuvo lugar en el ejemplo estudiado.

La Unidad analizada que denominamos (If) tenía a su cargo la producción de un eslabón de una de sus cadenas mundiales de prestación de aquellos servicios conexos que vinculan a empresas de envergadura mundial, en el caso estudiado la Empresa Internacional (Ñ). Esta última, a través de su filial en la Argentina desarrolla fundamentalmente actividades de procesamiento, comercialización, exportación, e importación de bienes y servicios conectados al agro. Los mismos se concentran actualmente en granos, acopios, aceites, harinas y servicios financieros, justificando la denominación informal en términos de "La Cerealera" utilizada por el personal de la Unidad (If). De este modo el personal que se desempeña en la sede provincial está conectado con las filiales de (Ñ) en Europa, Asia y América Latina, y sus empleados que trabajan para otros clientes pueden estar conectados con destinos diferentes, de acuerdo con el cliente y con la negociación de los contratos por sus respectivas matrices. Nuestro informante clave (nota 5) en adelante (IC), Sergio Aldóvar (nombre de fantasía), 31 años, soltero, Educación formal nivel Tecnicatura en Multimedios, en ese entonces ausente del circuito de capacitación profesional ajeno a la empresa, pero en transición en diferentes posiciones dentro de la misma, explica la cadena productiva en estos términos:

"Se sabe, adentro y fuera de la empresa, que los negocios se crean a otro nivel, entre las empresas matrices, de (Ñ) 'La Cerealera' y de la nuestra (YY) en EE.UU. En este caso (YY) presta ese servicio conexo a la producción que tiene gran importancia para el funcionamiento global de las (ETs) porque si

---

[41] Windeler, Arnold y Jörg Sydow (2001). "Project Networks and Changing Industry Practices. Collaborative Content Production in the German Television Industry", *Organization Studies*, 22 (6), pp. 1035-1060.

nosotros no asistimos a los ejecutivos, éstos no van a tener el ambiente apropiado para ejercer su gestión, y esto en todo el mundo". (...) "Asimismo", aclara (IC), "mi trabajo específico en la Unidad (ff) puede variar, pasando a hacer lo mismo pero en relación con otra empresa, esto si la alimenticia-cerealera (Ñ) no lo renueva. Porque la filial local de la empresa está dividida en Unidades de Negocios: que son las habituales incluyendo, para mencionar algunas como la de *Software Factory,* la de *Call Center* y otras".

"Le doy un ejemplo, sabemos por nuestro jefe que no se renovó el contrato entre las centrales de (YY) y (T) otra importante (ET). No sabemos las razones, y por lo tanto mis compañeros que estaban trabajando para (T) quedaron sobrantes y hubo que repartirlos entre otros clientes, incluyendo a La Cerealera".

Si bien por razones de espacio y a fin de resguardar el anonimato del (IC) no podemos abundar en detalles sobre la empresa (YY) la evidencia recabada de carácter público apunta a que dicha (ET) persigue una estrategia de negocios que se inscribe en la que he denominado Pirámide Económico-Cultural que refleja el formato básico ya encontrado en otros estudios[42] y coincidente con la típica de otra firmas informáticas investigadas durante el mismo lapso[43]. Los contactos entre (ETs) conectadas en un mismo modelo de negocio –por ejemplo empresas informáticas respecto de sus clientes también (ETs)– se formalizan por lo común entre las respectivas matrices ubicadas en centros sea de EE.UU. o Europa que cuentan con filiales en las mismas plazas de negocios, a su vez conectadas con otras firmas que instalan subsidiarias en la misma ciudad. En otras palabras, el entretejido formalizado en el extranjero se prolonga en territorio nacional. Las chances de conseguir grandes contratos son mucho menores en el caso de las firmas informáticas locales, aunque estas firmas resultan útiles para el desarrollo de segmentos de algún proyecto importante para el cual hayan sido subcontratadas. Recordemos asimismo que estas firmas nacionales subcontratadas pueden derivar una porción de "su" segmento según el modelo de negocios auspiciado, en este caso según el (IC) a pequeñas firmas e inclusive a Escuelas Técnicas y/o Universidades del interior provincial.

---

[42] Roldán, Martha (2010a): *op. cit.* y (2010b): *op. cit.*
[43] Roldán, Martha (2011): *op. cit.*

La trayectoria laboral del (IC) y su relación con las diferencias entre un pasado "*remoto-poiético*" de tipo "artístico", no estrictamente técnico y su situación actual.

Experiencia laboral anterior a la actual. Consideremos algunos hitos de la misma:

IC: "Mi primer trabajo porque no quería depender enteramente de mis padres, fue en uno de los Hospitales locales, en Sistemas, pero por poco tiempo. Luego mi mejor cargo fue, durante unos cinco años, y como personal fijo, en una empresa que proveía contenidos telefónicos para celulares y multimedios, trabajé un poco de todo: en *wall paper, green toner*, soniditos, contactos con el músico, es decir digitalizaba contenidos para teléfonos. Me gustaba pero, *por la entrada de ETs o filiales de las mismas en el interior, las empresas más chicas no tenías medios para competir, cierran o las venden*. Luego vinieron puestos temporarios, hice *testing* de aplicaciones para teléfonos, contenidos SMS, suscripciones, de todo, atención de clientes, llamadas…" (Énfasis en el original.)

"Eventualmente viajé a Nueva Zelanda para perfeccionar mi inglés y me dijeron que allá se ofrecían oportunidades de empleo, que no se concretaron por problemas ante todo de falta de permiso laboral. Fui con visa de turista, como estudiante, creyendo que al ir como estudiante de inglés en una escuela de ese país luego podría obtener la visa para trabajar sin problemas. La Agencia que me vendió el pasaje y el curso no me aclaró sus límites. Tuve que regresar a la Argentina para gestionar la visa desde aquí y ahora ya no tengo ganas de repetir la aventura".

Experiencia en (YY) Filial (YY,X) en una ciudad capital del interior argentino

MR: ¿Podría explayarse sobre su experiencia actual comenzando por su ingreso, y sección de la empresa donde trabaja? ¿Qué capacitación inicial recibió antes de integrarse a la empresa?

IC: "Tuvo una duración de 15 días, pero depende de la compañía, del cliente y de lo que se requiera del puesto al que nos van a asignar, con gente del mismo grupo para ayudarnos. Yo estuve al comienzo para (T) –otra empresa– pero pronto me sacaron de (T) porque sabían que no se renovaba el contrato que firmaron las matrices en el extranjero, entonces el grupo se fue dispersando, y fuimos asignados a otras empresas. A mí me pasaron a (Ñ) con medio día de capacitación, y ahora, con mi nuevo Jefe de vacaciones, de vuelta con mi antiguo jefe, que seguía asignado a (T) rezongando porque me había olvidado de los requisitos y la forma de contestar los *tickets* de esa empresa al acostumbrarme a los de (Ñ)".

MR: ¿Cómo fueron sus pasos iniciales en la empresa?

IC: "De entrada te dan lo más raso, el ascenso es complicado, soy tímido así que hablo poco, Hasta el año pasado, objetivos bien en la evaluación, metas que cumplí OK, en todo esto de cumplir y respetar horarios, vestimentas, pantalón largo, camisa con cuello o polo" (véase más adelante evaluación por objetivos cumplidos).

MR: ¿Tiene desarrolladores/programadores a su cargo? ¿Supervisa a un equipo de trabajo?

IC: "No, mi rango es el más bajo de la escala laboral. Ahora, con los cambios de los últimos años, 31 años, estoy desactualizado en la cuestión de Multimedios, y en esta ciudad mucho de esto no hay. Lo poco que había se vendió o desapareció y con esto la propia gente que había cultivado algo realmente creativo".

Organización y economías de tiempo en la Unidad (ff) y su Pirámide Interna

MR: Conversemos sobre su trabajo actual enfocando un *día típico de su actividad profesional*, por ejemplo, ayer. ¿En qué consiste el trabajo que llevan a cabo en su Unidad (ff)?

IC: "Bueno, tengo que explicarle la organización, puede variar cada tanto pero ahora tiene 4 escalones, 2 *Gerentes*, luego el *Coordinador de Teams* y abajo estoy yo y otros compañeros, la mayoría varones y otros en diversos *teams*. Se necesita una cierta experiencia de trabajo en empresas, porque no me permiten trabajar más de un día en casa. En mi caso dos días luego de seis meses, y al año un tercer día".

"Pero concretamente trabajo con servidores. La filial en esta ciudad tiene 3 Unidades de Negocios, los que le comenté antes, *que se decidieron previamente en el exterior*. Nosotros, en la Unidad (ff) estamos en la prestación de servicios conexos a la producción y solucionamos problemas con los servidores, por ejemplo. El cambio de mail interno en la empresa (alguien que estaba en China va a París, por ejemplo). Mi tarea consiste en que produzco o acelero un contenido de trámite, según corresponda".

MR: ¿Qué horario de trabajo observan en un día típico?

IC: "La gente de RRHH requiere 9 horas. Sí de 9 a 18 con una pausa para el almuerzo de 12.30 a 13.30. Registramos horarios con tarjeta, pero es automático, cuando entramos a la red de (YY.X), damos nuestra contraseña y estamos *available* y vemos los *tickets* del día. Pero avisamos si llegamos tarde, y se compensa, y puedo tomar un día para trabajar en casa".

Organización del trabajo y Dialéctica de Subjetivación de Trabajadore/as
Código del Trabajo. Mecanismos internos de coordinación de sus divisiones
El Gerenciador de Proyectos: Herramienta condicionante del Poder de Crear (Diagrama 1)

No existe control técnico (nota 3). La máquina no determina el ritmo de trabajo pero existen **elementos que aseguran el "0 Stock de Tiempo" total**, *tickets* de distintos colores y plazos máximos para cumplirlos que exigen atención durante el tiempo total de trabajo y el "*I am here, I am available*". También se afecta el poder de crear dado que el contenido de la solución provista por el (IC) en respuesta al requerimiento del "cliente" está en gran medida preestablecido.

IC: "Todos lo admiten, que hay o puede haber control, pero el tiempo para la tarea *es de acuerdo con la urgencia, si hay que solucionarlo en el día, en dos días*, etc. Pero nos asignan un número de *tickets* que se supone podemos manejar, de acuerdo con nuestra capacitación. Le explico: se trata de que, si no hay demasiados *tickets, no terminar los que nos habían asignado demasiado velozmente para que no nos asignen más*". (Énfasis en el original.)

"En realidad no podemos estar desconectados por mucho tiempo, porque comienza la búsqueda y nos llaman por teléfono si no nos ubican. Depende también de los jefes, hay algunos más controladores, como (David, mi jefe) que si te ve quieto, porque no hay más *tickets*, entonces a ver si te agrega otro. Trato de que no me pase. Pero si hay verdadera carga porque hay menos gente, o demanda inusitada de "La Cerealera" tendremos que cumplir otras extras... Hay flexibilidad, se puede usar *Facebook* y no se ve mal, pero tenés que hacerlo medidamente, sin exagerar. Si tenés 50 o 60 *tickets* por día, y hacés la mitad (dependiendo de la clase que te envíen) y te pasás el resto del tiempo leyendo el diario, contestando tus propios *mails*, son flexibles, pero un día con mucho laburo el jefe te puede decir "Sabés que no podés jorobar con mucho Internet. y con que completés los que se venzan hoy es suficiente".

MR: ¿Y si el tiempo habitual no alcanza, qué sucede?

IC: "Si hay una demanda extraordinaria todos hacemos horas extras, pero no es constante, de todos los días"

MR: Los algoritmos del software que utilizan, ¿pueden ser usados o son usados como mecanismo de control?

IC: "*Obvio, al entrar en la red, los movimientos quedan grabados, no pueden borrarse*. No te controlan directamente todo el tiempo pero tienen las herramientas del caso si quieren hacerlo. Por la red de (YY) y entonces averiguan por qué sitios navegaste, cuanto tiempo". (Énfasis en el original.)

MR: ¿Qué herramienta específica utiliza la empresa para llevar a cabo ese control?

IC: "Utilizan un software específico: **El Gerenciador de Proyectos** 8/ que permite asignar los *tickets,* seguir el proceso, verificar la corrección de lo actuado –porque previamente recibimos capacitación y conocemos cómo satisfacer al cliente siguiendo el Manual de la Empresa– y buscar al empleado si no se lo ubica".

Sigamos ese eje de coordinación jerarquizante de las divisiones del trabajo en las palabras del entrevistado, episodio presenciado por la investigadora durante una jornada de trabajo un sábado de guardia, en el domicilio familiar del entrevistado.

Operaciones

1. Prende la máquina, se conecta a Internet. 2. Ubica el *chat* de la empresa, expresando *"I'm available"*. 3. Verifica la cuenta de correos de la empresa. Se conecta a la red privada de la *empresa cliente* (Ñ), "La Cerealera" para acceder a lo que se denomina la *"ticketera"* :

(IC) aclara "que es como una cuenta de ellos, digamos el *chat* interno de (Ñ) y la cuenta de correos de mi empresa (YY.X), ambas en *chat* y *correo*. Pero hay que tener en cuenta que son todos *Third Parties que creemos tercerizados*, porque el dominio dice claramente "*Third Party, on behalf of (YY)*." 4. (IC) manifiesta "¿A ver qué tengo?" (Aparecen en la pantalla los *tickets* asignados al (IC) incluyendo un *ticket* en rojo pero el entrevistado manifiesto que esa noche lo arreglaría). "Siempre el *ticket* se recibe en inglés y se contesta en inglés. Me llegan desde la India, pienso en sitios tan lejanos… La diferencia horaria cuenta, dado que puede haber "un diferido" de 6 o 3 horas entre ellos. Es que hay diferencia de horarios y tengo que ver qué hay del otro lado. Se trabaja todo el tiempo y las cuentas cuentan con soporte las 24 horas. Siempre hay alguien de Guardia disponible, una vez cada dos meses, y para otro una vez cada mes, son guardias secundarias, les pagan extra por esta tarea. (400 a 500$ por guardia en 2012) (…) "Ojo, no es juego, no me llaman todo el tiempo, sino en horario laboral. Cada mes hay una semana *on call*, con disponibilidad de 24 horas, 8 horas y el resto que estés disponible. Existen 15 minutos para constatar la disponibilidad. Debo manifestar "*I acknowledge I am here*". (…)

"Hay que tener en cuenta que si bien por lo general trabajo mis turnos desde mi casa, en ocasiones puede hacerlo desde la casa de mis padres en otra localidad del interior, y mi experiencia es que a veces hay falta de conexión a Internet. Así no se puede trabajar, muy despacio, se me cortaba frecuentemente".

Durante otro día de observación:

IC: "Sí, estoy *Available* y con cierta cantidad de laburo, y cuando estoy en mi casa, trabajo fuera de la oficina, navego por Internet, pero si tengo a mi cargo 20 *tickets* en un día y nunca estuve *available*, seguro que el jefe me va a preguntar ¿"Che, vos qué hiciste ayer"?

MR: ¿Existe un tiempo establecido para resolver cada *ticket*?

IC: "Hay diferentes tipos de *tickets*, No hay un tiempo exacto, depende del tipo de *ticket*, y el vencimiento, y los de categoría A solamente un día de vencimiento. Los de Security 1 o 2 son URGENTES, *hay que dejar todo y atender ese pedido del cliente, y es muy grave no atenderlo, aparece en rojo en la pantalla, tu jefe controla que lo hagás urgente.* (Énfasis en el original.) Los otros se van graduando, depende de la categoría de los que llegan. Uno intermedio sería categoría 3, y los 4 o 5 tienen menos urgencia. El jefe o *team leader* te asigna los *tickets*, de acuerdo con tu experiencia, puede darte 3 o 20 que resolvés en pocos minutos. Hacés todos los *tickets* en un día, a no ser que llegue un *bulk* que tenés que dejar todo". (MR: Se llama *bulk* a un *ticket* urgente.)

IC: aclara que una semana por mes sucede lo anterior:

"*Tengo que tener cuidado de que el ticket no se venza. El plazo es crítico, y el ritmo bastante intenso cuando la cuenta está con mucho laburo, mucho volumen, no sé si por la organización o qué.* Depende de cuanto trabajo lleve y con cuántos empleados cuente. Con menos trabajo y al estar mejor distribuido y tener más empleados, dos más, cuando entré a la empresa, ahora somos menos y entonces las horas extras muchas más y hay mucha diferencia en pesos. Se van sumando las horas extras el fin de semana pero quedaban cosas pendientes, 50 tickets y pude despachar 10 por el fin de semana". (Énfasis en el original.)

Especifica: "Hay un control de chat, la primera conexión, con respuestas: *"Available, o Away si no estoy, o "Busy, do not distract, on a meeting" A los 10 minutos de no hacer nada se te busca. Se puede estar 10 minutos así, en ese estado, pero 1 hora o 2 horas away no, te llaman por teléfono a ver qué pasa ¿dónde estabas?"* (Énfasis en el original.)

Comenta luego la anécdota de un compañero que descubrió una manera de burlar el dispositivo de la red al acelerar el proceso y aparentar el horario habitual trabajando menos, luego lo descubrieron pero no lo castigaron. "Tal vez en lugar de beneficiarnos le hizo un favor a la empresa mostrando que se puede hacer el mismo trabajo en menos tiempo. Era algo en Excell, un ticket urgente y es raro que pase algo mal, el contenido de respuesta es previsible, yo lo soluciono desde mi casa si estoy fuera de la oficina y si hay horas extras las pagan, los 5 días de la semana".

MR: ¿Existen diferencias entre clientes?

IC: "Sí, relativamente. Veo el listado de *tickets*, asignados de acuerdo con especialización y experiencia. Mi jefe los selecciona a su criterio. Los que son críticos para el cliente (Ñ) deben resolverse ese día, los intermedios en 2 días. Se supone que debo completar de acuerdo con lo que aparece seleccionado para mi y sin problemas; si hay muchos se puede consultar con el cliente. Con los avances de las tecnologías, los problemas desde China o París se resuelven en pocos minutos. *No conviene apurarse demasiado tampoco, si te dan 5 o 10 y los solucionás en 2 horas, te van a dar más.* Si no puedo resolverlo entonces tendría que derivarlo o consultarlo al jefe, pero en general lo resuelvo. *Es decir el problema no es tanto la cantidad de los tickets, sino que la tarea es siempre igual*". (Énfasis en el original.)

MR (en otra entrevista): Me comentó que la tarea era siempre igual. ¿Podría introducir alguna innovación, sugerir algo nuevo?

IC: "¡No!, hay que satisfacer al cliente pero siguiendo el procedimiento aprobado. *Una solución diferente podría ocasionar un caos, no hay lugar a innovación*". (Énfasis en el original.)

MR: ¿Y las mujeres compañeras de trabajo, dónde están?

IC: "Hubo una chica que contrataron para (ff), y no tenía la menor idea de cómo operar con un sistema, es que venía de un *Call center*. Y otra ingeniera que tenía mi mismo rango, pero le convenía porque hay mucha competencia, según me comentó un colega de otro equipo."

Código Laboral. Mecanismos externos de coordinación de las divisiones del trabajo
Herramientas/Procesos condicionante de la Facultad de Crear (Diagrama 1)

Control "simple-burocrático" (nota 3).

IC: "Mi jefe puede darme una mala evaluación si no cumplo los objetivos y entonces no tengo aumentos de salario ese semestre. En ocasiones puede haber un diálogo "rispido" con el jefe de la sección. Y hay un control directo, visual. Lo facilita la ubicación del equipo donde estoy ahora, igual a otros. Con jefe y cuatro trabajadores, con dos escritorios, a cada lado del corredor dándose la espalda. Hay que verlo teniendo en cuenta que se rotan trabajo en casa, entonces supongo que quedan tres cada día. No hay vidrios entre ellos ni en ninguna parte y pueden hablar entre ellos."

Control Grupal (del equipo sobre sus miembros) (nota 3)

Como existe independencia en la carga de *tickets* este problema, según el (IC) no se presenta. Los ve a algunos afuera de la oficina, hay dos más conflictivos, él habla poco y se lleva bien, evita problemas, y todos saben todo de todos. No desarrollan ni son *Call centers*. Su función es solucionar problemas con los servidores. No percibe un control ejercido por sus compañeros. También reitera que cooperan al sugerir ideas que no sean las mismas en ocasión de la redacción del Plan de Evaluación a través de Objetivos y que practican "el no apurarse, pero sin traicionar a los demás, dejando huellas que luego nos perjudican a todos, con el Gerenciador no se juega".

IC: "Me llevo bien con la gente y estar siempre en casa tiene ventajas pero se pierde la oportunidad de charlar con el equipo. En materia de género no hay ninguna mujer en mi equipo…, tal vez seamos medio machistas. Nos preguntaron si aceptaríamos a una mujer y creo que la mayoría respondió que no. Los de mi oficina no me dicen si salen con alguna compañera de otro equipo, no hay mujeres en el mío y no sabemos si muchas en toda (YY.X). Es difícil conectarse con otros grupos. Todos los miembros de mi *team*, como le comenté antes, hacen lo mismo respecto de un cliente determinado, en este caso (Ñ) así podemos reemplazarnos si falta alguien…, y los otros *teams* atienden a otros clientes corporativos".

Prácticas Directas de Subjetivación Empresarial

El Plan de Evaluación por Objetivos. Una herramienta importante de control externo es el requerimiento de presentar un Plan de Evaluación con objetivos propuestos por el mismo trabajador.

IC: "Tenemos que incluir por lo menos una idea innovadora. El manager analiza, verifica todo lo actuado, objetivos, y si te pone un rojo significa un retraso en el incremento de salarios, el inglés es lo mejor. Mi Evaluacion la aprobó sin problemas, pero no sé cómo me irá más arriba con los otros *Managers*. Te hace dudar la forma de calificar, nunca se está seguro. Lo cargué un día antes. La Evaluación es semianual con cambios, hay un aumento si se cumplieron los objetivos.

MR: ¿Qué le parece el ejercicio, fácil, o difícil, o intermedio, tal vez?

IC: "Más difícil va a ser en el futuro, por ejemplo tenemos la obligación de cargar el laburo que hemos hecho usando el sistema Omega. Tantas horas para el cliente cada semana, el Omega es el sistema para cobrar al cliente, es muy importante y no le pueden cobrar de más ni de menos. *Si nos olvidamos de cargar pierde la empresa.* Esto es muy serio y nos sacan puntos en la evaluación si no los cargamos. Cada tanto se revisa, y por supuesto salta que no lo cargaste. Es lo que se llama *autogestión del empleado.* Si no cumplís te dan menos plata o no te ascienden. El objetivo lo presentan como idea brillante, Apple, guarda todo en China. Y leí en un diario que tiene la más alta tasa de suicidios, *la gente no aguanta tanto stress*". (Énfasis en el original.)

"Otro ejemplo, en materia de ideas para mejoras. Antes se daban ideas, ahora tenemos que mencionar si fueron o no adoptadas. *Entonces se van sumando o quitando puntos de acuerdo con lo propuesto y lo hecho.*" (Énfasis en el original.)

MR: ¿Cómo hacen para tener nuevas ideas?

IC: "Y ¿qué podés imaginar de nuevo en esta sección? En la última nos pusimos de acuerdo entre los compañeros para no sugerir la misma idea. Es una obligación. Me recuerda a lo que se comenta con el buzón de la empresa en el sistema japonés, y el número de sugerencias anuales que son una obligación. Aquí por el momento con una basta.

IC (en otra entrevista): "Quedé pensando sobre su pregunta del otro día. Sobre las nuevas ideas

Las únicas que se reconocen son sobre detalles mínimos, las buenas si las tenemos no podrían aprobarlas aquí, porque son soluciones que se aplican globalmente, imagínese cada filial solucionando problemas como mejor se le ocurra. Para que tomen en cuenta las ideas hay que trabajar en otra sección y creo que no en la Argentina, sino en la central. No es que no aprecien la inteligencia de un empleado, por eso no castigaron al colega que tuvo ideas para burlar al sistema, pero no lo van a admitir, somos una partecita de una organización mundial. Por eso, se aumenta la eficiencia del sistema, pero en la Argentina puede ser, *pero puede crearles problemas a los propios jefes o ellos apropiarse de las tuyas. Entonces nos quedamos en el molde.* (Énfasis en el original.)

Respuesta Subjetiva de lo/as trabajadore/as. Caso (IC), Diagrama 1.
¿Voluntad de transformar-reconocimiento del trabajo poiético-felicidad o Sufrimiento-miedo-resistencia-luchas vs. sumisión-soledad?

MR: ¿Cómo vive Ud. este trabajo? ¿Cuáles serían sus ventajas y desventajas?

IC: "Bueno, no es la maravilla que nos machaca el jefe todo el tiempo, pero... Del lado positivo, estoy contento con este empleo, porque es mejor que en otras empresas, hay una demanda constante, 3500 o 4000 empleados en la ciudad y premios y aumentos dos veces al año, de acuerdo con evaluaciones, y comportamiento. Es cierto que en otras firmas pagan más, pero prefiero quedarme aquí, hay un comedor en planta, que es una ventaja, aunque el menú es para quejarse, claro que afuera sería mucho más pero la comida podría ser mejor, realmente 'deplorable'. Me hice de algunos amigos en mi contexto de trabajo".

"También del lado favorable es la posibilidad de combinar trabajo en casa con trabajo en la oficina. Me lleva por lo menos una hora llegar a mi trabajo, con poco tráfico y 20 minutos más si hay mucho tránsito y otro tanto al regresar. Tomo el colectivo de mi empresa, que se paga cada uno, pero está subsidiado, creo. El salario no es alto, pero si tenés horario nocturno como ocurre en otras Unidades, por lo menos la *de Call centers*, te pagan más, pero hay que trabajar de noche. Puedo trabajar en casa, lo que preferiría hacer siempre, dado que con un cambio de *team* en vacaciones, llego a casa muy cansado y si trabajo en casa, bueno, sería mejor por el lado de que no tengo que vestirme, pero pierdo el tiempo con las tareas caseras, barrer, etcétera".

"Del lado negativo, *es que se vuelve aburrido, como puede imaginar* (…). Todos hacemos el mismo tipo de tareas, según nivel de capacitación. El jefe nos envía el ticket, pero se repite, *la tarea debe realizarse de una determinada manera y entonces de ahí lo aburrido*". Hay que tener en cuenta que hay diferentes clientes para distintas secciones internas de (YY.X). Si se cambia de sección por algún motivo *puede haber diferencias entre rutinas, pero básicamente es siempre lo mismo*". (Énfasis en el original.)

"Insisto, es muy repetitivo, siempre lo mismo, por más que el supervisor, el *Team Leader*, te diga "Pero, cómo pueden encontrar aburrido este trabajo, es entretenido, se contactan con gente de todo el mundo, tienen buen salario y condiciones de trabajo". Entonces no entiende que soñemos con ser promovidos a otra sección más interesante, como la de *Software Factory*, que me dicen que es mucho mejor y pagan más también (y para la cual esperaba comenzar a capacitarse en el futuro).

MR: ¿Cómo definiría usted "creatividad" o ser "creativo" en relación con el trabajo que usted lleva a cabo en esta firma?

IC: "Creo, si lo pienso en serio, que creativo sería algo así como el placer o el poder hacer algo diferente o mejorar algo por lo menos, pero no es fácil en la Unidad donde trabajo. *La creatividad se da tal vez en otras secciones y en otras filiales, donde supongo ocurren novedades, se plantean problemas a resolver, pero no lo sé con certeza* (énfasis en el original). Antes de entrar en (YY.X) tuve un llamado de otro lado, por mi inglés, pero no me llamaron más… y ahora con los cambios de los últimos años, 31 años, *reconozco que estoy desactualizado, y en esta ciudad, mucho alternativo no hay*. La única oportunidad que tuve de trabajar en una empresa creativa, de Diseño de Multimedios, ya le conté, se vendió y desapareció y con ella su propia gente que había cultivado una creatividad específica. *Creo que mi oportunidad ya pasó para cosas muy grandes, por edad, por la falta de título universitario, soy consciente de eso. Pero tampoco creo que la creatividad sea una cuestión de tener o no un título universitario.* Ahora la parte que me interesa es seguir cursos *on line*, hay gratuitos. Me interesa el tema Androids, que me parece superinteresante, para el futuro. Esta empresa (YY) tal vez desarrolle algunas herramientas en Androids en el futuro". (Énfasis en el original.)

MR: En base a su respuesta anterior, ¿diría usted que la organización de su sección, sus tiempos, le permiten ser "creativo"?

IC: "*No hay posibilidades de ser creativo porque las tareas son siempre las mismas y hay que cumplirlas siempre de igual modo, no hay posibilidad de innovación individual*". (Énfasis en el original.)

MR: ¿Tiene alguna experiencia sindical?

IC: "No tengo experiencia. Dicen que tienen problemas para presentarse en las empresas. Sería para regular los salarios y es una buena idea, que todas las que están en la misma ciudad paguen igual por igual tarea, por título, por evaluación".

MR. ¿Se afiliaría a un sindicato si se estableciera alguno en la empresa?

(IC) (Lo piensa). "No estoy seguro, salvo que ya hubiera un sindicato de empleados en este tipo de empresas, especialmente de informáticos en la ciudad…, pero no sé de ninguno…, y que pudiera negociar la cuestión de los tiempos, que nos dejen más respiro, aunque luego paguen horas extras no es lo mismo, por el *stress*. ¿Quién nos aguanta cuando llegamos a casa? Yo soy soltero, pero (,,,) ¿y los casados , con hijos chicos? Y sabemos lo que puede pasar, nos echan, aunque nos paguen una indemnización decente, a una empresa grande no le importa mucho el precio, pero quieren un plantel tranquilo, sin problemas. Y el sindicato lo sabe, y por lo que uno lee en otros lados es peor y hasta se llega al suicidio, como nos pasó a nosotros en otra época".

MR: ¿Conoce alguna experiencia de resistencia colectiva en la actualidad?

IC: "No me consta, y en mi caso me aguanto porque es lo mejor que hay, y soy demasiado mayor para intentar algo diferente, en Buenos Aires por ejemplo, algo más artístico. Tampoco tengo un título universitario que nunca pensé que haría diferencias en lo artístico. Si me quiere clasificar para su investigación *diga que estoy más o menos resignado*". (Énfasis en el original.)

Martha Roldán

Conclusiones

¿Qué reflexiones-conclusiones respecto de la problemática planteada pueden extraerse de los hallazgos de la investigación de campo, más allá de su carácter primordialmente cualitativo? Por una parte la evidencia recabada permitió detectar a través de la reconstrucción del proyecto de producción de contenidos de servicios a la producción otra pauta de centralización del capital[44] –o tal vez de una antigua no suficientemente publicitada– a través de la subcontratación de la producción de contenidos mediante redes de proyectos en colaboración[45]. Si relacionamos esta tendencia "vertical" propia de la dinámica de centralización del capital a la de su concentración manifestada en el complejo amplio de producción y circulación de contenidos propios de las Industrias Culturales "ampliadas" que incluyen a la Informática, se advierte la complejidad extrema de la tarea que deben enfrentar las economías periféricas a fin de superar estos límites a su desarrollo.

Asimismo, las restricciones económicas propias de los enlaces verticales de "dependencia de" y "jerarquización sobre" otros niveles de las cadenas productivas mundiales en las que aquellas industrias y sus contenidos se insertan deben necesariamente articularse a las culturales propias de los documentos internacionales como el proveniente de UNDP-OECD[46] tomado como ejemplo. El énfasis de este Documento cuya definición de producción incluye únicamente a productos materiales tangibles y rotula servicios a toda producción intangible que se recomienda a las economías periféricas, es una restricción significativa que coadyuva a invisibilizar los precios de transferencia entre filiales y matrices de (ETs). Por supuesto también influye negativamente en el cálculo de su Balanza de Pagos al facilitar dinámicas de evasión impositiva. La materialidad tangible de la producción cultural se transparenta en aquella definición que niega la creación de valor en esas mismas economías. Por supuesto la misma puede ser más o menos limitada por la propia organización productiva. En este sentido recordemos la crítica de Krakowiak al sistema de *software factories debido al escaso valor agregado en las cadenas productivas mundiales, más allá de constituir el desideratum* del (IC) en el caso estudiado.

---

[44] Aglietta, Michel (1979): *op. cit.*
[45] Windeler y Sydow (2001): *op. cit.*, entre otros.
[46] UNDP-OECD (2010): *op. cit.*

Corresponde también hacer hincapié en otras dos restricciones que enlazan el nivel anterior con el microsocial del trabajo *poiético* o simplemente creativo o creativo-comercial en el caso estudiado, que tiene lugar en la periferia del sistema mundial. Por una parte los procesos de centralización y concentración del capital en (ETs) con matrices en economías centrales coadyuvan a sustentar las contradicciones de clase que derivan de una socialización piramidal de la producción capitalista mundializada de contenidos informáticos, entre otros. No olvidemos tampoco que las redes socioeconómicas, a menudo signadas horizontales, cooperativas, no son ajenas a la Nueva División Internacional-Informacional del Trabajo[47] cuyo carácter jerárquico se materializa en las experiencias del (IC) analizadas.

A su vez, la reconstrucción de los *procesos productivos expresados en servicios conexos a la producción* en los que participó nuestro (IC) corroboró los hallazgos de estudios previos[48] en materia de asociación entre el continuo de coordinación-cooperación-control de las divisiones del trabajo y el mayor o menor grado de aleatoriedad y redundancia de la información procesada y sus economías de tiempo asociadas, o de despliegue de conocimiento, *poiesis*. Reitera, de este modo, el rechazo teórico y empírico de una posible conciliación entre un tiempo de trabajo aleatorio que los actores definen *poiético* y el tiempo de trabajo redundante "controlado", aunque en el caso del proyecto de contenidos de servicios conexos ignoramos si la totalidad del ejercicio –dividido entre el personal seleccionado de tal vez más de un país o región y coordinado desde una matriz no identificada– resultó o no exitoso en el sentido de apropiación de conocimiento mediante el despliegue de trabajo *poiético* secreto valorizante del capital. Por supuesto esta generalización debe calificarse teniendo en cuenta las relaciones de producción en que nuestro caso se inserta y el nexo diferente que establece con su contexto externo a diversos niveles (*mezzo*, nacional y supranacional).

En materia del nexo organización del trabajo y dialéctica de subjetivación de trabajadore/as constatamos asimismo la importancia del concepto para definir la reacción del entrevistado ante los diferentes controles ejercido por la empresa. En efecto, la experiencia del (IC) en materia de los Códigos del Trabajo y Laboral y sus mecanismos internos y externos de coordinación de

---

[47] Roldán, Martha (2005): *op. cit.*
[48] Roldán, Martha: (2010 a y b): *op. cit.*; (2013): *op. cit.*

las divisiones del trabajo refuerzan sus expectativas desfavorables por definición. Respecto del primer Código, no escapa al entrevistado el rol de control/vigilancia intraempresaria materializado en los algoritmos vigentes: en particular mediante el *Gerenciador de Proyectos*, una variedad de panóptico virtual contemporáneo, aunque el (IC) sostiene que no implica por lo común el dictado de un ritmo de trabajo muy extremo, y que dan lugar al pago de horas extras, admitiendo que algunas veces puede regular algunos tiempos "porque si me apuro, me dan más tickets". Claro está que corre el peligro de ser finalmente descubierto dado que "nada se borra en el mundo virtual". La metodología de 0 stock de tiempo de trabajo al estilo del sistema japonés (nota 3) que afecta la jornada laboral mediante horas extras obligatorias, es una práctica bastante común en la empresa estudiada. También su insistencia en remarcar el control del *"I'm available"* en los turnos asignados constituye una limitación importante a su "poder de crear" (diagrama 1) y por supuesto afecta directamente la cadena de Dejours en términos de Voluntad de transformar-reconocimiento del trabajo poiético-felicidad *en su empleo actual*.

Respecto del segundo Código (Laboral) y de sus mecanismos externos de coordinación-control, su testimonio destaca la importancia atribuida a la Evaluación por Objetivos, que consideramos un control simple-burocrático que se articulaba a una medida de cooperación con sus pares, por ejemplo para no presentar la misma idea de innovación solicitada por la empresa. En efecto, en materia de control grupal, sus dimensiones no son nítidas, aunque en una evaluación general el (IC) la consideraba inexistente a nivel local proveyendo ejemplos concretos de cooperación. Empero, la relación con sus pares que podían ser trasladados a otro equipo o a constituir uno nuevo de acuerdo con los términos del contrato celebrado entre las casas matrices respectivas –o su ruptura– favorecía un aislamiento que evitaba controles. *Contrario sensu*, reflejaba y posiblemente restringía, la posibilidad de reacción grupal y voluntad de transformación en ese mismo contexto.

A nivel internacional, a su vez, la concentración y centralización del capital, y sus cadenas materiales y simbólicas trasladadas a la periferia obstaculizan y/o impiden la acción conjunta de lo/as trabajadore/as situado/as en diferentes países. El (IC) no sabía con quién se relacionaba a través de un *ticket* perteneciente a otras empresas subcontratadas por el cliente "La Cerealera" y, por ende, no existía la posibilidad de conformar y obrar como equipo cooperativo mundial a nivel de clase. ¿Cómo hubiera podido construirse tal solidaridad con sujetos declarados Proveedores y Clientes, aun dentro de la misma empresa, y parte de una relación asimétrica: "El cliente tiene razón"? Finalmente, el control a través de las pautas directas de subjetivación de trabajadore/as, vía la comunicación-intraempresa, no afectan una eventual Voluntad de transformación en otro contexto. El discurso de la incentivación provista por su jefe no lo convence. Su subjetividad no acepta la relación cordial, aparentemente simétrica propuesta por aquél.

En nuestra última entrevista, ya en (2013) en la que indagamos en mayor profundidad la problemática de la relación con el Código Laboral, que afecta la facultad de crear siempre en el contexto del Código del Trabajo y sus restricciones, nuestro (IC) reitera haber cumplido con las expectativas de la empresa en su trabajo actual y, en consecuencia, y aunque se declara satisfecho con la posibilidad de una eventual incursión en el mundo de las *software factory*, por momentos manifiesta dudas sobre esa posibilidad como salvación del aburrimiento del presente. ¿Hasta cuándo su futura actividad podría desenvolverse en sentido *poiético* dentro de los límites que su empresa significa redituable en una economía periférica como la argentina? ¿Qué futuro le aguarda? ¿Ser designado productor de una fracción solamente del contenido total que permanece ignorado mediante una versión contemporánea de *capitis diminutio* –de simple desarrollador– que trabaja en la periferia del sistema socioeconómico mundializado? El "no saber" en qué consiste, exactamente, el producto final que la empresa subcontratante le requiere –una ausencia de comunicación efectiva al no compartir los códigos fundantes– se constituye en factor desestabilizante, no de sufrimiento *per se*, origen de miedo-resistencia-luchas pero tampoco de miedo-sumisión-soledad. El (IC) admite un malestar cum *resignación* que no puede ajustarse a las categorías identificadas por Dejours[49] (Diagrama 1).

En otros términos, la Voluntad de transformar existe en potencia, pero los Contextos no son favorables. La respuesta-silencio de la empresa sobre otros niveles de ascenso otorga a la experiencia connotaciones negativas y debilita su confianza en su valer singular, su expectativa de participación futura en un proyecto de vanguardia, que pudiera traducirse en algún aspecto creativo en el mundo Multimedia. En el mismo sentido el (IC) percibe (no sólo en el

---

[49] Dejours, Christophe (2013): *op. cit.*

caso argentino) la falta de apoyo sindical a demandas de tiempo suficiente para el ejercicio de alguna dimensión de *poiesis* lúdica, *el desideratum* de su juventud. Tampoco percibe demandas sindicales a efectos de morigerar los efectos del stress laboral. Conoce sí los sucesos mundiales asociados a la crisis financiera del sistema capitalista mundial que afectan a las matrices globales confiando en que no se trasladarán a la periferia argentina.

A modo de síntesis amplia: la experiencia analizada muestra una vez más –en coincidencia con nuestros hallazgos de los trabajos publicados entre 2011-2013– la relevancia de la distinción entre el "ser creativo" en el sentido de tener la facultad de crear (Chomsky) y tener el poder de crear, al disponer del marco apropiado sin ser controlado por el mismo (Foucault); pero, asimismo, la necesidad de luchar a fin de que la historia pueda tener un sentido avalado, no cercenado por la revolución tecnológica en curso. El pensamiento de Gorz no ha perdido vigencia, resignificado por la experiencia de jóvenes como nuestro entrevistado. Persisten asimismo códigos supranacionales y regionales que imponen límites estrechos a una legislación nacional efectiva en defensa de la industria nacional en el sector y de la calidad del empleo resultante. En este sentido una nueva hipótesis a corroborar en el futuro es si cabe atribuir una dimensión generacional a la relación entre cultura, subjetividad y construcción del sujeto ético en el contexto de trabajo. Coexisten en el ejemplo analizado diferentes generaciones, más allá de que compartan una misma clase social de origen. La cultura de lucha, progresista, de los 70s –la generación de los padres del (IC)– no necesariamente se replica en sus descendientes, un rezago todavía presente en particular en un contexto provincial argentino como el estudiado.

Sin embargo, tal como Gorz insiste, la sociedad del trabajo industrial no tiene retorno, es una versión idealizada del pasado. Su propuesta, a nuestro juicio, es la correcta, abocarnos a transitar un camino "mas allá de la ley del valor, redistribuyendo el trabajo y liberando el tiempo" construyendo modos de vida en cooperación, que involucren menos horas de trabajo para todos, pero de trabajo con sentido, *poiético,* propio de la era informacional en el que cabe ubicar el del/de la artista, científico/a-docente, y artesano/a informático/a entre otros. El Derecho Humano al trabajo *poiético* revive y se fortalece en las convicciones de nuevas generaciones de mujeres y hombres como el entrevistado que ciñéndose todavía en su protesta a logros de "parches realizables" se identifican con la oración de Primo Levi: "El amor al propio trabajo, que por desgracia es privilegio de pocos, constituye la mejor aproximación concreta a la felicidad en la tierra". Como consecuencia, sostenemos la posibilidad de construir economías de la abundancia, superando el principio de escasez; es una tarea pendiente como logro futuro de toda agenda de desarrollo basada en la defensa de los Derechos Humanos en su indivisibilidad.

Notas

1. Entendemos por Información un proceso "que provee orientación al *trabajo* realizado por cualquier organismo vivo, en sus esfuerzos para recobrar parte de la energía que se disipa debido a las leyes de la termodinámica"[50]. En ese sentido de modulación de energía, todo trabajo humano es trabajo informacional, esto es, trabajo dedicado a percibir, procesar, registrar y comunicar información, e implica utilizar el cuerpo y la mente y está orientado por significaciones culturales. Esta dinámica no debe ser confundida con "conocimiento" (el producto del trabajo comunicado) el cual, cualquiera sea su forma, *es siempre el resultado de la interacción y solamente se da en interacción*, un proceso bidireccional, inserto en códigos que proveen orientación para la acción. La definición de cultura es particularmente importante en este contexto. De acuerdo con Margulis[51], la cultura es así "el conjunto interrelacionado de códigos de la significación históricamente constituidos, compartidos por un grupo social que hacen posible, entre otros aspectos, la comunicación, la interacción y la identificación" (p. 31) existiendo una "lucha permanente, en la producción social de sentidos, paralela a luchas de poder y dominación, y la presencia de posibles luchas por el sentido en contra de los procesos de construcción e imposición de hegemonía".

2. De acuerdo con Dantas[52] *un código* está formado por un repertorio relativamente limitado de señales con sus reglas necesarias de combinación, que permiten que la 'fuente' y el 'destinatario' establezcan una relación comuni-

---

[50] Dantas, Marcos (2002): A lógica do capital informação. A fragmentação dos monopólios e a monopolização de fragmentos num mundo de comunicações globais. Contraponto, Rio de Janeiro, p. 146. MR traducción del original en portugués.

[51] Margulis, Mario (2009): *Sociología de la cultura. Conceptos y problemas.* Editorial Biblos, Buenos Aires.

[52] Dantas, Marcos (2002): *op. cit.*

cativa. Cada sociedad y grupo de individuos percibirán que un determinado evento es componente de un código en la medida en que reconocen entre éste y otros eventos ciertas relaciones previamente establecidas, de naturaleza sintáctica, semántica y pragmática. La noción de *trabajo redundante* alude a las actividades neguentrópicas, que exigen del agente, con mayor o menor dificultad, replicar algo cuyo modelo está dado, de tal manera que el resultado final puede anticiparse. Despliega, por lo tanto, un nivel mínimo de incertidumbre, y la secuencia de repeticiones cumple una función orientadora. En contraste, por *trabajo aleatorio* se hace referencia a la búsqueda de información que la redundancia del código no provee de inmediato aunque, lógicamente, el código debe ofrecer algún grado de redundancia que oriente esa búsqueda, alguna certidumbre, aunque sea mínima, en cuanto a la viabilidad de la búsqueda. Adviértase que los códigos son herramientas de una práctica o interacción, que no existen en abstracto, sino, únicamente, en relaciones sociales concretas.

3. Entendemos por *código del trabajo* los mecanismos de *control* **interno** *insertos en la propia dinámica del proceso productivo*, marcando las divisiones del trabajo y las economías de tiempo respectivas ya sea mediante *las tecnologías físicas* (la cadena de montaje o control "técnico" de Edwards[53]) *y/o las propias modalidades organizativas* (la meta 0 stock en el 'modelo japonés'; "Ohnista", o Justo-a-Tiempo con autocontrol de defectos[54]. A su vez, el *código laboral* hace referencia a los mecanismos de control **externo**, i.e. *a los ejercidos "desde afuera"'* de la organización productiva, mediante diversas formas y niveles de supervisión que señalan el grado de especialización funcional de la empresa. Entre ellos cabe distinguir, siguiendo parcialmente a Edwards, entre el "*simple*" que es directo y personal y en el que el poder esta investido y es ejercido sea por el propio capitalista, y/o sus gerentes y supervisores a través de una variedad de formas económicas, coercitivas, y/o simbólicas; el que denominamos "*control grupal*" de los equipos sobre sus propios miembros; y posibles manifestaciones de "*auto control*" de acuerdo con dimensiones de la subjetividad de los y las trabajadore/as involucrado/as.

---

[53] Edwards, Richard (1979): *Contested Terrain, The Transformation of Work in the Twentieth Century.* Heinemann, London.
[54] Jurgens, U, T. Malsch y K. Dohse (1993): *Breaking from Taylorism. Changing Forms of Work in The Automobile Industry.* Cambridge University Press, Cambridge.

4. Adoptamos la definición de subjetividad de Galende[55]: "La investigación de la subjetividad consiste básicamente en la *interrogación de los sentidos, las significaciones y los valores, éticos y morales, que produce una determinada cultura, su forma de apropiación por los individuos y la orientación que efectúan sobre sus acciones prácticas*. No existe una subjetividad que pueda aislarse de la cultura y la vida social, ni tampoco existe una cultura que pueda aislarse de la subjetividad que la sostiene. Esta mutua determinación –en verdad, mutua producción– debe ser nuestro punto de arranque, ya que la subjetividad es cultura singularizada tanto como la cultura es subjetividad (objetivada en los productos de la cultura, las formas de intercambio y las relaciones sociales concretas que la sostienen, pero también en las significaciones y los sentidos que organizan la producción cultural)." (Cursivas agregadas M. R.) Desde esta óptica sostenemos que la subjetividad incluye como dimensión la pulsión o deseo de saber, fundamento de *poiesis*.

5. Aproximación Metodológica. La investigación en que se basa este artículo pertenece a la serie de estudios en terreno diseñado para explorar trayectorias de descentralización productiva mediante "redes de proyectos en colaboración" con foco en la producción de contenidos informáticos "creativos" conexos a las Industrias Culturales. El ejercicio total comprende un Corpus de 10 estudios de caso llevados a cabo en la CABA (Ciudad Autónoma de Buenos Aires) y en una importante ciudad del interior del país, durante el período (2010-2013) e implica llevar a cabo dos opciones importantes en materia de enfoque metodológico y de resignificación conceptual. Respecto del primero era necesario captar el contexto multinivel articulante de prácticas y significaciones de lo/as agentes operando a nivel microsocial. Adoptamos entonces una metodología que denomino "recorte vertical multi-nivel", de un estudio de caso único, según la elaboración de Yin[56]. Este autor desarrolla dos tipologías a fin de distinguir entre diseños potenciales de estudios de caso **único** (pp. 39-46) y de casos **múltiples** (pp. 46-53) incluyendo más casos en el mismo estudio, siguiendo una lógica de replicación. El primer diseño es pertinente, cuando se justifica analizar y estudiar un caso *revelador*, en el sentido de "un fenómeno previamente inaccesible a la investigación científica" (p. 42)

---

[55] Galende, Emiliano (1997): *De un horizonte incierto. Psicoanálisis y salud mental en la sociedad actual*. Paidós, Buenos Aires, p. 75.
[56] Yin, Robert (1994): *Case study research: design and methods*, Sage, Thousand Oaks.

entre otras posibilidades. Consideramos que aquél es el más apropiado para designar al diseño de la presente investigación de carácter diacrónico con foco en la producción de contenidos informáticos *poiéticos*.

6. En las secciones de las entrevistas con el (IC) correspondientes a las dimensiones de autocontrol a través de la subjetividad, utilizo el término "creativo" en el sentido de *poiesis* por ser el comúnmente utilizado por el respondente.

7. El Gerenciador de Proyectos es una herramienta informática utilizada para la coordinación de las divisiones del trabajo al interior de la empresa y por supuesto en redes nacionales e internacionales. Se utiliza habitualmente a fin de proporcionar información sobre los procesos y programas que se están ejecutando en una computadora permitiendo opciones para la inclusión y administración de todas sus actividades y sus tiempos, siendo muy utilizado para representar el estatus actual del desarrollo de aquéllos. Más allá de su rol organizativo sostenemos que el Gerenciador permite el ejercicio de "0 stock de Tiempo" de trabajo y opera como efectivo panóptico virtual y herramienta de control "técnico".

Comité Evaluador

Ricardo Alejandro Manetti es Licenciado en Artes por la Universidad de Buenos Aires. Es Profesor Adjunto Regular de *Historia del Cine Latinoamericano y Argentino* (FFyL, UBA), Profesor Titular de *Historia del Cine Argentino* (Depto. de Artes Audiovisuales, IUNA), Profesor Titular de *Historia Analítica de los Medios Internacionales I* (FADU, UBA), y ha sido Profesor Adjunto de *Historia del Cine II (Cine Latinoamericano y Argentino)* en la Facultad de Cinematografía de la Universidad del Cine de Buenos Aires y del *Seminario de lectura de la imagen y de la educación para los medios* en la Universidad Nacional de Tucumán, entre otros. En el exterior, ha enseñado en la Escuela Superior de Cinematografía y Radiotelevisión, San Antonio de los Baños, La Habana, Cuba y la UNED, Madrid, España. Es docente de posgrado y en el ámbito de extensión universitaria en la UBA y otras instituciones.

Es coautor y editor fotográfico del libro *Cine argentino. Modernidad y vanguardias. 1957-1983*. Volúmenes I y II (2005) y coautor, editor y editor fotográfico de *Cine argentino. Industria y clasicismo. 1930-1957*. Volúmenes I y II (2000), ambos con la dirección de Claudio España y editados por el Fondo Nacional de las Artes, Buenos Aires, y coautor con C. España de *El cine argentino, una estética especular: del origen a los esquemas* y *El cine argentino, una estética comunicacional: de la fractura a la síntesis* (1999), en *Nueva Historia Argentina*, colección dirigida por el doctor José Emilio Burucúa, Editorial Sudamericana, Buenos Aires, entre otras publicaciones. Es autor de numerosos artículos en revistas académicas y en fascículos de divulgación general. Ha participado como expositor en congresos nacionales e internacionales de su especialidad y como conferencista y panelista en diversos eventos académicos y culturales. Desde 2011 es Director de la Carrera de Artes (UBA), Secretario Académico del Instituto de Altos Estudios Culturales de la Fundación Konex y cofundador e investigador del Área de Estudios Queer y Multiculturalismo del Centro Cultural Rector Ricardo Rojas de la UBA. Fue Subsecretario de Gestión e Industrias Culturales (2000-2002) y Fundador y Director

General del Buenos Aires Festival Internacional de Cine Independiente (BAFICI) (1999-2001), ambos dependientes de la Secretaría de Cultura del Gobierno de la Ciudad de Buenos Aires. Es productor artístico e integró el jurado de numerosos concursos en el ámbito audiovisual.

Ariel Jerez es Licenciado en Ciencias Políticas y en Sociología y Doctor en Estudios Iberoamericanos por la Universidad Central de Madrid. Ha sido profesor de grado y posgrado de *Sistemas Políticos de América Latina*, *Sistemas Políticos Comparados*, *Fundamentos de Ciencia Política*, *Sistema Político Español*, *Sociedad de la información y medios de comunicación en América Latina* y *Comunicación y conflicto*. Es Vicedecano de Estudiantes, Tecnologías y Extensión Universitaria, Facultad de Ciencias Políticas y Sociología (UCM). Sus líneas de investigación refieren a *Ciudadanía y movimientos sociales* y *Comunicación política y esfera pública*, llevando adelante los proyectos *Políticas de memoria: un balance de una década de exhumaciones en España* y *El Foro Social Mundial en Madrid: articulaciones glocales y agendas socioambientales* (MICIN y UCM, respectivamente). Es miembro del Grupo Complutense *Cibersomosaguas. Cultura digital y movimientos sociales* y del consejo de redacción de la revista *Teknocultura* e investigador adscrito al *Programa Sociedad Civil Global y Redes Transnacionales del Instituto Complutense de Estudios Internacionales* (PSCGRT-ICEI). Ha presidido, coordinado e integrado diversas organizaciones académicas y sindicales para la promoción del debate público y difusión del conocimiento social. Dirigió, organizó y produjo una gran cantidad de eventos académico-políticos relacionados con la memoria histórica y los derechos humanos de la República, el franquismo y la transición. Es editor del libro ¿*Trabajo voluntario o participación?* Sus principales publicaciones son *Elementos para una Sociología del Tercer Sector* (Tecnos, 1998) y coautor de *Informe sobre políticas de juventud en España* (Instituto de la Juventud/Ministerio de Trabajo y Asuntos Sociales/Consejo de Europa, 1999); *Medios de comunicación, consumo informativo y actitudes políticas en España* (Centro de Investigaciones Sociológicas, 2000) y de *Del 0,7% a la desobediencia civil. Política e información del movimiento y las ONG de desarrollo* (Centro de Investigaciones Sociológicas, 2008). En relación con el audiovisual, es autor de *Documentales para entender la globalización/Red Eurolatinoamericana de Comunicación Ciudadana* (Ed. Complutense, en prensa), *Periodistas, políticos y urnas* (UCM, 2000 y 2003) y de *Lo que nos mostraron, lo que nos ocultaron: Análisis de infor-*

mativos televisivos e imágenes inéditas del 13-M, DVD complementario en Victor Sampedro (ed.) 13-M. *Multitudes on-line* (Catarata, 2005). Es autor y coautor de numerosos artículos y capítulos de libro, entre los más recientes: "¿Con voz pero sin voto?: Movimientos sociales y lobbys en los desarrollos recientes de la gobernanza europea", Informe *El estado de la Unión 2011*, Fundación Alternativas, Madrid (en prensa), "Monográfico Movimientos indignados: el 15M como movilización glocal y transnacionalizada", *Política y Sociedad*, 2012 (en prensa) y "Transición" en R. Escudero (comp.) *Diccionario memoria histórica. Conceptos contra el olvido*, Madrid Catarata, 2011.

Sylvain Maresca (1954) es sociólogo y se recibió de ingeniero agrónomo. En 1981, sostuvo una tesis de doctorado en la EHESS (Escuela de Altos Estudios en Ciencias Sociales), Paris, bajo la dirección de Pierre Bourdieu. Ocupó el cargo de encargado de estudios en el INRA (Institut National de la Recherche Agronomique) y posteriormente fue nombrado maestro de conferencias en la Universidad de Paris VIII. En 1998 fue elegido profesor en la Universidad de Nantes, donde dirigió el Departamento de Sociología entre 2001 y 2006. Actualmente es profesor de grado y postgrado del CENS (Centre Nantais de Sociologie, Université de Nantes) y miembro del Lhivic (Laboratorio de historia visual contemporánea de la EHESS). Es Profesor invitado en la Universidad de Lausanne (Suiza) y del Centro Franco-Argentino de Altos Estudios en Buenos Aires. Participó en diversas revistas francesas y extranjeras (*La Recherche photographique*, *Cadernos de Antropologia e Imagem*, *Outros Olhares*). Se ha especializado en la problemática de la imagen y las ciencias sociales. Investiga en torno de la economía social del retrato fotográfico, las condiciones sociales de la producción de las fotografías de prensa y los usos y prácticas de la imagen en las ciencias sociales.

Sus publicaciones más importantes son *Les dirigeants paysans*, Paris, Minuit, Collection "Le sens commun", 1983; *L'autoportrait. Six agricultrices en quête d'image*, Toulouse-Paris, coédition Presses universitaires du Mirail-INRA, 1991; *La photographie. Un miroir des sciences sociales*, Paris, L'Harmattan, Collection "Logiques sociales", 1996. Coordinó, con la colaboración de Pierre-Jérôme Jehel el número especial de *Journal des Anthropologues*, 80-81, 2000: *Les images dans la société. Chronique historique et sociale*, 2010, libro disponible en su blog *La vie sociale des images* (La vida social de las imágenes): http://culturevisuelle.org/viesociale. Entre sus publicaciones se encuentran:

"L'alchimie multiforme du portrait
Biry, Michel Grini et Jean-Louis He
ciens, Strasbourg, Editions Chambr
la vie quotidienne. Eléments d'histoire c
de sociologie, 2003; "Photographie
nes, Hors-série «Le monde de l'ima
photographie dans la vie quotidienr
tographiques, 15, nov. 2004; "Photos c
plástico y fotógrafo Arnaud Théval,
juin 2005; "Le recyclage artistique
Deniot y Alain Pessin (dirs.): Les Pe
tomo 1; "Notice sur le Portrait photo
Dictionnaire mondial des images, Pari:

", en Bernard Bersinger, Jean-Marc
Alsace en portraits. Portraits d'Alsa-
rt, 2000; L'intrusion des images dans
Université de Nantes, Département
ences de l'homme", *Sciences humai-*
janv.-fév., 2004; "L'intrusion de la
ments d'histoire orale", *Etudes pho-*
sses", texto del catálogo epónimo del
sition au FRAC des Pays de la Loire,
photographie amateur", en Joëlle
de l'art, Paris L'Harmattan, 2005,
nique", en Laurent Gervereau (Dir.):
tions Nouveau Monde, 2006.

www.ingramcontent.com/pod-product-compliance
Lightning Source LLC
Chambersburg PA
CBHW082104220526
45472CB00009B/2035